ARRASTADOS

CB046368

DANIELA
ARBEX

AR
RAS
TA
DOS

Os bastidores do rompimento
da barragem de Brumadinho, o maior
desastre humanitário do Brasil

intrínseca

Copyright © 2022 by Daniela Arbex

Preparação
Kathia Ferreira

Revisão
Eduardo Carneiro
Thaís Carvas

Capa, projeto gráfico e diagramação
Angelo Bottino

Foto de capa
Douglas Magno

Checagem
Rosana Agrella da Silveira

Pesquisa de dados
Marcelo Soares

Lista de óbitos no verso da capa
atualizada em 11/11/2021 pelo site da Vale

CIP-BRASIL. CATALOGAÇÃO NA PUBLICAÇÃO
SINDICATO NACIONAL DOS EDITORES DE LIVROS, RJ

A694a

 Arbex, Daniela, 1973-
  Arrastados : os bastidores do rompimento da barragem de Brumadinho, o maior desastre humanitário do Brasil. / Daniela Arbex. - 1. ed. - Rio de Janeiro : Intrínseca, 2022.
   328 p. : il. ; 23 cm.

  ISBN 978-65-5560-564-8

   1. Barragens de rejeitos - Acidentes - Brumadinho (MG). 2. Desastres ambientais - Brumadinho (MG). 3. Barragens de rejeitos - Medidas de segurança - Brumadinho (MG). 4. Vítimas de desastres - Brumadinho (MG). 5. Companhia Vale do Rio Doce. I. Título.

21-74646
CDD: 363.7098151
CDU: 504.1(815.1)

Camila Donis Hartmann - Bibliotecária CRB-7/6472

[2022]
Todos os direitos desta edição reservados à
Editora Intrínseca Ltda.
Rua Marquês de São Vicente, 99, 6º andar
22451-041 — Gávea
Rio de Janeiro — RJ
Tel./Fax: (21) 3206-7400
www.intrinseca.com.br

"Bombeiro, acha meu pai"

[Mensagem encaminhada por Ana Clara Ferreira Silva, 7 anos.
Ela é uma das mais de 100 crianças órfãs da Barragem 1
da Mina do Córrego do Feijão, que se rompeu no dia
25 de janeiro de 2019, sexta-feira, às 12h28m24s.]

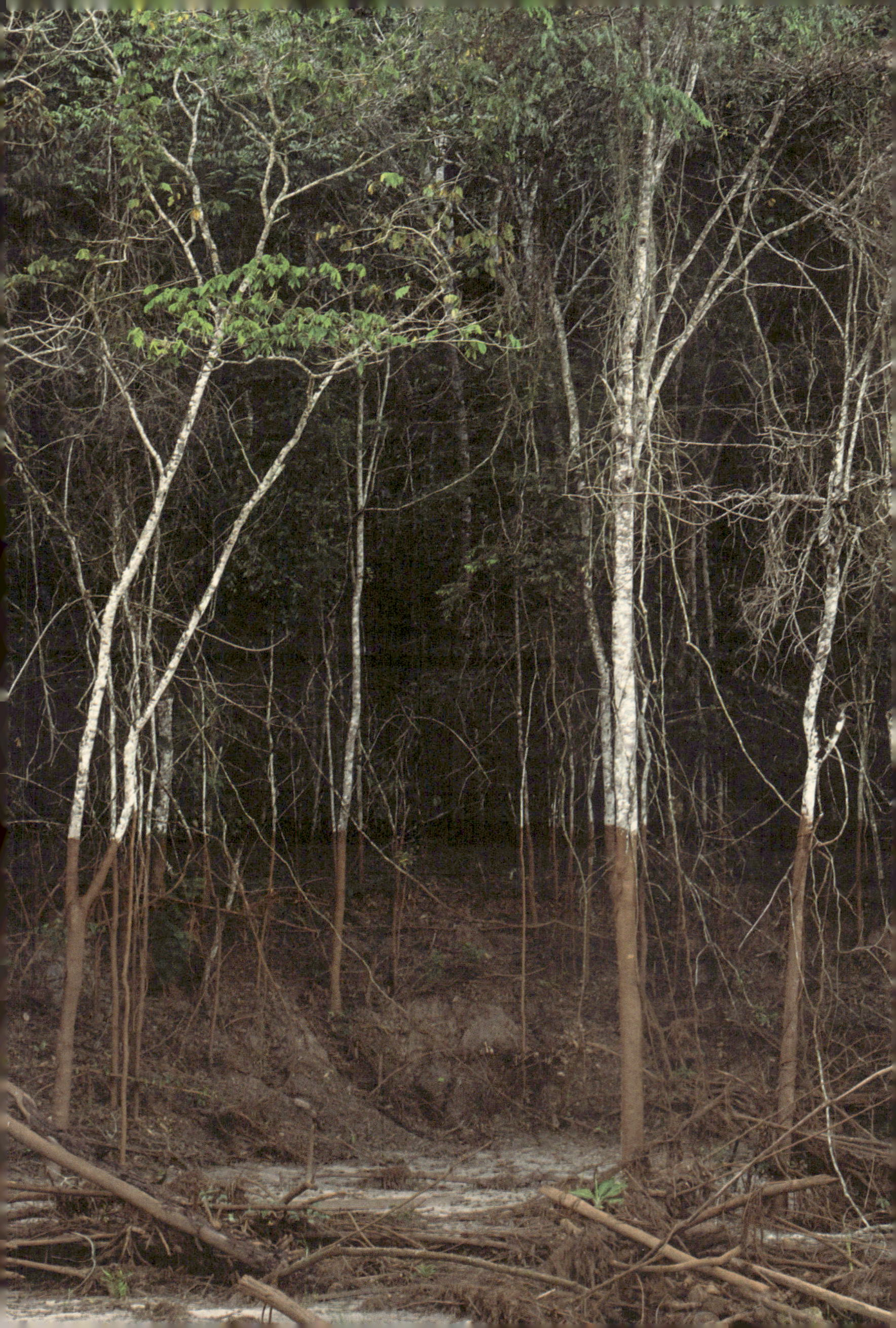

SUMÁRIO

Prefácio:
Livro-monumento 9

1. No território bilionário das minas 15
2. Quando a terra tremeu 29
3. Tsunami de lama 43
4. Arrastados 55
5. Abrindo os olhos 67
6. Voando sobre o inferno 81
7. "Tá pronto para entrar aí?" 99
8. Onde está a Bela? 111
9. Cenário de guerra 129
10. Depois da lama 143
11. A morte é avermelhada 157
12. Quem é você? 171
13. Despedida sem adeus 189
14. De volta pra casa 207
15. Eu me recuso 223
16. Tragédia anunciada 237
17. O que vale é o lucro 261
18. Destoca humana 275
19. Cemitério dos vivos 289

Posfácio:
Brumadinho nunca mais? 301
    Personagens 313
    Agradecimentos 324
    Créditos das imagens 325
    Imagens de abertura de capítulos 326

PREFÁCIO:
LIVRO-MONUMENTO

Um novo livro de Daniela Arbex já seria notícia por si só. Entre nossas mais brilhantes repórteres investigativas, de independência única, ela não gasta palavra. Sua nova obra supera as melhores expectativas. Quando tal trabalho é apresentado como "livro-monumento", acredite, não há pretensão, há precisão. Trata-se do duplo papel que cumpre uma das maiores reportagens já realizadas no Brasil: memorial em narrativa, narrativa memorial, donde monumento.

Monumental é a história de *Arrastados*, tudo nela é épico, grandioso, em escala industrial. O sofrimento das pessoas, o número de mortos — o maior desastre humanitário do Brasil —, a maior operação de resgate da história. Não houve, no mundo, operação de resgate que durasse mais de mil dias. Já passamos desse marco. Das 270 vítimas, cinco ainda estão desaparecidas. Os bombeiros de Minas Gerais continuam escavando à procura delas.

Arrastados foi o livro que mais custou a Daniela Arbex. Não apenas pela tragédia narrada. Daniela escreveu em meio aos horrores da versão brasileira da pandemia. Ela me confidenciou:

"*Arrastados* talvez seja a obra que eu tenha parido com mais dor. Além do horror da história, perdi meu irmão de covid-19 durante o processo de escrita. Um menino lindo de 49 anos, produtor de cinema e tv, pai de três filhos. Enfim, 2021 foi um ano muito difícil para o mundo."

A partir de sua dor intransferível, Daniela Arbex expressou a dor de centenas, de milhares, acolheu o luto, celebrou os sobreviventes.

O livro tem mais de 200 personagens. Aqui está documentado, com precisão de detalhes, o que aconteceu naquele 25 de janeiro de 2019. O leitor se vê dentro da mina do Córrego do Feijão, às seis da manhã. No ônibus, viaja com trabalhadores da Vale para a zona rural de Brumadinho, os empregados vão cumprir o primeiro dos três turnos do dia. A mineração não para nunca.

O texto reverbera de acontecimentos: a partir de 12h28, quando a terra treme, todas as ações são (re)vividas em tempo real. A linha do tempo nos leva da primeira chamada de socorro recebida pelos bombeiros, às 12h38, até a decolagem da primeira aeronave, às 12h40, do Batalhão de Operações Aéreas, em Belo Horizonte. Dezesseis minutos depois, às 12h56, a primeira comandante feminina de helicóptero do Corpo de Bombeiros Militar do Brasil tem a visão da terra arrasada. Não vê os soterrados, a maior parte dos 314 funcionários que trabalhavam na mina, no instante em que mais de dez milhões de metros cúbicos de rejeitos da b1 vazaram, atingindo os funcionários com uma onda de 18 metros de altura, a 108 quilômetros por hora. Depois de destruir a mina, a lama seguiu seu curso, avançou sobre as casas da comunidade do Córrego do Feijão, atingiu a pousada Nova Estância, a mais badalada da região, onde já se hospedou o cantor Caetano Veloso.

O leitor sente gosto de terra, vive a angústia das pessoas que foram por ela engolidas e acabaram cuspidas do tsunami de lama. Gente que acorda com ferimentos graves no meio do nada, sem ideia se sairá viva do mar de destroços.

Sentimos arder o sal das lágrimas das mulheres que perderam seus filhos e maridos, engolidos pelo barro, trabalhadores, turistas, homens que perderam seus amores e sua casa. Da vida anterior, restou-lhes a roupa do corpo. Só. Nada mais. Nem fotografias.

Se a Vale se notabilizou por lucrar, a despeito da tragédia — mesmo depois de Brumadinho, em agosto de 2021 tornou-se a empresa com maior valor de mercado do Brasil —, os bombeiros e os legistas do IML se eternizaram pelo heroísmo feito de empatia. Se o rompimento da "B1" arrastou tudo pela frente, mudando até o solo de lugar, o terror ganhou novas feições no IML. O minério que cobria os corpos era tão denso que impediu radiografias. O filme de raio X ficou velado. Só depois de lavados os cadáveres, os legistas descobriram que, ao serem arrastadas, as vítimas tinham perdido a pele que lhes dava cor. Assim, o preto, o pardo e o branco desapareceram. Todos os corpos, do operário ao diretor, tinham a mesma coloração.

"Difícil não pensar no simbolismo da imagem com a qual se depararam. Em um mundo com tanto racismo estrutural e toda espécie de preconceito imposto pela cultura da branquitude, as vítimas de Brumadinho estavam todas iguais. Elas exibiam a cor branca revelada pelo subcutâneo, já que a pele sofrera abrasão."

Arrastados prova que a Vale sabia, meses antes, que não haveria tempo, pouquíssima chance de fuga para quem estivesse a menos de dois quilômetros de distância da barragem — onde estava toda a área administrativa. Foi uma tragédia anunciada. Numa situação de ruptura hipotética, analisada no Plano de Ação de Emergência Para Barragens de Mineração (PAEBM), até o número de mortos já tinha sido calculado — cerca de 200. Além disso, a barragem dava sinais de instabilidade desde 2017.

Entre os quatro mil bombeiros de Minas que atuaram no palco da devastação, havia 400 mulheres. É pelo olhar delas que somos mergulhados no inominável. Também pela mirada de homens que se transformaram frente ao inimaginável. De janeiro de 2019 até agora, 950 segmentos corpóreos foram identificados. Houve casos de os bombeiros encontrarem 15 partes de uma mesma vítima. Duzentos fragmentos de restos mortais ainda são mantidos nos frigoríficos do IML — os parentes dos mortos se recusam a enterrar só pedaços de seus filhos, maridos, pais.

Brumadinho nunca mais? É a pergunta que Daniela Arbex nos faz, ao final da leitura. O slogan, usado pelo presidente da Vale depois do desastre de Mariana, não passou disso, slogan. O caos pode se repetir. De acordo com o Relatório de Segurança de Barragens de 2020, que reúne os dados mais recentes sobre o assunto no Brasil, há 122 barragens em situação crítica, em 23 estados. Isso quer dizer que se a mineração não mudar — e também suas práticas arcaicas de poder —, não haverá lugar seguro para ninguém.

Com a recente federalização do processo criminal, a ação deixou a Justiça Estadual e seguiu para a Justiça Federal, os 16 investigados deixaram de ser réus. O que significa que podem vir a ser denunciados novamente, mas que ganharam tempo também, procrastinado o andamento judicial.

Em *Arrastados*, aprendemos que a morte é avermelhada.

Apesar da cor cinza, o minério tem traços vermelhos, é a presença da hematita. Por isso, misturado à água, oxida, enferruja, muda de cor, ganha consistência de lama. Lama vermelha.

PEDRO BIAL

1.
NO TERRITÓRIO BILIONÁRIO DAS MINAS

Brumadinho

Belo Horizonte

PDE Norte

Cava CFJ

MINA DO
CORREGO
DO FEIJAO

ICLD

PDE Menezes

RPPN Jequitiba

Barragem VI

Barragem I

ITM CFJ

Pera Ferroviária

área atingida pelos rejeitos

300m

O ônibus verde e branco desceu a rua Itaguá com 10 minutos de atraso. Todos os dias, o veículo da companhia Rio Negro, especializada em fretamento, fazia uma espécie de romaria para apanhar passageiros em Brumadinho, cidade de Minas Gerais de apenas 40 mil habitantes, mas com o dobro da área da capital, Belo Horizonte. A viagem começava antes do nascer do sol no distrito de Conceição de Itaguá. De lá, o ônibus seguia para o bairro Grajaú, onde o técnico de mina Gleison Welbert Pereira, 41 anos, já o esperava. Como não usava relógio de pulso, ele dava espiadinhas na tela do celular para conferir o horário. Eram 6 horas. Apertou nervosamente os lábios, preocupado com o turno de trabalho que se iniciaria às 7 horas na Mina de Jangada. Controlada por uma das maiores empresas de mineração do mundo, a Vale s.a., a mina operava 24 horas por dia nos sete dias da semana. Como em toda sexta-feira, era preciso deixar tudo organizado o quanto antes para as operações de fim de semana. Na calçada da Itaguá, Gleison repassava, mentalmente, o planejamento daquele 25 de janeiro de 2019 quando avistou o veículo.

Ao embarcar, o funcionário da multinacional cumprimentou o motorista, encostou o crachá no leitor magnético e caminhou até a penúltima poltrona, a de número 39. Ajeitou-se ao lado da janela, como de costume. Graduado em Administração de Empresas, ele tinha as próprias teorias quando o assunto era segurança. Por isso, nunca se sentava na mesma fileira do condutor. Achava que, em caso de acidente, as chances de sobrevivência seriam maiores se estivesse no lado oposto.

Do Grajaú, o ônibus se dirigiu para o bairro São Sebastião, onde pegou a supervisora de mina Cristiane Antunes Campos, de 34 anos. Sentada na poltrona do corredor, ela viajou ao lado de Gleison. Ainda em Brumadinho, o veículo passou pelo Centro e pela região do Canto do Rio, até chegar ao Fecho do Funil. Na entrada do município de Mário Campos, Gleison se lembrou de encomendar pastéis da padaria da reta, que ficava perto do ponto onde o técnico em manutenção Diego Marinho, 36 anos, seria apanhado. Apressou-se em organizar os pedidos.

— Gente, quem quer pastel?

Oito pessoas levantaram o braço.

— Tem de quê? — perguntou Cristiane.

— Acho que os de sempre — respondeu Gleison.

— Vou querer o de carne — avisou Cristiane.

Definidos os sabores, Gleison ligou para Diego. A ideia era que o colega comprasse o lanche do grupo e fosse reembolsado por cada um ao entrar no ônibus. Antes de encerrar a ligação, o técnico de mina foi interrompido por Cristiane.

— Cancela o meu, porque acho que perdi meu dinheiro. Eu estava com uma nota de r$ 20.

— Imagina, Cris, eu tenho aqui e pago pra você — ofereceu Gleison.

— Tá bem. Na segunda-feira sou eu que vou pagar o seu — prometeu a supervisora de mina.

Pouco depois, Diego embarcou com os pastéis e o café quentinho. O cheiro do salgado logo invadiu o interior do ônibus. Após saborear a massa caseira fartamente recheada, Gleison checou na agenda do celular as reuniões marcadas para aquele dia e começou a responder às mensagens de WhatsApp. Quando terminou, olhou ao redor, surpreendendo-se com uma ausência.

— Cadê o Vagner Nascimento? — perguntou a Cristiane, referindo-se a um dos operadores de motoniveladora da Vale.

Ela não soube responder. Gleison se lembrou depois de que o amigo fora um dos funcionários escalados pela Vale para realizar, naquela manhã, o exame médico periódico exigido pela empresa. O prédio da medicina do trabalho, onde os exames eram feitos, ficava na área administrativa de outra mina da Vale, a do Córrego do Feijão, contígua à de Jangada. Apesar de unidas por uma pequena estrada, as duas minas se conectavam e as atividades em ambas eram complementares. "O Vagner deve ter ido de moto", pensou Gleison.

Pegando a MG-040, o ônibus finalmente estacionou em Sarzedo, última cidade do trajeto. Eram 7h10 quando alcançou a portaria da Mina de Jangada, a 42,6 quilômetros de Belo Horizonte. Antes do desembarque na rodoviária da mina, um segurança da empresa conferiu a identidade dos passageiros. Aproximando-se de Gleison, checou a foto no crachá verde, amarelo e branco que ele usava ao pescoço, preso a um cordão de tecido, e verificou o nome dele, apertando os olhos para enxergar as letras: "Gleison Pereira. Vale S.A. Matrícula 01798629." No verso do documento, impresso em PVC laminado, informava-se o tipo sanguíneo do empregado: O positivo.

Acostumado à rigidez das normas de prevenção de acidentes na Vale, Gleison carregava sempre com ele as Dez Regras de Ouro da companhia impressas em outro crachá. Elas estabeleciam, entre outras coisas, o uso obrigatório de equipamentos de segurança e a proibição de se comunicar por celular em áreas operacionais, escadas ou na travessia de ruas dentro das minas. O descumprimento de qualquer um dos itens da lista resultava em demissão sumária.

— Liberado — disse o segurança patrimonial.

Gleison agradeceu e desceu do veículo, enquanto o guarda repetia a operação com os outros passageiros. Casado, pai de dois filhos, o homem de 41 anos, que passara metade deles trabalhando para uma das maiores produtoras de minério de ferro do mundo, sempre viu seu vínculo empregatício com a Vale como a maior oportunidade de sua vida. Por isso, a camisa verde do uniforme funcionava como uma segunda pele, imprimindo nele não apenas identidade, mas também a sensação de pertencimento. Carregava no peito uma marca cuidadosamente construída ao longo de décadas no país para ser associada a orgulho nacional.

Responsável pelo setor de perfuração das rochas, infraestrutura e desmonte, Gleison atuava tanto na Mina de Jangada quanto na do Córrego do Feijão. O minério de ferro extraído em Jangada era beneficiado em Feijão, onde 613 funcionários diretos se revezavam em três turnos. Eles trabalhavam para manter uma estrutura que vinha batendo recorde de produção. Juntas, as duas minas produziam mais de 11 milhões de toneladas de minério de ferro por ano. Em 2018, Feijão produzira, sozinha, 8,5 milhões de toneladas. Juntas, as seis mineradoras que operavam em Brumadinho, além da Vale, haviam exportado naquele ano 11,2 milhões de toneladas.

Em Brumadinho, a atividade mineradora movimentara, também apenas em 2018, US$ 529,5 milhões em exportações — aliás, quase 3% de todo o minério de ferro vendido por Minas Gerais para outros países naquele ano saíra das reservas minerais situadas dentro do município. Convertido pela média do câmbio do dólar, que na época era de R$ 3,87, o valor superava R$ 2 bilhões, algo em torno de 80% do Produto Interno Bruto (PIB) de Brumadinho. Os royalties da produção somaram R$ 35,6 milhões em arrecadação municipal, sendo que 25% desse valor foi pago pela Vale.

Após ser beneficiado em Feijão, o minério de ferro seguia para o Terminal de Carga Ferroviário da mina, onde era embarcado e levado para o porto de Tubarão, em Vitória, no Espírito Santo. De lá deixava o Brasil rumo a países diversos. Metade da produção ia para a China, cujo apetite em relação ao minério de Minas Gerais só crescia. O estado estava no centro da mineração do mundo. A cadeia produtiva da mineração representava cerca de 15% da economia de Minas Gerais, sendo a Vale, sozinha, responsável por praticamente a metade disso. Dos R$ 614 bilhões movimentados pela economia bruta do estado, em 2018, cerca de R$ 40 bilhões eram provenientes da cadeia de produção ligada à multinacional

***

Tão logo desceu do ônibus que transportava até a Mina de Jangada os funcionários de Brumadinho e das cidades vizinhas, Gleison caminhou em direção ao mirante da mina a céu aberto. Junto com a Mina do Feijão, a área licenciada do empreendimento da Vale media 268 hectares, o equivalente a catorze estádios do Maracanã. Lá do alto, ele gostava de dar uma espiada nos bancos esculpidos na montanha. Cada um daqueles degraus tinha entre 10 e 20 metros de altura. Além do conjunto de estradas abertas em forma descendente, cujo desenho se assemelhava a um cone invertido — como a logomarca da Vale —, de lá ele também podia avistar as posições das máquinas na paisagem labiríntica.

Apesar de a jazida ser um mundo de terra, poeira e rocha, era fácil distinguir de longe os caminhões Caterpillar 777, com seus pneus de mais de 2 metros de altura. Para entrar em suas cabines, a 3 metros do solo, os operadores precisavam subir mais de treze degraus de escada. Um modelo zero desses caminhões conhecidos como "fora de estrada", capazes de transportar até 90 toneladas, podia sair por mais de R$ 5 milhões. E havia mais de uma dezena deles no território das duas minas.

A cadeia produtiva da mineração envolve, de fato, números estratosféricos. A meta traçada pela multinacional era ampliar, a partir de 2019, a capacidade de Jangada e de Feijão de 10,6 milhões para 17 milhões de toneladas de minério de ferro ao ano. Para tanto, no fim de 2018 a empresa já havia até conseguido, na Câmara de Atividades Minerárias do Conselho de Política Ambiental de

Minas Gerais, o deferimento de uma licença prévia para a continuidade das operações em Feijão por mais dez anos.

A pressão permanente pelo aumento das metas de produção exigia um forte controle emocional. "Precisamos fazer mais omeletes com menos ovos", aconselhava Fabio Schvartsman, diretor-presidente da companhia durante treinamento virtual oferecido aos funcionários. Na prática, recaía sobre os ombros dos empregados a responsabilidade de entregar mais com menos.

***

Após deixar o mirante de Jangada e alcançar a supervisora Cristiane na área administrativa da mina, Gleison avisou:

— Cris, hoje eu vou ter que parar a frente de trabalho do banco 1.130 leste para carregamento e desmonte das rochas. Você tem a opção de operar no banco 1.090 norte e no banco 1.150 sul.

Ela assentiu com a cabeça e Gleison prosseguiu, referindo-se ao encontro organizado diariamente em todos os setores para reduzir os riscos de acidentes na mineradora:

— Vou me encontrar agora com a equipe para iniciar o Diálogo de Segurança e Saúde Ocupacional. Qualquer dúvida, te ligo.

Despediram-se e Gleison entrou em seu escritório. Abriu as persianas, ligou o computador e imprimiu o relatório que seria discutido dentro de minutos no encontro. De lá, caminhou para a sala na qual já o aguardava a turma que cuidava das obras de infraestrutura da mina e da perfuração das rochas. Todos os dias, dezesseis funcionários daquele setor se revezavam. Assim, as máquinas não paravam nunca, a não ser em caso de dano em algum equipamento, o que era sinônimo de prejuízo. Gleison, então, repassou com o grupo as Regras de Ouro:

— Vamos respeitar o plano de trânsito. Temos que ter atenção especial com a distância mínima de 30 metros entre um equipamento e outro e de 50 metros em condições de intemperismo, principalmente chuva e neblina. Na preparação da praça, é preciso cuidado máximo com os tratores de esteira. Também não fiquem embaixo de taludes, porque blocos de rocha de 5 toneladas podem rolar sobre nossas cabeças. Nunca fiquem sob carga suspensa. Na hora da detonação, respeitem o afastamento mínimo das máquinas, que é de 300 metros, enquanto verifico se o local foi esvaziado e se os equipamentos estão na posição correta. Cumpram todas as medidas de controle e nunca usem celular em áreas operacionais, certo? Nunca se arrisquem. Nunca. Eu consigo justificar uma baixa de produção, mas não tenho como justificar um acidente. Então não quero que vocês se exponham, ok?

Terminada a reunião, Gleison e alguns colegas entraram na caminhonete Toyota Hilux prata estacionada na frente do prédio em que ficava a sala de perfuração. O deslocamento em área de mina só podia ser feito por meio motorizado. Para dirigir qualquer modelo de veículo da empresa, era preciso ter uma habilitação específica, o chamado "requisito de atividades críticas" (RAC-02), além de passar por treinamento de trânsito em mina. O limite máximo de velocidade era de 40 quilômetros por hora.

Já em campo para dar início aos trabalhos, todos desembarcaram, e Gleison ainda aconselhou:

— Pessoal, vamos fazer tudo com a máxima atenção e sem correria, porque temos tempo. Estamos com 400 mil toneladas de material desmontado.

O técnico de mina aludia ao total de rochas desmontadas nos últimos dias até aquela sexta-feira, o que garantia de quatro a cinco dias à frente na produção. Isso significava que se as seis perfuratrizes apresentassem defeito, eles teriam tempo de consertá-las sem prejuízo do cronograma.

Antes das 8 horas, a equipe já havia calculado a quantidade de explosivos a ser usada no desmonte de rochas. Por conta do uso de bananas de dinamite, a atividade exigia isolamento e sinalização na área que dava acesso às frentes de trabalho na mina, conhecida como "praça". No caso de Jangada, cerca de 70% do material produzido era extraído por desmonte com explosivos. O desmonte mecânico, realizado com escavadeiras e trator de esteira, era feito em menor escala. Por dia, desmontavam-se entre 70 e 90 mil toneladas de rocha.

A operação mobilizava grandes máquinas, como uma motoniveladora, uma pá carregadeira e, se necessário, um trator de esteira. Após o desmonte, a equipe que cuidava das obras de infraestrutura precisava refazer as estradas e a sinalização, para permitir o recolhimento do material. Depois que os buracos nas rochas maciças eram abertos, esses blocos sofriam uma redução para facilitar a separação do minério da ganga, mineral sem valor econômico.

Durante muito tempo, a Vale e outras mineradoras do país utilizaram a via úmida nesse processo de separação, com adição de água. O rejeito proveniente desse método é, normalmente, muito fino, tendo a consistência de lama. Uma lama avermelhada. É que, apesar de ser cinza, o minério contém traços vermelhos devido à presença da hematita em sua composição. Por isso, ao ser misturado com água, oxida como se enferrujasse, mudando de cor. Uma vez que, por força de lei, esse material não podia mais ser descartado em córregos ou rios, a exemplo do que ocorria no passado, passou a ser bombeado para as barragens.

* * *

Naquele mês de janeiro, a produção das minas de Feijão e de Jangada estava a pleno vapor. Era em Feijão que os blocos desmontados pela equipe de Gleison passavam por nova fragmentação. Na Instalação de Britagem, eles eram separados em função do tamanho das partículas. De lá, o material seguia para o prédio da Instalação de Tratamento de Minério, conhecido como ITM. Em média, para cada 3 toneladas de estéril retiradas em Jangada, material que não é economicamente viável, produzia-se 1 tonelada de minério. Como a rocha tem várias camadas, é preciso retirar esse estéril para alcançar o corpo do minério.

No caso da Mina do Feijão, até 2016 esses rejeitos eram depositados na Barragem 1 (B1), a maior das quatro barragens do empreendimento. Imponente, ela podia ser vista de qualquer ponto da mina. Desativada naquele ano, a B1 formava um imenso paredão com dez alteamentos a montante, ou seja, construídos sucessivamente sobre o próprio rejeito depositado. É um método comum e mais barato, porém considerado menos seguro. Em quarenta anos de operação, o volume de rejeito despejado na B1 atingiu 12 milhões de metros cúbicos. Quando foi desativada, a barragem já tinha alcançado 86 metros de altura, sua elevação máxima, e 720 metros de largura, o correspondente a dez edifícios de 24 andares lado a lado. Apesar de uma barragem desativada não receber mais rejeitos, ela precisa ser monitorada constantemente por meio de aparelhos em função do risco de vazamento e rompimento.

* * *

Deixando os colegas em campo e voltando ao carro, Gleison conferiu pelo rádio o posicionamento de cada um na mina. Naquele momento, uma Hilux estacionou perto dele e o homem que dirigia o veículo o cumprimentou. Tratava-se do coordenador do setor, Lúcio Mendanha, que fazia as inspeções de campo naquela sexta-feira acompanhado de uma de suas subordinadas, a engenheira Izabela Barroso Câmara Pinto, 30 anos, supervisora de produção. Ela cumpria seus últimos dias de trabalho na mina.

— Oi, Lúcio, bom dia — disse Gleison, sorrindo e estendendo o cumprimento a Izabela. — Como estão as coisas?

— Estão bem — respondeu o outro. — Qual frente de trabalho você está organizando para o fim de semana?

— Aqui em Jangada, a minha intenção é perfurar o banco 1.200 e o 1.010 norte, além do 1.170 leste. Já em Feijão, vamos para o banco 990 leste. Estamos com folga, porque as seis máquinas estão liberadas para a operação de perfuração. Além disso, vou deixar uma de pequeno porte lá e outra aqui. Vamos trabalhar com mais três de grande porte.

— Ótimo. Vou informar o gerente — afirmou Lúcio. — E você estará de plantão neste final de semana?

— Não, será minha folga. Hoje à noite vou fazer uma pequena viagem. Se precisarem de mim, estarei com o celular ligado.

— Ok, até segunda então — despediu-se Lúcio.

Eram 9 horas e Gleison telefonou para o engenheiro de planejamento Diego Antônio de Oliveira, 27 anos.

— Diego, a área que você me passou já está toda perfurada. Vamos fazer o desmonte hoje. Preciso das novas áreas para o fim de semana. Temos que definir tudo para a reunião das duas da tarde com a gerência da mina. Vão querer saber o que já foi entregue esta semana. Precisamos repassar as frentes.

— Gleison, eu vou com você repassar as frentes, mas estou sem carro. Você consegue me buscar aqui em Feijão?

— Tô indo aí.

* * *

Diego aproximara-se de Gleison anos antes, quando ainda era topógrafo, e os dois tornaram-se amigos, apesar da diferença de idade entre eles. Gleison acompanhara o crescimento do jovem na empresa, onde, após a conquista do diploma de nível superior, fora promovido para a vaga de engenheiro. Diego era filho do operador de equipamentos e instalações Carlinhos de Oliveira, 51 anos, um dos subordinados de Gleison.

Enquanto aguardava a chegada de Gleison, Diego pediu a um colega da topografia que seguia para o prédio da medicina do trabalho que entregasse um pote com bolo de milho para a merenda de Carlinhos, escalado para fazer o exame médico naquele dia.

— O pai já está no posto de saúde aguardando o exame. Pode levar isso, por favor? Eu também tenho que fazer consulta com a doutora Marcelle hoje, mas ainda não defini a que horas vou.

Com a chegada de Gleison, Diego embarcou no carro e, olhando ao redor, comentou que o dia seria muito quente. Fazia 22 graus no complexo minerário e a temperatura vinha subindo rapidamente. Com o ar-condicionado da caminhonete ligado durante a inspeção de área, os dois discutiram o orçamento do setor e como aplicar o dinheiro na melhoria das condições de trabalho.

— Por falar em trabalho, neste fim de semana eu não virei, é minha folga — comentou Diego. — Vou com a patroa e a pequena para Bonfim.

— Bonfim? — admirou-se Gleison. — Uai, eu vou estar em Eixo Quebrado, na chácara do meu pai. É muito perto. Por que você não passa lá? Meu irmão cismou de fazer a Noite do Angu. Vai ter angu com couve e torresmo, linguiça, frango, de todo jeito.

— É mesmo?

— É, sô. A turma vai juntar lá. Cada um leva a sua bebida, porque o tira-gosto ele vai ajeitar.

— Então acho que vou pra lá também — animou-se o jovem.

— Bora? Vamo tocar o bonde — brincou Gleison.

Os dois deram risada, empolgados, e seguiram para a Mina de Jangada. Já estavam na área da mina quando ouviram um chamado de Lúcio pelo rádio:

— Gleison, o Diego está com você?

— Tá, sim, Lúcio, estamos fazendo a inspeção de campo.

— É que a gente tem reunião depois do almoço aqui em Feijão, e eu vou precisar que ele chegue mais cedo.

— Fechou. Assim que terminarmos aqui, eu desço com ele — avisou o técnico de mina.

Gleison e Diego ainda organizavam as frentes de trabalho para o fim de semana quando souberam que uma das pistas de Jangada, a do nível do Jacó, precisava ser nivelada. Às 11h50, Gleison acionou sua equipe pelo rádio:

— Pessoal, alguém sabe onde está o Vagner?

— Ele ainda está na medicina — respondeu um funcionário pelo rádio.

— Mas até agora? Preciso dele para patrolar aqui em cima para mim. Na hora que ele for liberado, me avise.

— Vixe, acho que deve agarrar um pouquinho. A medicina tá bem cheia — alertou um dos membros da equipe.

Gleison, então, pediu que chamassem outro operador. Em seguida, determinou que houvesse um revezamento do grupo no período do almoço, para garantir que as máquinas não ficassem paradas. Nesse momento, porém, Diego lembrou ao amigo que eles precisavam deixar Jangada e seguir para Feijão, onde Lúcio o esperava.

— É mesmo, Diego, ele pediu para você ir mais cedo. Já te levo.

— Tá certo. Vou almoçar com o Lúcio por lá — comentou.

— Isso vai facilitar a logística — concordou Gleison.

Os dois ainda conversavam quando o rádio chamou mais uma vez.

— Gleison, o Carlinhos liberou lá na medicina. Posso pedir pra ele almoçar de uma vez aqui em Feijão? — consultou um de seus subordinados.

— Não, fala pro Carlinhos me esperar em frente ao refeitório, aí mesmo em Feijão. Tô descendo com o Diego em alguns minutos, aí o Carlinhos sobe comigo aqui pra Jangada. Assim facilita o revezamento da equipe.

— Daqui a quanto tempo vocês chegam em Feijão?

— Em aproximadamente 20 minutos.

— Me avise quando estiver na área — pediu o funcionário que monitorava o rádio.

— Pode olhar para trás que eu já tô chegando. É só disparar o cronômetro — brincou Gleison, sem a mínima ideia do que estava prestes a acontecer.

Em instantes, mais precisamente às 12 horas, 28 minutos e 24 segundos, Gleison e seus colegas de trabalho seriam surpreendidos pelo rompimento da gigantesca B1, a barragem desativada. No horário do estouro, 314 trabalhadores operavam na Mina do Feijão. A maioria não teria a mínima chance de escapar do tsunami de lama que foi soterrando tudo à sua frente. A fúria da avalanche de rejeitos deixaria um rastro de destruição em Brumadinho e pelos mais de 300 quilômetros por onde passou, afetando diretamente dezessete cidades que estavam na faixa de 1 quilômetro ao longo do rio Paraopeba. Centenas de pessoas morreriam dentro e fora dos limites da mineradora.

Hoje, mais de três anos depois, algumas delas continuam sendo procuradas pelos bombeiros de Minas Gerais, no que se tornou a mais longa operação de resgate da história. E o maior desastre humanitário do Brasil.

2. QUANDO A TERRA TREMEU

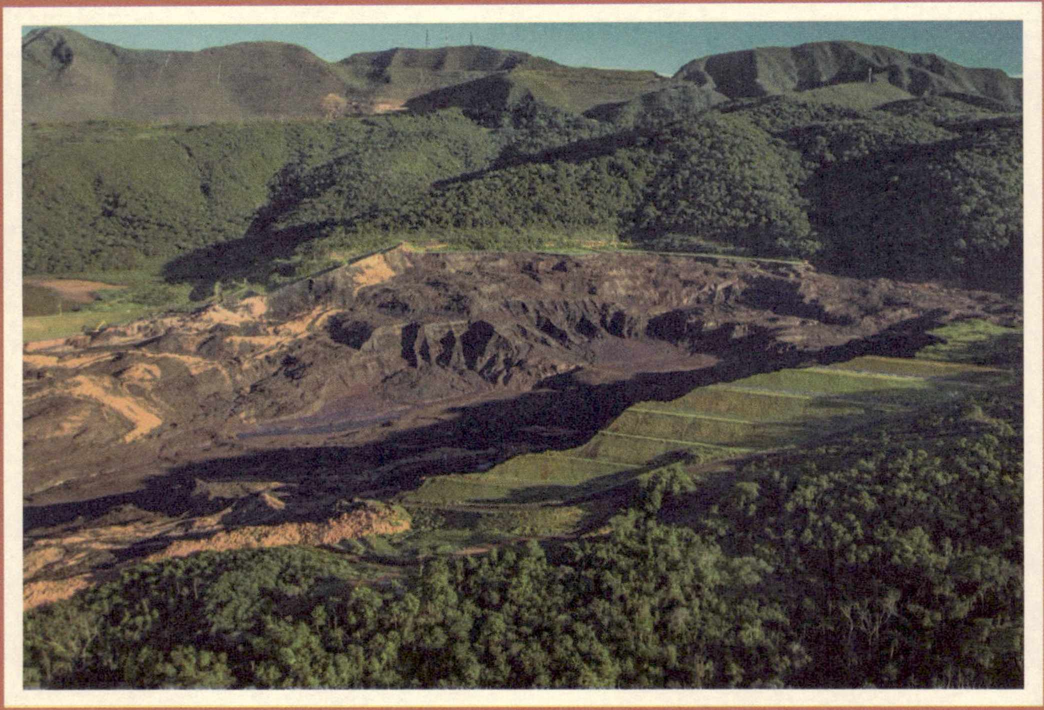

Um forte estrondo foi ouvido dentro da Mina do Feijão. Naquele momento, o técnico em sondagem e perfuração Lieuzo Luiz dos Santos e mais quatro funcionários da Fugro estavam no penúltimo degrau da Barragem 1, a cerca de 70 metros de altura, comemorando o sucesso da perfuração vertical que vinha sendo realizada no alto do maciço de rejeitos havia quase dez dias. Finalmente, às 11 horas daquela sexta-feira, a perfuratriz operada por Lieuzo se aproximara de 68 metros de profundidade, o ponto máximo previsto para a instalação de vinte piezômetros, instrumentos capazes de medir remotamente a pressão interna da água do reservatório.

Multinacional holandesa com escritórios em quatro estados do Brasil, a Fugro fora contratada pela Vale para substituir os equipamentos manuais de monitoramento da barragem pelos automatizados, a fim de imprimir maior precisão ao controle do reservatório. Apesar de desativada, a B1 armazenava o equivalente a 400 mil caminhões-pipa carregados de rejeitos e, por questão de segurança, precisava ter a pressão da água checada todos os dias por meio desses equipamentos, além de passar periodicamente por vistorias de engenheiros e especialistas em geotecnia.

Para realizar o trabalho de implantação dos piezômetros, Lieuzo, de 55 anos, saíra do interior de São Paulo em direção a Brumadinho havia pouco mais de um mês. Quando avistou a B1 pela primeira vez, impressionou-se com sua grandiosidade. Seu dique inicial fora projetado na década de 1970, ainda sob a gestão da empresa de capital alemão Ferteco Mineração S.A. Com 18 metros de altura e atingindo 874 metros de elevação acima do nível do mar, começaria a ser operada seis anos depois. Adquirido pela Vale no início dos anos 2000, o maciço de rejeitos se agigantou somando dez alteamentos. O último fora concluído em 2013, para ampliar a capacidade de armazenamento da mistura de líquidos e sólidos resultante do processo de beneficiamento do minério, que gera dois subprodutos: o concentrado e o rejeitado.

A Mina do Feijão contava ainda com outras três barragens menores: a B6, vizinha da B1, a IV e a IV-A. Mas era a B1 que se destacava na paisagem coberta de verde da jazida, situada entre a Área de Proteção Ambiental Sul, na Região Metropolitana de Belo Horizonte, definida como uma Unidade de Conservação, e a zona de amortecimento (de uso restrito para as atividades humanas) do Parque Estadual da Serra do Rola-Moça.

Tão logo deu início à sua tarefa, Lieuzo ouviu falar que havia pontos de vazamento na B1. Soube, então, que desde junho do ano anterior a Vale vinha tentando lidar com o problema. Mas não chegou a se preocupar seriamente — acreditava que em uma empresa com tantos protocolos de segurança a questão seria em breve solucionada. Assim, naquele 25 de janeiro de 2019, a atenção de Lieuzo estava toda voltada para a perfuração no alto da barragem.

Lieuzo e parte de sua equipe haviam deixado bem cedo o município de Nova Lima, onde estavam hospedados, em direção à zona rural da comunidade do Córrego do Feijão. A colocação dos piezômetros na B1 dependia da perfuração do solo do reservatório. O trabalho foi realizado com a utilização de água misturada com bentonita, um agente

Equipe da Fugro trabalhando no alto da Barragem 1, onde Lieuzo e seus colegas deram início às perfurações verticais no maciço

de fluidos usado em perfurações de poços. Eram cerca das 8 horas quando o grupo pisou na Mina do Feijão. Trabalhavam com Lieuzo na B1 os auxiliares de sondagem Olímpio Gomes Pinto, 57 anos, e Miraceibel Rosa, 38 anos, o encarregado de obras Noel Borges de Oliveira, 50 anos, e a técnica de segurança do trabalho Elis Marina Costa, de 23.

Por aqueles dias, Elis, a mascote da turma, estava em Feijão para cobrir férias de outra funcionária da Fugro. Ela estagiara na mineradora Samarco, da qual a Vale é uma das controladoras, na cidade mineira de Mariana, concorrendo ao estágio incentivada pelo pai, um operador de máquinas pesadas que durante uma década prestara serviços em uma mina da região. O estágio de Elis começou logo após o rompimento da barragem de Fundão, da Samarco, ocorrido em 5 de novembro de 2015, que arrasou o subdistrito de Bento Rodrigues, onde se situava. Até hoje o rompimento de Fundão é considerado o maior desastre ambiental do país.

Já dentro da mina, Lieuzo e os colegas percorreram, na picape Ford Ranger branca da Fugro, a estrada que levava ao topo da barragem. A perfuratriz estava posicionada no nono degrau do maciço, bem próximo da crista. De capacete, óculos de proteção e colete refletivo nas cores

MINA DO CÓRREGO DO FEIJÃO

Belo Horizonte
Brumadinho
MG

Barragem I
sentido da lama
área atingida pelos rejeitos
Pera ferroviário
Refeitório

300m

laranja e verde, o grupo precisava da máxima concentração para que o ângulo e a profundidade do furo estivessem perfeitamente alinhados.

* * *

Morador do município paulista de Ilha Solteira, Lieuzo estava a 1,2 mil quilômetros de casa e dava expediente na vida desde a infância. Quando menino, trabalhara em várias fazendas de algodão e só aos 18, com o ensino fundamental completo, encontrou a primeira oportunidade de mudar seu destino: conseguiu emprego no laboratório da Usina Hidrelétrica de Ilha Solteira, onde o pai era contratado como segurança. A partir daí, aprendeu o ofício de sondagem e perfuração de solo, trocando a hidrelétrica pelas barragens de minério de ferro.

Embora passasse longos períodos longe da esposa, dos três filhos e da neta, Lieuzo tinha conseguido dar aos seus descendentes o que não tivera: tempo para estudar. Com seu salário, pagava a faculdade de Biomedicina da filha mais nova e sentia um orgulho imenso de poder proporcionar à família algum conforto. Valorizava o que fazia, mesmo que a função o levasse para tão longe de seus amores.

— Seu Lieuzo, vem tomar café — convidou Elis debaixo da tenda azul erguida no alto da barragem para garantir, em vão, alguma sombra. — Trouxe um bolo que fiz ontem à noite e um pão caseiro.

Ao contrário de Lieuzo, que morava longe, Elis vinha de Rodrigo Silva, a apenas 107 quilômetros de Brumadinho, onde moravam seus pais e a irmã mais velha.

— Menina, lá vem você com essas gostosuras. Seu namorado é um felizardo. Você deve ter prendido ele pelo estômago.

— Quase noivo — corrigiu a jovem. — Daqui a menos de dois meses a gente vai oficializar o noivado. Será no dia 13 de março, quando comemoro meu aniversário de 24 anos.

— Pena que eu não estarei mais em Minas. Em fevereiro, quando a gente acabar o serviço aqui na barragem de Brumadinho, a Fugro deve me mandar para a mina da Vale no Pará.

— É longe, hein, seu Lieuzo.

— Põe longe nisso. É muito chão, Elis.

— Vou chamar os outros. Acordamos muito cedo e esse lanchinho vai ajudar a enganar a fome — declarou a jovem, percebendo, satisfeita, que Olímpio, Miraceibel e Noel já haviam sido atraídos pelo cheiro do café.

Em meio ao lanche rápido, Olímpio chamou atenção para o estranho comportamento do gado que costumava pastar no entorno da barragem. Era a primeira vez que via o rebanho inquieto, correndo de um lado para outro como se estivesse se preparando para uma fuga.

— Gente, por que será que o gado está tão agitado hoje?

* * *

Enquanto o pessoal da Fugro concluía a primeira parte das atividades no alto da B1, lá embaixo funcionários da Reframax Engenharia Ltda., firma de Belo Horizonte contratada pela Vale, executavam mais uma etapa das obras de implantação do sistema de proteção e combate a incêndio na Mina do Feijão em uma estrada que ficava ao "pé da barragem". O responsável pelo plano de obra era o gestor de produção Romero Oliveira Xavier, de 34 anos. Seu traçado previa, entre outras medidas, a instalação de tubulação subterrânea capaz de bombear água, em caso de incêndio, para o complexo da mineradora — onde se incluíam, por exemplo, os prédios administrativos, entre outras edificações. Todos se situavam no sopé do gigantesco reservatório. Além de hidrantes, estavam sendo colocadas sirenes sonoras de alerta contra fogo.

Metade dos 59 colaboradores da Reframax se dedicava à escavação da via de acesso próxima ao prédio de ITM para a acomodação dessa tubulação. Na tentativa de causar o menor impacto possível no funcionamento das atividades da mineradora, as intervenções na estrada interditada começaram às 4h30 da madrugada num dos trechos mais próximos do paredão de rejeitos. A escavação seria realizada em dois turnos, com intervalo para almoço das 11 às 12 horas, e a recomposição do aterro compactado deveria estar concluída até as 14 horas. Se ultrapassassem esse horário, o fechamento da passagem de veículos comprometeria a operação na Mina do Feijão.

Ainda era de manhã quando o celular de Romero tocara. No outro lado da linha, estava o engenheiro Cristiano Jorge Dias, 42 anos, também da Reframax:

— Romero, você está dentro da mina?

— Estou sim, Cristiano, na área dos contêineres.

— Então já pode se preparar para ir embora, porque já estou chegando no Córrego do Feijão — avisou o colega.

Cristiano saíra do Rio de Janeiro e chegara a Brumadinho na véspera. Viajara até a cidade mineira para substituir Romero, que tinha exame médico obrigatório marcado em uma clínica de segurança do trabalho no Centro. Em sete dias, ele já alterara três vezes a data da consulta. Se protelasse de novo, a liberação magnética do seu crachá, que dava acesso à Mina de Feijão, seria imediatamente cancelada. Se, por um lado, a obra não poderia prosseguir sem a presença de um responsável, por outro, não poderia haver interrupção nos trabalhos. Por isso Cristiano desembarcou em Feijão e logo tomou ciência, através de Romero, de tudo o que já havia sido executado até aquele horário.

— Ó, o Daniel está lá no escritório fazendo a medição mensal dos projetos — explicou Romero ao colega antes de ir para o exame.

— Ok — devolveu o recém-chegado. — Vai logo, senão você perde mais uma consulta.

Romero deixou a mina às 10 horas com o compromisso de retornar logo após a avaliação médica. Ele estava na sala de espera da clínica, em Brumadinho, quando o assistente de engenharia Daniel Guimarães Almeida Abdalla, 27 anos, chamou-o pelo celular:

— Então, Romero, estou concluindo as medições aqui na Mina do Feijão, mas a internet caiu. Eu preciso postar o resultado no sistema da Vale até o início da tarde, porém, com a rede fora do ar, não consigo.

— Uai, cara, vem aqui pro Centro de Brumadinho. São 11h30 agora. A gente se encontra aqui na clínica e passa lá em casa para postar os dados. Depois almoçamos juntos e retornamos pra mina. Me avisa quando chegar. Preciso desligar porque já vão me chamar pra consulta.

— Beleza — respondeu Daniel.

Ainda com esperança de conseguir enviar a documentação de dentro do escritório que a Reframax mantinha na mina, Daniel refazia os cálculos de todos os gastos da obra no instante em que Cristiano o abordou:

— Ei, Daniel, como estão as coisas? Conseguiu resolver o problema com a internet?

— Cara, infelizmente não. Vou precisar ir lá em Brumadinho pra conseguir lançar no sistema o resultado da nossa medição mensal — explicou Daniel. — Continuamos sem internet aqui.

— Faz o seguinte: fica e almoça aqui comigo na mina. Quando o Romero voltar, você vai.

— Tá certo, então — disse Daniel, esquecendo-se de avisar Romero de que não iria mais ao encontro dele no Centro de Brumadinho, conforme combinado.

Daniel era sobrinho dos donos da Reframax, mas todos sabiam que ele não admitia privilégios por conta do parentesco. Tinha os próprios méritos. Seis meses antes de se formar, ganhara uma bolsa de estudos em Pittsburgh, nos Estados Unidos, onde viveu por um ano. De volta ao Brasil, concluiu a faculdade e, aos 25 anos, já trabalhava na Reframax. Dois anos depois, foi para a Mina do Feijão, mas já estava sendo sondado para trabalhar em uma empresa no Canadá tão logo as atividades ali terminassem.

Depois de combinar com Cristiano o almoço, Daniel foi buscar, em um dos contêineres da Reframax, a chave da Renault Duster branca que usaria para se deslocar até o refeitório da Vale, que ficava no setor administrativo do complexo. Já no contêiner, o engenheiro encontrou o ajudante-geral Antônio França Filho, de 55 anos, que fazia a limpeza dos banheiros.

— Oi, Antônio. Já almoçou?

— Já, sim, senhor.

— Uai, você foi cedo — respondeu o outro intrigado, de olho no relógio.

— Sabe o que é, seu Daniel, é que daqui a pouco eu vou ter que subir para o prédio de ITM. O encarregado de obras pediu para eu ir para lá ajudar o eletricista a soldar o suporte das luminárias que estamos colocando no quarto andar.

— De qualquer jeito, bom trabalho — desejou Daniel, despedindo-se.

Cinquenta minutos depois, já na estrada bloqueada para a instalação da tubulação do sistema de combate a incêndio, Antônio se encontrou com o eletricista da Reframax Marcos Vinícius da Silva, 29 anos. De lá, seguiram juntos para o prédio de quatro pavimentos do ITM, onde chegaram às 12h20. Usaram o corrimão de metal para se equilibrar entre as rampas e as pontes suspensas. Venceram dezenas de degraus e andaram por grades de piso até atingirem o quarto andar.

— Ô, Marcos, o calor daqui está igual ao da sua Bahia — provocou Antônio.

Marcos Vinícius concordou.

* * *

Eram 12h20 quando o técnico de mina Gleison e o engenheiro Diego entraram na Mina do Feijão pela estrada que a ligava à Mina de Jangada. O coordenador Lúcio Mendanha, com quem Gleison se encontrara no início da manhã, havia pedido a Diego que fosse para Feijão antes do início da reunião da tarde e Gleison se comprometera a levá-lo em seu carro. Assim, aproveitaria para buscar o operador Carlinhos, pai de Diego.

Na entrada do complexo, Gleison usou seu crachá para abrir a cancela que dava acesso ao Terminal de Carga Ferroviário. Ele e Diego encontraram o sinal de trânsito fechado, já que naquele horário a prioridade era para a passagem dos ônibus que transportavam os funcionários para o almoço. Após a liberação do semáforo, os dois seguiram para o prédio do refeitório. Carlinhos já os esperava quando eles chegaram.

— Na hora que eu terminar aqui, te ligo para a gente combinar os últimos detalhes para a nossa reunião da tarde — avisou Diego a Gleison, descendo da Hilux e aproximando-se de Carlinhos. — Bênção, pai.

— Deus te abençoe, filho — respondeu Carlinhos, embarcando na caminhonete e sentando-se no banco do carona, onde estivera Diego minutos antes.

Diego caminhou para o refeitório, onde almoçaria com Lúcio, e a Hilux partiu.

— Carlinhos, eu tô um pouco atrasado, porque ainda tenho que voltar para Jangada — disse Gleison. — Preciso deixar você lá, almoçar e descer de novo para Feijão, porque tenho que participar da reunião da tarde com o Diego e o Lúcio. Então eu não vou fazer o contorno na área administrativa, senão a gente vai perder 5 minutos até o semáforo abrir de novo. Vou virar o carro aqui mesmo.

Ciente de que incorria em infração, pois estavam perto do prédio da medicina e por isso só veículos de emergência podiam manobrar ali, Gleison brincou:

— Depois eu passo a multa para o chefe pagar.

* * *

Naquele exato momento, o técnico em sondagem e perfuração Lieuzo, que continuava no alto da B1, repassava à equipe o planejamento das novas perfurações que seriam feitas no solo do reservatório a partir da semana seguinte. À tarde, ele acionaria o setor de engenharia da Vale para definirem a instalação dos piezômetros.

— Miraceibel, vamos comigo fechar a gaiola da sonda e descer para almoçar — pediu o técnico em sondagem.

Elis, Noel e Olímpio ajudaram a recolher os materiais e seguiram para a Ranger, onde acomodaram as mochilas, sentaram-se e ligaram o ar-condicionado, aguardando o retorno de Miraceibel e Lieuzo.

— Gente, anda logo que tô com fome — gritou Noel na tentativa de apressar os colegas que estavam fora da picape. — Já são 12 horas e 28 minutos. Agora mesmo está na hora de voltar e nem saímos para almoçar.

Miraceibel ainda fechava a gaiola da sonda quando Lieuzo, de relance, notou que a tenda azul balançava. Pensou que a movimentação tivesse sido causada por uma súbita ventania, mas o tempo continuava firme e não havia uma nuvem sequer no céu azul. No entanto, o técnico em perfuração e sondagem não teve nem tempo de se tranquilizar.

Sentiu o chão tremer. Com o coração descompassado, a respiração ofegante, a pupila dilatada e a boca seca, ele foi tomado de pavor. Ato contínuo, o nono degrau em que os funcionários da Fugro trabalhavam começou rapidamente a perder elevação. Tudo estava em movimento.

Em 10 segundos, o maciço de 86 metros de altura se desmanchou no ar. Sem chance de correr, Lieuzo viu Miraceibel ser sugado para dentro da terra em colapso. A avalanche de lama foi cobrindo tudo que encontrava pela frente. Fendas se abriram em toda a extensão da barragem e engoliram o carro onde estavam a jovem Elis, Noel e Olímpio. Uma imensa cratera se abriu e também o gado despencou dentro dela. Solta no ar, a perfuratriz ganhou impulso na direção de Lieuzo, que conseguiu saltar para a frente, mas afundou, sendo levado pela onda de rejeitos. "Morri", pensou ele, antes de perder os sentidos.

3.
TSUNAMI DE LAMA

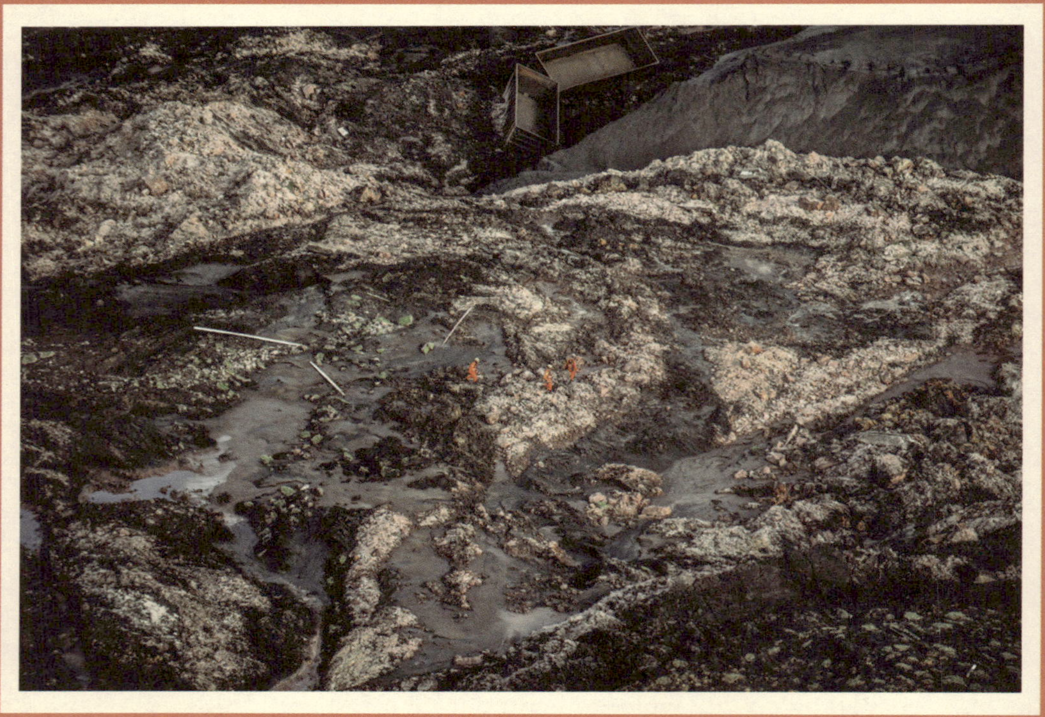

A onda de rejeitos seguiu, impiedosa, revolvendo e escavando o solo por onde passava. Árvores foram arrancadas pela raiz. Estruturas de prédios, carros, tratores e até caminhões de 100 toneladas foram levados. Surpreendidos pela avalanche líquida que se movimentava a 108 quilômetros por hora sobre a Mina do Feijão, os 27 funcionários da Reframax que trabalhavam a céu aberto na escavação da estrada bloqueada para a instalação de uma tubulação não tiveram a mínima chance de se salvar. Alguns foram arrastados por quilômetros.

Segundos antes, Antônio França Filho, o ajudante-geral da Reframax que trabalhava com o eletricista Marcos Vinícius em uma ponte aramada do prédio de ITM, ainda vira um operador de escavadeira da Vale que fazia o carregamento de um caminhão fora de estrada abandonar o veículo e sair correndo pelo pátio do Terminal de Carga Ferroviário.

— Por que será que ele tá correndo feito louco? — comentou com o colega.

Não chegaram a entender. Foram surpreendidos pelo barulho de uma explosão no andar de baixo do prédio de ITM. Em seguida, o tsunami de lama carregou parte da estrutura e o telhado galvanizado veio abaixo. Marcos Vinícius desapareceu de vista e Antônio despencou de uma altura de 7 metros. Desesperado, pensou no filhinho de 6 anos, Davi, e berrou o nome dele com toda a força.

* * *

Daniel, Cristiano e mais dois funcionários da Reframax para os quais deram carona na saída do refeitório — o analista de planejamento Cláudio Leandro Rodrigues Martins, 37 anos, e a engenheira Eliane de Oliveira Melo, 39 anos, grávida de cinco meses — voltavam para o escritório na Duster branca quando viram homens correndo e gritando em direção oposta à do veículo. Também foram surpreendidos pelo paredão de terra e água que se movia em direção ao carro. Em pânico, Daniel, que estava ao volante, acelerou para tentar escapar daquela onda de cerca de 18 metros de altura. A Duster, porém, atolou em uma poça e foi encoberta pela fúria da avalanche. As câmeras de segurança da Vale flagraram o instante em que o grupo foi atingido. A onda em espiral foi engolindo a Mina do Feijão com a força de uma arrebentação em dia de tempestade, tingindo de barro o verde da paisagem.

* * *

Quando o estrondo invadiu a mina, Gleison manobrava a Hilux em que estava com Carlinhos. Eles se preparavam para deixar Feijão e retornar para a Mina de Jangada. O relógio do painel marcava 12h28.

— Carlinhos, o que é isso? — perguntou o técnico de mina assustado, já que não havia nenhuma detonação agendada para aquele horário.

Carlinhos não respondeu. Mudo, via postes de eletricidade serem derrubados e lançados sobre a Hilux.

— Meu Deus, é um acidente feio! — exclamou Gleison, desolado, ao se dar conta de que algo muito grave acontecia.

— Pelo amor de Deus! Corre, corre! — gritou Carlinhos, enquanto, ao longe, vagões de trem se empilhavam como brinquedos no terminal ferroviário.

Tomado por um frenesi, Gleison deu ré, girou o volante e arrancou a 80 quilômetros por hora, mais que o dobro da velocidade permitida, para tentar ultrapassar as cancelas fechadas.

— Segura, Carlinhos, que a gente vai passar — avisou, pisando ainda mais fundo no acelerador quando um poste caiu sobre o carro.

"É o fim", pensou Gleison, preparando-se para a morte imediata. Não era a hora. Parte da estrutura do poste de fato esbarrara na lataria do carro, mas ficara suspensa pela fiação. Mesmo com a picape amassada, os retrovisores quebrados e o vidro do para-brisa trincado, eles foram em frente. Àquela altura, ambos já tinham entendido que a barragem havia se rompido e que os rejeitos de minério encobriam a Mina do Feijão e avançavam com toda a força para a área administrativa.

Carlinhos chorava.

— Meu filho, meu filho! Ele está lá embaixo, no refeitório. Ele vai morrer.

— Calma, Carlinhos. O Diego é forte. Ele vai conseguir escapar.

— Não vai. Ele vai morrer — repetia o outro, desesperado.

Enquanto dirigia, Gleison tentava se comunicar pelo rádio com os funcionários da Mina do Feijão. Ele não ouvira nenhuma sirene de alerta e temia que todos dentro da mina tivessem sido apanhados de surpresa.

— Atenção, Caldeira! Atenção, Istélio! Tira todo mundo da mina porque a barragem estourou.

Silêncio.

— Atenção, pessoal — repetia, aos berros. — É uma emergência!

Sem resposta.

Encurralado, Gleison seguiu em direção à portaria principal da mineradora, único caminho que ainda não tinha sido tomado pelo barro. Na fuga, encontrou um homem alucinado tentando escapar a pé. Mesmo com o risco de ser alcançado pela lama, Gleison parou o carro.

— Sobe! Rápido, rápido — ordenou, olhando pelo retrovisor para não se descuidar do avanço dos rejeitos.

Já na carroceria do veículo, o homem resgatado ajudou a chamar outros que buscavam sair dali e que, exaustos, não conseguiam mais correr. Carlinhos continuava chorando, enquanto uma poeira densa de cor alaranjada tornava a visibilidade cada vez mais difícil. Gleison parou a caminhonete outras duas vezes, apanhando pelo menos dez indivíduos. Uma mulher paralisada pelo medo foi a última a ser puxada pelo grupo para dentro da caçamba. Ela machucara a perna durante a correria e, sem forças, deitou-se no assoalho do carro.

— Acelera, acelera que está se aproximando — gritavam todos, enquanto o técnico de mina cruzava a portaria principal da Vale, ainda dentro do complexo da mina, cantando pneu.

A cena com a qual os ocupantes da Hilux então se depararam era desoladora: sem rumo, dezenas de funcionários corriam de um lado para outro à procura de um local seguro.

— Tenha misericórdia, meu Deus do céu! Ô meu pai! Nossos amigos, gente... — clamava repetidamente Leandro Dias, prestador de serviços responsável pela manutenção das catracas da Vale.

Leandro tinha acabado de chegar à portaria. Almoçava no refeitório, mas fora chamado para checar o funcionamento do equipamento porque alguém não estava conseguindo entrar na Mina do Feijão. Foi quando viu tudo ser transformado em desespero e, em choque, só conseguiu pegar o celular e filmar.

— Nossa Senhora! Caiu tudo! O que é isso? — balbuciava, ofegante.

Durante a gravação, Leandro flagrou o carro de Gleison entrando na área em alta velocidade. Mas logo a marcha foi reduzida, pois pessoas agarravam-se à Hilux querendo embarcar.

— Acelera! — diziam aqueles que conseguiam subir na caçamba.

Gleison parou mais uma vez. Um homem abriu a porta da caminhonete e se jogou no banco de trás. Outro pulou na carroceria.

— Calma aí, o que aconteceu? — perguntava Leandro de novo, aproximando-se do veículo.

Caminho de fuga de Gleison Pereira. O técnico de mina foi encurralado pela avalanche de lama

— Tá caindo — ouviu como resposta.
— Acelera, acelera! — pediu um desconhecido a Gleison.
O técnico de mina deu partida. Já Leandro continuou correndo sem saber para onde, na tentativa de manter-se vivo.

Felizmente, contudo, em função da diferença de altimetria do terreno e da topografia acidentada da mina, encravada entre vales, a onda de lama sofreu um súbito desvio na portaria da Vale. Arrastou vários caminhões-pipa na entrada, mas não invadiu a área em que estavam Leandro e os outros funcionários. Foi em frente, avassaladora, em direção ao Terminal de Carga Ferroviário, a cerca de 600 metros abaixo do reservatório.

Apenas 12 segundos após o rompimento da barragem, a inundação alcançava a linha de trem e os vagões que estavam em movimento.

* * *

Naquele dia, Sebastião Gomes e Elias Nunes, operadores de saneamento ambiental da Vale, almoçaram antes das 12 horas. Tiveram pouco tempo para saborear a feijoada servida por dona Beatriz no refeitório porque precisavam conduzir dois terceirizados ao terminal ferroviário.

Nenhum prestador de serviços tinha autorização para circular sozinho pela área, e coube a Sebastião, de 53 anos, e Elias, de 44, fazerem as vezes de batedores para o caminhão limpa-fossa dos prestadores. Embarcados na Hilux prateada, utilizada para o monitoramento das áreas de saneamento, eles foram seguidos pelo motorista do veículo contratado para fazer a limpeza da fossa no vestiário da área de carregamento do Terminal de Carga Ferroviário. O colaborador estava acompanhado de um ajudante. No local, Sebastião e Elias desceram da Hilux para ajudar os visitantes na manobra.

— Encoste o caminhão um pouco mais à esquerda para melhor manuseio do mangote de sucção — pediu Sebastião.

Ele e Elias ainda falavam com os ocupantes do caminhão quando foram surpreendidos pelo som da explosão.

— Elias, que barulho é esse? — indagou Sebastião olhando para todos os lados. — Acho que o pneu de um *off road* estourou. Tá ouvindo? Tem gente gritando.

Ainda não tinham entendido o que acontecia, quando, repentinamente, diante deles, vagões de carga foram levantados. Descarrilados, eles se amontoaram sobre a pera ferroviária, enquanto a locomotiva tombava, arrastando o comboio e cercando os trabalhadores que operavam na área.

— Que maquinista doido. Como ele arranca a máquina desse jeito? Olha, Sebastião, o trem descarrilou — concluiu Elias, retirando o celular do bolso da calça e ligando a câmera para filmar o que acreditava ser um acidente.

Ao ajustar o foco, viu, pela tela do celular, uma nuvem de poeira cobrir o local. Ficou assombrado, não com a poeira, mas com a avalanche que vinha com ela. O Terminal de Carga Ferroviário estava a apenas 594 metros de distância da barragem rompida. Uma das câmeras de vigilância instaladas no local registraria o horário: 12h29.

— Meu Deus do céu... Que mutueiro de terra é esse? — murmurou Elias.

De costas para a barragem, Sebastião ainda não tinha ideia do que seria aquilo e imaginou que o colega se referia ao suposto descarrilamento. Foi quando, aos berros, foi alertado por Elias:

*Detalhe da barragem VI, vizinha da B1, solapada
em sua base após o desastre*

— Sebastião, a barragem rompeu. Vamos sair daqui, porque nós vamos morrer!

Entrando na Hilux, Elias ligou o carro e chamou novamente pelo colega. Paralisado, Sebastião não sabia o que fazer. Olhava fixo para um trator, bem longe, no pátio, cujo motorista ziguezagueava com a máquina, tentando fugir do caos. E ainda ouvia os gritos do motorista do caminhão limpa-fossa, em pânico:

— Valei-me, minha Nossa Senhora Aparecida. Valei-me, Jesus!

Amontoados, os vagões arrastaram consigo tratores de esteira, pás carregadeiras e outros caminhões pesados, jogando tudo na direção da Hilux. O trem, a lama e os outros veículos cercaram o grupo 43 segundos após a explosão na barragem. O motorista do caminhão e seu ajudante desceram do limpa-fossa, escalaram a cabine de um caminhão-tanque parcialmente destruído que estava por perto, alcançaram o seu teto, correram por cima do veículo e de lá pularam para o teto de um caminhão-carregadeira.

Escritório do prédio de Instalação de Tratamento de Minério que ficou parcialmente destruído

Sebastião continuava sem rumo pelo pátio. Desperto pelos gritos de Elias, afinal reagiu, mas tropeçou.

— Deus, me ajude — implorou Sebastião à espera da morte.

— Sai daí — ordenava Elias pela janela do carro.

Com esforço, Sebastião se levantou e alcançou a caminhonete, jogando-se no banco do carona. Elias trancou as portas e fechou os vidros. Pensou em dirigir na direção da estrada que dava acesso a uma das áreas descampadas da mina. Tratava-se de um dos pontos de encontro incluídos pela Vale no Plano de Ação de Emergência para Barragens de Mineração (paebm), que estabelecia prováveis rotas de fuga em caso de emergência. Elias obedeceu à rota traçada no papel, mas descobriu que, na prática, era impossível sair por lá. A lama cobrira tudo.

Elias, então, movimentou o carro para a frente e para trás, voltando ao ponto inicial. Buscava, angustiado, uma alternativa. Dirigiu em círculos até cruzar com Leandro Borges Cândido, motorista de uma pá carregadeira que também procurava uma saída. Não havia. A enorme pilha de minério no centro do pátio ferroviário até dividiu a lama, mas não impediu que ela se juntasse poucos metros adiante, deixando o grupo num círculo fechado.

— Sebastião, pede perdão pra Deus que a hora de passar para o outro lado é esta — anunciou Elias, desligando o carro e puxando o freio de mão. — Vamos entregar a Deus nossas almas.

Os dois deram-se as mãos e, juntos, começaram a rezar em voz alta. Em meio ao pai-nosso, ouviram uma pancada fortíssima na porta da caminhonete. Primeiro a lama bateu no lado do motorista, encobrindo o vidro próximo a Elias. Ele fechou os olhos, implorando por um fim rápido. O carro foi violentamente empurrado. Os destroços bateram no para-brisa, atingindo o lado de Sebastião, e o veículo foi lançado para cima. O vidro traseiro quebrou.

— Livramento, meu Pai — sussurrou Elias.

Quando o carro finalmente parou, o dia virou noite dentro dele. Ficou tudo escuro.

* * *

Enquanto isso, Gleison deixara a portaria da Vale com sua caminhonete apinhada de gente. Todos berravam tentando orientá-lo para um trajeto oposto ao da lama. Sugeriam a estrada onde ficava a imagem de Nossa Senhora Aparecida. Envolta em seu manto azul, a padroeira negra do Brasil fora fixada numa pequena gruta de pedra construída em um dos locais mais altos da Mina do Córrego do Feijão.

— Santinha, santinha! — gritavam.

O lamaceiro seguia seu curso e, após passar sobre o Terminal de Carga Ferroviário, não encontrou obstáculo que o impedisse de transformar em escombros a área administrativa da Vale, abaixo da B1. Exatamente como a empresa previra, em seu Mapa de Inundação, ao analisar nove meses antes a possibilidade de um rompimento da barragem. No caso de uma hipotética ruptura do maciço, o refeitório, o posto médico, o laboratório, os escritórios, as oficinas e o Centro de Materiais Descartados (CMD), todos a cerca de 1,5 quilômetro da B1, seriam soterrados. De fato, foram.

A Vale previu ainda que, no caso de um eventual rompimento, o tempo de chegada da inundação nas edificações a até 2 quilômetros da B1 seria inferior a 1 minuto.

Ou seja, não haveria jamais nenhuma chance de fuga do local que a empresa delimitou como "zona de autossalvamento". Pelos cálculos da multinacional, em caso de estouro da barragem, o mar de detritos e lama provocaria mais de duzentas mortes. Obrigatória em empreendimentos dessa natureza, a simulação do cenário de catástrofe feito pela Vale foi de uma precisão assustadora. Só não serviu para incentivar a empresa a tirar o setor administrativo da rota do tsunami.

Entre os operários e a barragem, havia duas torres com sirenes que deveriam soar em situação de emergência, mas elas continuaram em silêncio. E no dia em que a tranquilidade do horário do almoço foi interrompida por um episódio real, e não hipotético, o mar de lama já estava perto demais para qualquer tentativa de escape. Não havia lugar seguro e, pior, nenhuma chance de chegar a algum. Os rejeitos não só cobriram os prédios, como também varreram do mapa todas as suas estruturas, porque o terreno original foi escavado em mais de 10 metros de profundidade — o suficiente para abalar as fundações de concreto, tornando o espaço desértico e irreconhecível.

Junto com a terra molhada, tratores de 70 toneladas, conhecidos como esteiras D10, foram levados pela enxurrada por mais de 2 quilômetros. Quando a mancha de lama passou por cima da mina, solapando a cabeceira da barragem vizinha, a B6, e soterrando as outras duas barragens menores, a IV e a IV-A, a B1 rompeu os limites da mineradora, seguindo na direção da pousada Nova Estância, cujos quinze quartos estavam reservados para turistas. Antes, porém, alcançaria as casas da zona rural do Córrego do Feijão, onde moravam cerca de quatrocentas pessoas. Sem aviso, a vida delas mudaria para sempre.

4.
ARRASTADOS

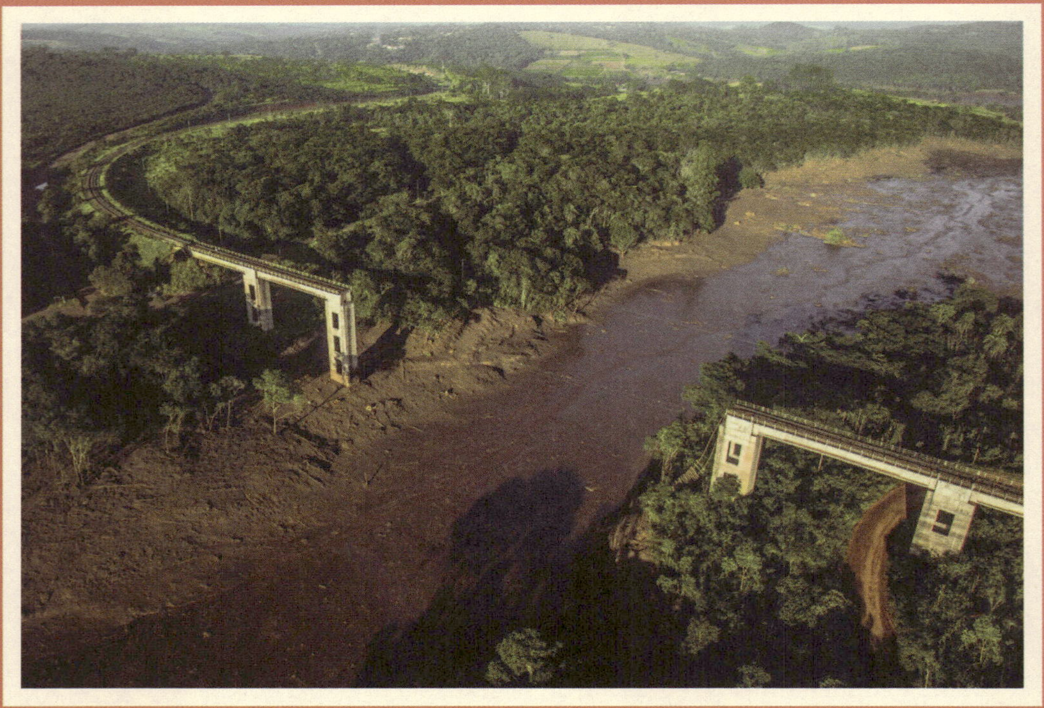

— Seu Ernando, seu Ernando! — gritou Sirlei da porta da cozinha de sua chácara, olhando, ansiosa, para o ponto do quintal em que o jardineiro se encontrava.

Concentrado no corte do gramado da propriedade de 18 mil metros quadrados, seu Ernando não escutou. Além de estar com a roçadeira ligada, ele usava protetor de ouvido. Secretária de Desenvolvimento Social de Brumadinho, Sirlei de Brito Ribeiro, de 49 anos, era casada com o engenheiro geológico Edson Albanez, de 65. Eles estavam juntos havia treze anos. Ela não tinha filhos, mas ele tinha dois do primeiro casamento. Naquele dia, Edson tinha saído de casa às 11 horas para participar de uma reunião de trabalho em Belo Horizonte, a uma hora de carro do município. Ele se encontraria com um investidor de Goiás interessado em uma jazida de minério de ferro na região de Brumadinho e apresentaria a ele o patrimônio mineral da área.

Edson chegou a convidar Sirlei para acompanhá-lo, já que ela estava de férias e só retornaria ao trabalho na segunda-feira. Naquela sexta, porém, ela preferiu acompanhar a faxineira na limpeza da casa, que ficara fechada por vinte dias, enquanto o casal passeava pelo Sul do país. No fim do dia, quando Edson retornasse de seu compromisso em Belo Horizonte, o casal faria nova viagem, agora para a cidade histórica de São João Del-Rei, a fim de aproveitar o último fim de semana de folga de Sirlei.

Antes de sair, como de costume, Edson deu um beijo na esposa. Dessa vez, sentiu algo estranho. Ficou parado, olhando-a se afastar, apressada para retomar as tarefas domésticas. "O que é isso?", ele se perguntou, sem conseguir nomear aquele sentimento. Teve vontade de chamá-la de volta, de falar com ela novamente, mas precisava ir.

Enquanto Sirlei e a faxineira se ocupavam do interior da residência, que abrigava uma adega com seiscentas garrafas de vinho de diversos países, o jardineiro dava conta da área externa, que incluía piscina, cozinha gourmet, ofurô e casa de hóspedes. O lugar aprazível, chamado de "Paraíso" pelo proprietário, também era reduto de três casais de pavão, dois casais de faisão, um dourado e outro prateado, quatro araras-canindé e dezenas de galinhas ornamentais, entre elas, as famosas galinhas-d'angola. Situada no número 80 da Alameda dos Pinheiros, a propriedade, que fora sendo construída por Edson ao longo de duas décadas, ainda tinha uma cascata com carpas e uma cachoeira ladeada por orquídeas e flores raras.

— Seu Ernando! — insistiu Sirlei, aflita, acenando para ele.

Finalmente ele percebeu os gestos e desligou a roçadeira.

— Oi?

— Que barulho é esse? — indagou ela.

— Barulho!? — estranhou seu Ernando, retirando o protetor de ouvido e olhando para trás, na direção do muro imponente que cercava o imóvel, a primeira propriedade fora do território corporativo da Mina do Feijão.

Foi quando ele ouviu um estrondo terrível e viu, ao longe, árvores caindo para todos os lados envoltas em uma densa poeira. Não pensou duas vezes. Largou a roçadeira ali mesmo e desandou a correr para a via pública. Vendo a gravidade da situação, Sirlei gritou também para a faxi-

Rejeitos invadiram escritórios do ITM

neira, que pulou uma das janelas da residência e saiu em disparada para a rua, ao lado da patroa. No meio do caminho, porém, Sirlei lembrou-se de sua cadelinha lhasa:

— Bianca! Cadê você, Bibi?

Inconformada com o sumiço da cachorrinha, Sirlei decidiu voltar para casa, à sua procura.

— Dona Sirlei, dona Sirlei — tentou adverti-la o funcionário, mas Sirlei ignorou o chamado e entrou na área de serviço do imóvel.

De longe, arrasado, seu Ernando viu o momento em que a lama da barragem invadiu a chácara, levantando a lateral da casa, que tombou e desfez-se em meio aos rejeitos como se fosse de papelão. O imóvel foi atingido pela inundação 80 segundos após o rompimento da B1. Seu Ernando olhava, incrédulo, o desmonte da moradia, esforçando-se para vislumbrar a patroa e a cachorrinha, mas só via destruição.

À medida que os destroços iam se juntando ao caldo lamacento, a correnteza perdia velocidade. Toneladas de lixo, fragmentos de vagões de trem retorcidos, restos de contêineres, de entulhos e de segmentos corpóreos se misturavam à terra molhada, tornando aquele atoleiro cada vez mais denso. A onda de rejeitos, que saíra da

Algumas casas ficaram ilhadas pelo mar de rejeitos

barragem a 108 quilômetros por hora, passou por cima da casa de Edson e Sirlei já arrefecida, a 60 quilômetros por hora. Mas se, por um lado, movia-se mais lentamente, por outro, tornara-se ainda mais mortal em função do peso dos destroços que levava consigo. Dali para a frente, quase tudo sucumbiria ao peso da mineração.

* * *

Próximo dali, Fernanda Damian de Almeida, 30 anos, comemorava a chegada à pousada Nova Estância, em Brumadinho. Grávida de cinco meses, ela enfrentara uma via-sacra para conseguir se reunir com o marido e os familiares dele na cidade, onde passariam o fim de semana juntos. Ela vinha de Curitiba e eles a esperavam na pousada desde a véspera, mas um imprevisto com sua mala em São Paulo, na conexão do voo que a levou do Paraná a Minas Gerais, atrasara o cronograma da viagem. Em vez de desembarcar em Belo Horizonte na quinta-feira, como planejado, ela só pisou em solo mineiro na manhã de sexta, 25 de janeiro. No aeroporto, o marido, Luiz Taliberti, 31 anos, e o sogro dela, Adriano Ribeiro da Silva, 61 anos, a aguardavam. Após se abraçarem no saguão, seguiram para o estacionamento, entraram no carro alugado por Adriano e partiram rumo à pousada.

A ida ao município turístico seria a penúltima parada em território brasileiro. Dali, o casal seguiria para São Paulo, de onde embarcaria, uma semana depois, de volta para a Austrália. Luiz se mudara para lá em 2014, a fim de trabalhar em um escritório de arquitetura, e agora experimentava um momento especial de vida. E não apenas porque estava em plena ascensão profissional — acabara de ser promovido a diretor do famoso Binyan Studios, uma empresa global de produção criativa que reúne líderes em arquitetura. É que do relacionamento de dois anos com Fernanda, ele e ela celebravam a vinda do primeiro filho. O casal decidira vir ao Brasil para que os dois pudessem rever os pais antes do nascimento de Lorenzo.

— Nem acredito que estou aqui — vibrou Fernanda ao cruzar, no carro alugado pelo sogro, o charmoso portão da pousada Nova Estância.

Eram 12h20. Localizada no quilômetro 2 do Córrego do Feijão, a famosa pousada não havia sido a primeira opção da família. Foi o pai de Luiz quem conseguiu, de última hora, os disputados quartos com vista para as montanhas e o lago de carpas.

— Como isso aqui é lindo — comentou Fernanda passando pela pérgula de madeira que dava acesso ao *lounge* do saguão.

Com piso em tábua corrida, a recepção envidraçada era decorada com uma imponente estante que exibia peças talhadas em pedras ornamentais. O espaço ainda contava com um restaurante aconchegante especializado em culinária italiana. Fernanda foi, então, avisada pelo marido da programação para aquele dia. Tão logo ela deixasse os pertences no quarto, o grupo, composto também pela advogada Camila, 33 anos, irmã de Luiz, e pela madrasta de ambos, a corretora Maria de Lurdes da Costa Bueno, 59 anos, seguiria para o Instituto Inhotim, a 20 minutos dali. Sede de um dos mais importantes acervos de arte contemporânea do Brasil e considerado o maior museu a céu aberto do mundo, Inhotim seria o lugar perfeito para o casal despedir-se das férias.

A hóspede recém-chegada se apressou. Luiz e os outros permaneceram à sua espera na área do estacionamento da pousada, um agradável refúgio construído em meio à natureza. A tranquilidade, no entanto, foi quebrada abruptamente pelo barulho de uma violenta correnteza. Mas, se a Cachoeira dos Anões estava a 12 quilômetros dali, o que poderia ser aquilo?

* * *

Na casa de dois quartos construída anexa à pousada, o funcionário da Nova Estância Robson Máximo Gonçalves, 26 anos, tirava a sesta em sua cama de casal. Preferia a rede que ficava no terreno cercado de verde, mas, naquela sexta-feira, a soneca precisaria ser rápida. De férias, ele se comprometera com a esposa, Paloma Prates Máximo, 23 anos, a dar um pulo até Belo Horizonte a fim de buscar seu título de eleitor. E ela o acompanharia.

Funcionário da pousada havia dez anos, Robson dedicara aquela semana à regularização dos seus documentos, para poder financiar uma cirurgia plástica a que Paloma se submeteria. O empréstimo no banco deveria ser feito em nome dele, já que ela não tinha carteira assinada. Paloma trabalhava em um restaurante no Córrego do Feijão, mas atuava na informalidade, como em outras ocasiões.

Os dois estavam casados havia cinco anos. Foi ajudando o marido a reforçar o orçamento doméstico que conseguiram construir uma vida juntos. Não havia sobra de dinheiro, mas falta eles não passavam. Além de morarem no imóvel confortável cedido pela pousada — Paloma fez as fotos do álbum de casamento nos jardins da Nova Estância —, ela e Robson conseguiram tirar carteira de motorista e comprar um carro. Também puderam planejar a gravidez, um sonho que o casal alimentava desde o início do namoro — ela, com apenas 14 anos, e ele, com 18.

Heitor nasceu quando Paloma tinha 21 anos. De cachinhos dourados, o menino pelo qual Robson se derretia crescia brincando com a terra, rodeado de afetos e brinquedos que Paloma não pudera ter. Adorava o trenzinho que ganha-

Paloma fez o book de seu casamento nos jardins da pousada Nova Estância

ra de presente na festa de Mickey organizada pelos pais em seu primeiro aniversário. Com 1 ano e 6 meses, Heitor ainda mamava no peito. Tinha tantas dobrinhas na perna que a mãe usava talco para evitar assaduras. Ainda não falava, pois tinha a língua presa, mas balbuciava alguns sons. E sua presença enchia a casa de alegria.

Como o casal iria a Belo Horizonte à tarde, Paloma deu banho em Heitor mais cedo que o habitual. Todos comeram mais cedo também. Ela preparou espaguete à bolonhesa, o preferido de sua irmã adolescente, Pâmela, de 13 anos, que havia dormido na casa para brincar com Heitor na ausência de Paloma e Robson. Dali a pouco, o casal ainda iria até a casa da avó materna do menino para buscá-la. Ela havia se disposto a ajudar a cuidar do neto.

Enquanto Heitor brincava no chão da sala na companhia de Pâmela, Paloma deitou-se ao lado de Robson, que ainda repousava, e usou o tempinho de folga para navegar no celular. De repente, o imóvel ficou sem luz.

— Ué, esse trem tá errado — disse ela, após notar que o celular estava sem rede.

Olhou a hora no relógio da parede: 12h30. Incomodada com a súbita queda de energia, levantou-se e foi até o corredor. Mas parou, assustada, entre o quarto e a sala, ao ouvir um estrondo lá fora.

— Que isso, mô? — indagou ao marido, virando a cabeça para trás.

Não viu mais nada. Sentiu um baque nas costas e seu corpo foi esmagado por uma parede. Parecia estar sendo sugada por um liquidificador gigante. Engolida com os destroços da casa, não teve tempo de gritar. Foi soterrada pela onda de 50 quilômetros por hora, que encobriu toda a área da pousada 2 minutos após o rompimento da B1, a 2.491 metros de distância dali.

Arrastada com a construção, Paloma buscava o ar, mas era puxada para baixo junto com tudo o que se movia ao seu redor. Atirada de um lado para outro, sofreu uma forte pancada no rosto. Sentiu outra, na região do tórax, como se estivesse sendo partida ao meio. Estava quase perdendo os sentidos, quando, de repente, foi jogada para cima, momento em que, pela primeira vez, pôde colocar a cabeça para fora do lamaçal. Presa da cintura para baixo, ela fora arrastada por 220 metros e parara ao lado do pilar do pontilhão da linha férrea, que acabara de ser levado pela avalanche de lama. Quando, afinal, conseguiu puxar o ar para os pulmões, passou as mãos no rosto, na tentativa de limpá-lo e entender o que acontecia. Foi quando sentiu que havia lama dentro da sua boca, dos olhos e dos ouvidos. Exausta, olhou para trás, onde deveria estar sua casa. Não havia mais nada, só enxurrada. O mundo dela tinha desaparecido.

— Heitor, Robson, Pâmela — tentava gritar, e, embora visse sangue misturado ao barro, não se dava conta de que fraturara o nariz e o esterno e de que sofrera cortes da cabeça aos pés, como se houvesse sido mutilada com gilete.

— Heitor, Robson, Pâmela — berrava, mas a voz não saía.

Ouvia apenas o barulho do tsunami, agora a caminho do bairro Parque da Cachoeira, a 1,5 quilômetro dali. "Não, isso não está acontecendo comigo", pensava. "Meu Deus do céu, me salva, me salva."

— Deus, cadê eles? — sussurrou, no limite da sanidade.

Ali, presa à lama, Paloma sentiu-se inundada de vazio. E, por um momento, teve dúvidas: estava viva?

* * *

Quando os pilares do pontilhão, de mais de 30 metros de altura, foram atingidos pela correnteza, a linha férrea desmoronou. O choque nos trilhos fez os ferros se tocarem, levantando uma grande faísca. O operador de máquina Claudiney Chaves Coutinho tomou um baita susto. Ao lado de mais dois funcionários da Vale, ele dirigia pela estrada Alberto Flores um enorme caminhão Munck, daqueles próprios para erguer cargas pesadas como contêineres, quando foi surpreendido pelo poeirão laranja.

— Uai, deu fogo ali! — exclamou, apontando para o pontilhão. — Deu fogo!

Os três nem tinham se refeito do susto de assistir à queda do pontilhão quando se viram cara a cara com a onda de rejeitos. Freando bruscamente o caminhão para não bater em outro veículo cujo motorista também tentava fugir, Claudiney engatou a ré para pegar o sentido oposto ao do tsunami. Mas, devido ao tamanho do veículo, um dos colegas, Delfonso Geraldo da Silva, precisou descer para orientar a manobra. Durante a movimentação, um carro dirigido por uma mulher com uma criança dentro passou por eles, avançando na direção da lama.

— Para, para, volta — gritou Delfonso batendo no capô do carro para alertar a motorista.

Ao ser avisada do perigo, ela fugiu de ré, em alta velocidade — souberam depois que se salvara, ela e a criança. Já Claudiney teve dificuldade de efetuar a manobra na estrada e acabou subindo com o caminhão em um barranco de 4 metros de altura na margem da rodovia. Por sorte, a lama, ao chegar, bateu no barranco e mudou de direção. Salvos por um milagre, Claudiney e os colegas desceram do veículo aturdidos e se aproximaram da beira do barranco para ter uma visão geral da região. Impressionados, constataram que o ribeirão Ferro-Carvão era agora um mar de lama e, seguindo com os olhos a sua extensão, Claudiney percebeu uma mulher soterrada da cintura para baixo. Era Paloma.

O operador de máquina correu em direção à moça, para ajudá-la.

— Vai cair — gritou Delfonso, preocupado. — O pontilhão vai terminar de cair!

— Cai não, pode vir — devolveu Claudiney decidido a entrar na lama. — Temos que tirar a mulher dali, cara, vem cá.

A área estava tão instável quanto areia movediça. Com lama até a altura da coxa, Claudiney tinha dificuldades para se movimentar. Encharcadas daquele barro cheio de detritos, suas botas pesavam.

— Me dá a corda aí — pediu Claudiney sem saber se a pessoa que precisava de ajuda aguentaria esperar pelo resgate.

Delfonso correu para pegar uma corda de sisal dentro do caminhão e jogou-a para Claudiney, que a lançou para Paloma, aproximando-se ainda mais da jovem.

— Misericórdia — balbuciou Delfonso, sabendo que a qualquer instante a mulher e Claudiney, que afundava cada vez mais, podiam submergir e serem arrastados pela forte correnteza, que, àquela altura, aproximava-se do bairro Parque da Cachoeira, área residencial de Brumadinho cercada por plantações de hortaliças.

5. ABRINDO OS OLHOS

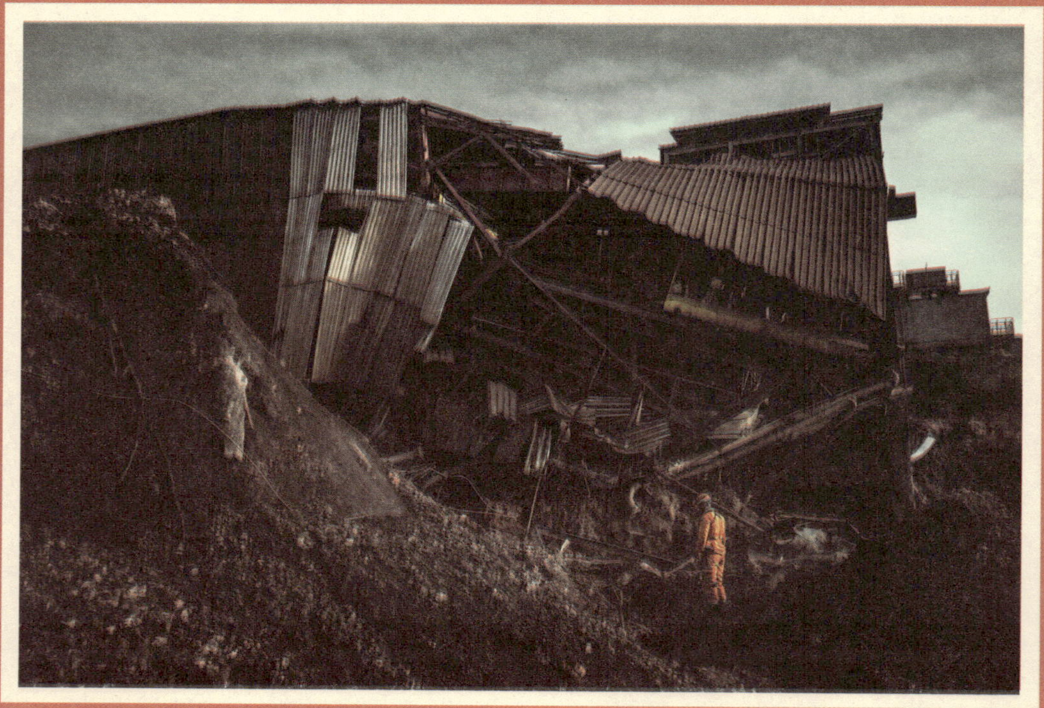

Quando abriu os olhos, o ajudante-geral Antônio França Filho, que despencara de uma ponte aramada do quarto andar do prédio de ITM enquanto ajudava o eletricista Marcos Vinícius a soldar o suporte de luminárias, se viu em meio a uma quase completa escuridão. Apenas alguns raios de sol penetravam pelas ferragens entre as quais ele se encontrava. Antônio precisou de um tempo para enxergar onde estava. Através dos óculos de proteção incolor que usava, constatou que o cenário ao redor havia sido devastado. O funcionário da Reframax caíra de cabeça para baixo de uma altura de 7 metros. Seu colega conseguira escapar e ele precisava sair dali antes que o restante da construção viesse abaixo. Na queda, porém, o lado direito do seu corpo ficara imobilizado sob ferros retorcidos que pressionavam seu peito, enquanto a perna esquerda ficara levantada na altura do tronco. Impossível se mover. Por outro lado, se não tivesse ficado preso às ferragens, teria sido tragado pela lama que levara a parte de baixo do ITM.

— Pessoal. Cadê vocês? Socorro, socorro! — gritou Antônio, sem imaginar que um de seus pulmões havia sido perfurado.

Não ouviu resposta.

— Alguém, por favor, me ajude!

Nada. Gritou e gritou até perder a noção do tempo. Além dos próprios gritos, ele só ouvia o som insistente do celular que estava no bolso esquerdo da calça do seu uniforme. Impossível alcançá-lo. O calor daquela sexta-feira trágica tornava o ambiente mais insuportável ainda. Sentia muita sede. Também sentia medo. Não compreendia o que havia acontecido e se preocupava com o súbito desaparecimento dos colegas.

— Pessoal — chamou novamente.

Cada vez mais cansado, Antônio teve a impressão de estar todo quebrado. Já estava perdendo as esperanças, quando viu dois eletricistas da Reframax no andar de cima do ITM. Escaparam ilesos porque, no momento da explosão, trabalhavam em uma estrutura acima do prédio.

— Cadê todo mundo? — gritou Antônio.

Um dos colegas de trabalho demorou a identificar de onde vinha o chamado.

— Antônio, é você? — perguntou, ao reconhecer a voz do ajudante-geral.

— Sou eu, companheiro. Pelo amor de Deus, me tira daqui. Já não aguento mais.

— Antônio, a gente não pode ir aí porque há risco de choque elétrico.

— Mas se tivesse risco de choque elétrico eu já tinha morrido. Pelo amor de Deus, estou no meio dos ferros.

— Não podemos — afirmou o colega, indo embora.

Deixado entre os escombros e respirando com dificuldade, Antônio entrou em pânico. Estava morrendo. Sentiu-se totalmente sozinho.

* * *

Logo que recobrou a consciência, Lieuzo, o técnico da Fugro que estava no alto da B1, onde acabara de festejar o sucesso da perfuração do solo para a instalação de piezômetros na barragem, não conseguia abrir os olhos, que ardiam. Coberto de barro da cabeça aos pés, era como se estivesse camuflado em meio à paisagem desértica e marrom que o cercava. Não enxergava nada e suas mãos, presas no barro, não alcançavam os olhos para limpá-los. Enterrado da cintura para baixo, ele tentava, apavorado, recompor a memória. Lembrou-se de ter sentido a terra tremer e de ter sido sugado para uma gigantesca fenda aberta repentinamente no maciço do reservatório. Deu-se conta de estar sendo esmagado. Agora acordara, cego e perdido. Teria morrido? Achava que não, pois a pele queimava sob o sol escaldante.

Quando, afinal, conseguiu soltar um dos braços, pôs-se a cavar em torno de si para soltar o outro. Com as mãos liberadas, tentou limpá-las na camisa verde do uniforme, também enlameada. Em seguida, passou os dedos sobre os olhos fechados em movimentos circulares feitos de dentro para fora. Doíam e pareceu a ele que os olhos estavam inundados de sangue. Abriu a pálpebra devagar; a visão estava embaçada. Fechou e abriu os olhos de novo algumas vezes, e só lentamente pôde ver que não havia mais nenhuma construção que lembrasse a Mina do Feijão. Voltara a enxergar, mas não havia mais nada ao redor, só a mais absoluta desolação. Parecia ser o único sobrevivente de um planeta feito de barro.

Perplexo, chamou pelos amigos — Miraceibel, que havia ido fechar a gaiola da sonda; a jovem Elis, que levara lanche para todos; Noel e Olímpio, que aguardavam com Elis, já dentro da Ranger, a partida para o almoço no refeitório.

— Meu Deus, gente. Faz isso não. Cadê vocês, meus amigos?

Agora Lieuzo acreditava que estava meio morto. Desatou a chorar e desmaiou sobre o barro molhado. Fora arrastado por 813 metros e cuspido para fora da inundação, chegando ao Terminal de Carga Ferroviário. No trajeto enlouquecido do lamaçal, ele fraturara um fêmur e o quadril. Não poderia se mexer mais do que já conseguira.

* * *

Elias e Sebastião, funcionários da Vale que serviam de "batedores" para dois terceirizados que precisavam entrar

Belo Horizonte
Brumadinho

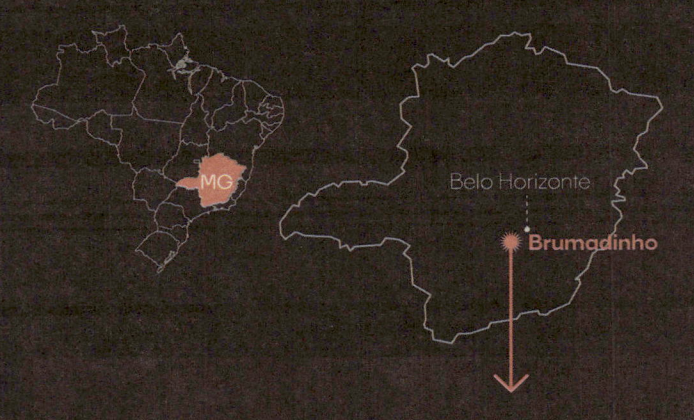

MINA DO CÓRREGO DO FEIJÃO

Barragem I

Lieuzo

Lieuzo

Pera ferroviário

área atingida pelos rejeitos

200m

na mina com um caminhão limpa-fossa, ainda rezavam o pai-nosso de mãos dadas quando a Hilux em que estavam tombou de lado, sob forte impacto. Duas rodas afundaram no atoleiro e as outras duas ficaram no ar. Cacos de vidro caíram sobre o banco traseiro e, subitamente, a caminhonete não mais se moveu.

— Paramos? — perguntou Elias, atônito.

— Parou — respondeu Sebastião, respirando fundo e quase sem acreditar que estava vivo.

— Então sai, sai — gritou Elias —, antes de tudo inundar aqui dentro.

Sebastião demorou a abrir a porta do carona, voltada para o céu. A caminhonete tombara na diagonal e estava presa na lama até a altura da janela do motorista. Mas Sebastião tanto forçou que acabou conseguindo abri-la e saltou. Afundado no carro, Elias subiu com muita dificuldade até a porta aberta pelo amigo e foi por ela que também escapou. Logo notaram que o motorista do limpa-fossa e seu ajudante estavam refugiados no alto da cabine de um caminhão-tanque.

— Graças a Deus estamos vivos — saudou o motorista, dirigindo-se a Sebastião e Elias. — Gente, que destruição!

— Lá pra baixo, no refeitório, deve ter morrido todo mundo — murmurou Sebastião com a voz trêmula.

Afundados na lama até a altura da cintura e com passos lentos, Sebastião e Elias agora se dedicavam a achar um lugar mais estável. Exaustos, passaram a se arrastar, até que sentiram solo mais firme onde, minutos atrás, ficava o pátio do Terminal de Carga Ferroviário. Foi grande o alívio, porém Elias não sossegou. Retornou à caminhonete para pedir socorro pelo rádio, mas a frequência parecia congestionada. Lembraram-se então de Leandro Borges Cândido, que transportava minério para os vagões com uma pá carregadeira e também buscara uma saída ao ouvir a explosão da barragem, o que, de início, parecera a Sebastião e Elias um descarrilamento de trem. Não o viram mais. Repentinamente, contudo, Elias ouviu gritos abafados:

— Tá ouvindo isso, Sebastião?

— O quê?

Vagões de trem descarrilados no Terminal de Carga Ferroviário após a passagem dos rejeitos. Ao fundo, detalhe da B1 após o rompimento

— Alguém tá pedindo socorro.
— Onde?
— Não sei, escuta.

Era o próprio Leandro implorando por ajuda. Quando a lama se aproximara, ele tirara o cinto de segurança para pular da máquina. Os rejeitos, contudo, avançaram sobre o veículo, quebrando o para-brisa e o vidro lateral da cabine, invadindo o interior e prensando o peito do jovem dentro do equipamento. "Ô meu Deus, será que vou morrer aqui?", pensava, quase sem ar e com a mão esquerda presa no alto da janela da pá carregadeira. Entendeu que estava vivo, mas preso do pescoço para baixo.

— Socorro, pelo amor de Deus, aqui! — chamava cada vez mais alto.

Foi quando Elias o ouviu com clareza e correu em seu encalço, acompanhado de Sebastião e do motorista do caminhão limpa-fossa. Em meio aos detritos, viam, aterrorizados, restos de animais e também algumas mãos para fora do barro. Mãos que já não se mexiam. Com foco no pedido de socorro, seguiram em frente e logo avistaram Leandro.

— Calma — gritou Sebastião. — A gente vai tirar você daí.

— Pelo amor de Deus, não tô aguentando mais — pedia o motorista de pá carregadeira.

Eles começaram a cavar com as mãos, freneticamente, para tirar o peso da terra que esmagava o peito do rapaz.

— Minha perna, eu não sinto ela. Acho que deve ter quebrado — queixou-se ele.

Os homens continuaram a cavar. Com a retirada da lama da região do tórax, Leandro deu um longo suspiro: o ar entrava de novo em seus pulmões. Mas ele sentia fortes dores. No braço esquerdo havia um corte profundo e a perna direita, imóvel, parecia fraturada. Todos ali sabiam que, naquela condição, seria preciso correr contra o tempo para salvar Leandro.

* * *

O técnico de mina Gleison tinha acabado de chegar à estrada da Santinha dirigindo a Hilux apinhada de gente. Todos se arriscaram ao passar debaixo dos destroços do pontilhão, cuja parte superior fora carregada havia minutos.

— Vai cair — alertou Carlinhos, sentado no banco do carona.

Gleison chegou a frear de forma abrupta diante do pontilhão, todavia resolveu seguir em frente ao verificar que o colapso da barragem tinha devastado não só a mina, mas também a comunidade do Feijão, limitando ainda mais as rotas de fuga. O instinto de sobrevivência falou mais alto e eles passaram, com sucesso, pelos destroços do pontilhão, a 2,6 quilômetros do local do rompimento. Ao estacionar próximo à imagem da padroeira, Gleison respirou aliviado. Ele e pelo menos dez pessoas estavam a salvo, entre elas um indivíduo que, ao descer da carroceria, desmaiou. Gleison aproximou-se dele.

— Acorda, acorda, nós precisamos de você — chamou, pedindo a uma das mulheres resgatadas durante a fuga que amparasse quem passava mal. — Socorre aqui porque eu tenho que voltar. Preciso ajudar quem ficou na mina.

— Mas como você vai voltar? — quis saber a moça.

— Vou passar aqui por trás — explicou ele, apontando na direção da canaleta hidráulica, responsável pela captação de água de parte da mina.

A intenção de Gleison era chegar ao banco 905 de sul para oeste da pilha de estéril da barragem de Menezes para poder ter uma visão geral de toda a área afetada.

Carlinhos tentava, em vão, contato pelo celular com o filho, o engenheiro Diego. Sentia que o pedido de bênção, feito pelo rapaz havia pouco mais de 5 minutos, tinha sido o último. E chorava.

— Por favor, Carlinhos, pega o carro que eu vou retornar para a mina a pé. Vou passar aqui por cima — pediu Gleison, apontando novamente na direção da canaleta hidráulica.

Preocupado com a comunidade do Córrego do Feijão, que estava no caminho da lama, e com toda a cidade de Brumadinho, Gleison lembrou-se de avisar aos familiares que moravam no entorno. Ligou para a esposa e perguntou pelo filho, que, naquele horário, estava trabalhando em um supermercado.

— Pelo amor de Deus, tira nosso filho de lá e leva ele pra casa — pediu Gleison.

— Mas o que aconteceu, Gleison?

— Uma tragédia aqui na Vale. Morreu muita gente.

— Pelo amor de Deus, vem embora — suplicou a mulher.

— Não posso. Tira meu filho de lá e todo mundo que puder, porque a lama deve chegar lá — avisou, sem tempo para muitas explicações.

Em seguida, ligou para o irmão mais novo e pediu a ele que avisasse ao prefeito do município sobre o ocorrido para que um alerta fosse emitido em Brumadinho.

— A lama tá descendo no sentido do rio Paraopeba. Não sei o que pode acontecer — avisou o técnico de mina, desligando.

Gleison ainda telefonou para a irmã, que trabalhava em uma terceirizada da Vale. Naquele dia, porém, ela não estava de serviço.

— Fala com o pai e com a mãe que eu tô bem. Ocorreu uma tragédia na Vale e eu vou ficar aqui para ajudar as pessoas.

— O que aconteceu?

— Não posso dar detalhes agora. Só avisa o pai e a mãe.

Bastou desligar o celular e Gleison recebeu uma chamada. Era Gilber Keile de Oliveira, 47 anos, supervisor de mina na Vale.

— Cara, aqui é o Gilber. O que tá havendo aí? Não consigo falar com ninguém do setor.

— Gilber, houve um desastre. A barragem estourou e aqui tá muito ruim. Acho que morreu muita gente — contou, angustiado.

Gilber tinha uma reunião na Mina do Córrego do Feijão às 12 horas, mas se atrasara para o encontro marcado na sala de apoio aos operadores, próxima ao refeitório. No entanto, já estava chegando, de carro, quando um colega o avisou sobre um "derramamento de lama". Preocupado, tentou falar com seu gerente mas ele não atendeu ao telefone. Ao ouvir o que Gleison lhe dizia, ficou ainda mais aflito.

Finda a ligação, Gilber acelerou o Corsa Classic prata que dirigia decidido a chegar à Vale de qualquer jeito. Como conhecia bem a região, cortou caminho pelas hortas da comunidade do Feijão. De lá, passou pela antiga estrada da Mineral do Brasil, mineradora cujo terreno fazia limite com o da Vale. Apesar de ter encontrado a estrada fechada, recebeu ajuda dos funcionários da concorrente para abrir caminho e acessar a portaria principal da multinacional. Assim, alcançou a área da barragem antes das 13 horas e ficou estarrecido. Não havia mais nada, nenhum prédio, nada, nada.

— Não é possível, é um pesadelo — murmurou quando pôde ver a mina da parte mais alta do terreno. — Onde estão os escritórios, meu Deus?

* * *

Ainda atônito, Gilber encontrou-se por acaso com Leuder Leon Alves da Penha, 33 anos, que fazia manutenção no prédio de ITM quando a B1 veio abaixo e, por sorte, conseguira se salvar.

— Precisamos voltar lá, Leuder. Muitos amigos nossos trabalham no ITM — disse.

Juntos, eles caminharam pela portaria na direção do ITM. Ao se aproximarem do prédio procuraram alguma parte da edificação que não tivesse sido afetada. Precisavam entrar, apesar do risco iminente de desabamento.

— Tem alguém aí? — gritou Gilber, ao conseguir pisar no interior do prédio tomado por escombros.

Ouviu somente o eco da própria voz.

— Alguém aí? — continuou repetindo até ouvir um "ai...".

— Leuder, escutou isso? Parece um gemido.

— Onde? — indagou o colega, nervoso.

— Não sei. Escuta. Oi? Tem alguém aí?

Foi quando ambos escutaram um "hã?" bem baixinho.

— Vem de lá — deduziu Leuder, apontando para uma montanha de ferros retorcidos.

— Ei, vai gritando para nos guiar. Vamos te achar — disse Gilber.

— Aqui — indicou a vítima num fiapo de voz.

De repente, Gilber e Leuder se depararam com um homem politraumatizado. Na posição horizontal, aparentemente desfalecido, ele tinha lama até a altura da cintura. A língua, para fora da boca, estava preta. O peito havia sido imprensado por um tubo de corrimão. Os dois correram até ele e fizeram tudo o que podiam para tirar o peso do corpo do operário. Em vão.

— Ele está preso e parece todo quebrado. Como vamos tirá-lo daí? — observou Leuder.

Não sabiam.

— Leuder, eu vou andar por aí e tentar arranjar alguma coisa para cortar esses ferros — avisou Gilber.

— Não me deixe aqui sozinho — sussurrou o homem ferido.

— Calma. Não deixaremos você aqui — avisou Gilber.

Leuder se manteve ao lado do sujeito e, 5 minutos depois, o supervisor de mina voltou com um pesado maçarico de solda a gás. Agitado, puxou a mangueira a fim de deixá-la o mais próximo possível das ferragens. O problema é que precisavam acender o equipamento e não tinham fósforo.

— Olha no bolso dele. Vê se encontra alguma coisa — sugeriu Gilber.

Leuder achou um isqueiro no bolso da camisa do homem. Gilber acendeu o equipamento e, como não era maçariqueiro, estava muito tenso. Óleo hidráulico havia caído sobre o corpo da vítima e o risco de transformá-lo em tocha humana era grande. Totalmente concentrados, os dois colegas iniciaram a perfuração das chapas que prendiam o trabalhador. Sabiam que precisavam de mais tempo, mas não tinham. Quando os ferros na altura do tórax do sujeito foram cortados, Gilber e Leuder comemoraram. Já seria possível ao menos levantar o corrimão que esmagava o homem, que, nesse momento, teve uma crise de choro. Apesar de ainda estar com o pé preso por um hidrociclone de 125 quilos — equipamento utilizado para separar sólidos de líquidos —, ele já respirava melhor. E se apresentou:

— Eu me chamo Antônio. Sou da Reframax. Não quero morrer aqui — balbuciou o ajudante-geral Antônio França Filho, que despencara de uma ponte aramada do quarto andar do prédio de ITM.

Ele fora deixado para trás pelos colegas da terceirizada, que alegaram haver risco de eletrocussão.

— O senhor não está sozinho. Vamos ficar a seu lado até que esteja a salvo. Aguente firme, porque o socorro deve estar chegando — prometeu Gilber ao ouvir o que parecia ser o barulho de um helicóptero.

6. VOANDO SOBRE O INFERNO

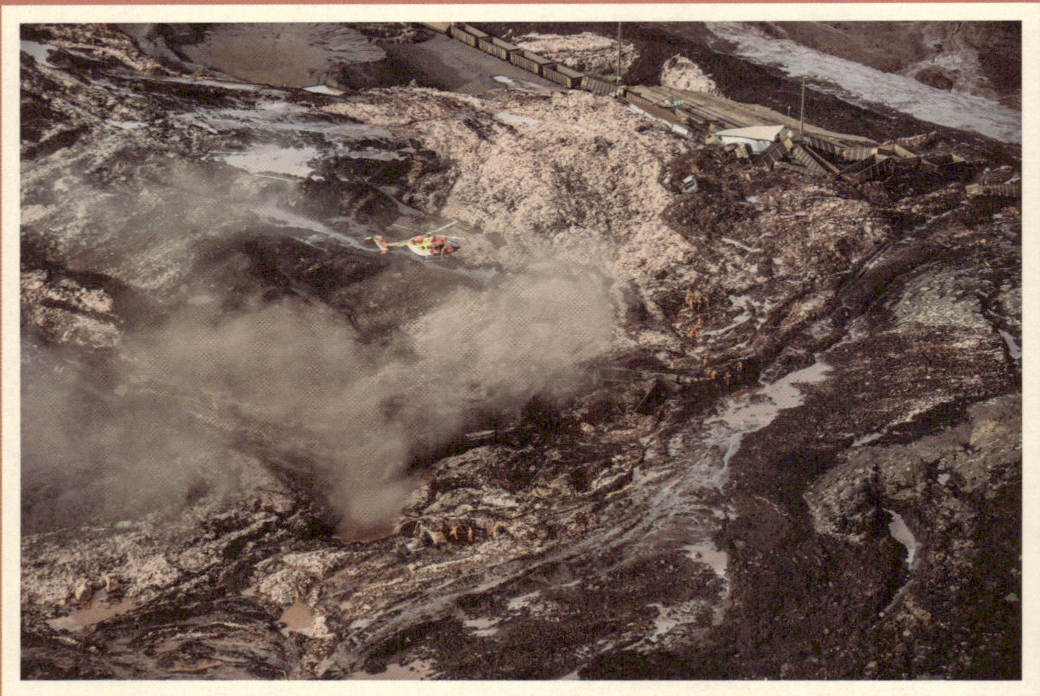

— Bombeiros, emergência — disse a teleatendente do número 193, no Centro de Operações de Bombeiros, o Cobom.

Eram 12h38 e, do outro lado da linha, uma voz masculina, ofegante, pedia ajuda:

— Estourou a barragem de rejeitos da Mina do Córrego do Feijão, em Brumadinho. Estourou a barragem.

A informação foi inserida imediatamente no sistema para geração da ocorrência no Cobom, sediado em Belo Horizonte, na Cidade Administrativa, onde fica o gabinete do governador do estado. Na sequência, outras ligações desesperadas foram chegando.

— Estourou a barragem aqui na Vale, tá cheio de gente soterrada.

— A barragem estourou e eles estão ilhados... Todos saíram correndo.

— Ai! — gritou uma mulher chorando ao telefone. — Tá inundando! A barragem da Vale explodiu!

Assustado com o volume e a gravidade das denúncias, o bombeiro que monitorava o sistema correu para avisar seu coordenador e mandou providenciar, de imediato, via rádio, uma primeira viatura para o local:

— Ocorrência de rompimento da barragem de Brumadinho.

— Ô, Cobom, a viatura recebeu a mensagem. Deslocando para lá — reportou o primeiro-sargento Márcio Lourenço Santana, de 44 anos, que dirigia o veículo no instante do chamado.

Lotado no 2º Batalhão, em Contagem, unidade que respondia pela área de Brumadinho, ele estava acompanhado naquele dia de dois aspirantes que haviam recém-concluído o curso e do tenente Filipe Rocha, de 28 anos, oficial de serviço do 2º Batalhão. O grupo voltava do bairro Eldorado, onde acabara de atender a uma ocorrência. Experientes, Santana e Rocha somavam quase 30 anos de serviço na corporação e sabiam que, nesses casos, a rapidez fazia a diferença entre a vida e a morte.

A notícia do rompimento da B1 também foi visualizada em tempo real no Batalhão de Operações Aéreas da capital, situado no bairro da Pampulha. O tenente Paulo Sávio Xavier Ferreira, de 29 anos, monitorava o Sistema de Despacho de Viatura quando a informação apareceu na tela do computador. Foi ele que acionou a equipe, apertando a campainha de emergência. Era hora do almoço e a maioria dos bombeiros, entre eles a major Karla Lessa, de 36 anos, estava no refeitório. O toque indicava que a guarnição deveria ir até a sala de operações. A 30 metros do local, ela apressou o passo. Encontrou o próprio tenente Sávio, que confirmava, por telefone, os dados sobre um rompimento de barragem. Ela então tocou a campainha três vezes seguidas, indicando mobilização e deslocamento urgente de aeronave munida de material de resgate.

Além de Karla, que pilotaria o biturbina EC145 vermelho, pertencente à Secretaria estadual de Saúde, embarcaram no helicóptero o tenente Sávio, como copiloto, dois operadores aerotáticos, especializados em operações aéreas de busca e salvamento altamente complexas, e dois socorristas do Serviço de Atendimento Móvel de Urgência (Samu), um médico e um enfermeiro.

Às 12h40, conforme indica o Diário de Bordo da aeronave, eles decolaram em direção à Mina do Córrego do Feijão. Dezesseis minutos de voo os separavam de uma comunidade soterrada.

Enquanto outras viaturas eram enviadas por solo, o coordenador do Cobom avisou ao chefe do Estado-Maior do Corpo de Bombeiros de Minas Gerais, coronel Erlon Dias do Nascimento Botelho, sobre o que estava acontecendo. Ainda eram 12h40 quando o aplicativo de mensagens do celular do coronel apitou pela primeira vez. "Suspeita de rompimento de barragem", leu o militar. A partir daí, os telefones fixos não pararam mais de tocar no gabinete do chefe do Estado-Maior. Militar de carreira, o coronel Erlon, de 45 anos, tomara posse no cargo dois dias antes. Estava de saída para um churrasco de despedida de um colega do 2º Batalhão quando recebeu as primeiras notícias da inundação, ainda de proporções desconhecidas.

O comandante-geral do Corpo de Bombeiros Militar de Minas Gerais, coronel Edgard Estevo da Silva, também telefonou para o Estado-Maior:

— Erlon, você tá sabendo de alguma coisa?

O coronel Estevo estava no município de Montes Claros, a 424 quilômetros do hangar da Pampulha, em um evento promovido pela Secretaria de Estado de Justiça e Segurança Pública.

— Estou buscando informações e já retorno — respondeu o coronel Erlon, telefonando em seguida para o comandante do Batalhão de Operações Aéreas, o tenente-coronel Alexandre Gomes Rodrigues, de 44 anos, quando então foi comunicado que um helicóptero acabara de decolar rumo a Brumadinho.

— Assim que os militares tiverem contato com a área eu ligo para o senhor — acrescentou o tenente-coronel Alexandre, despedindo-se.

Em pouco tempo, o coronel Erlon já reunia em sua sala parte de sua equipe. A chefe da 5ª Seção do Estado-Maior do Bombeiro Militar (BM5), tenente-coronel Luciana Silva Lopes de Oliveira Froes, e o responsável pela Adjuntoria de Imprensa, o tenente Pedro Aihara, 25 anos, especialista em Gestão de Desastres pela Universidade Yamaguchi, no Japão, também haviam sido chamados.

— Supostamente uma barragem se rompeu em Brumadinho — declarou o coronel Erlon, ainda na expectativa de receber notícias do helicóptero da major Karla. — Não é uma informação confirmada, mas, se for verdade, se preparem: a gente pode estar enfrentando uma nova Mariana.

O grupo se entreolhou, apreensivo. Ao sair da sala do coronel Erlon, o tenente Aihara fez um pedido à coronel Luciana:

— Comandante, me deixa ir no próximo helicóptero, porque se esse fato for verdadeiro vai gerar uma demanda de imprensa gigantesca. E se a gente for para lá, a gente pega os dados desde o início...

Liberado pela comandante, Aihara seguiu na viatura dos bombeiros para o hangar da Pampulha.

* * *

Eram 12h50 quando o governador Romeu Zema recebeu a primeira notícia sobre a barragem. Naquela sexta-feira, 25 de janeiro de 2019, ele estava no apartamento da irmã, em Araxá, a 367 quilômetros da capital mineira, visitando os pais idosos que não o viam desde que ele assumira o governo estadual, 25 dias antes. Estreante na política, Zema, de 54 anos, vencera o segundo turno das eleições pelo Partido Novo com 72% dos votos válidos. Havia sido a "zebra" da disputa, derrotando duas lideranças políticas de expressão no estado: o ex-governador Antonio Anastasia, do PSDB; e o candidato à reeleição Fernando Pimentel, do PT.

Zema se preparava para saborear a salada do almoço na casa da irmã, quando a mensagem chegou pelo celular. "Rompimento de uma barragem próxima a Brumadinho." Mensagem idêntica foi recebida pelo coordenador da transição do governo, o vereador licenciado e professor de Direito Civil Mateus Simões de Almeida, de 37 anos, que estava a seu lado. Mateus, que ainda não tinha começado a comer a salada — ele não era tão *fitness* quanto Zema e estava de olho nos pratos quentes que já estavam na mesa —, levantou-se. Telefonou, então, para o chefe do Gabinete Militar do governador, coronel Evandro Borges, e soube que havia muitas informações desencontradas, mas que tudo indicava ter sido um acidente grave.

— Houve mortes? — indagou Zema ainda à mesa após ouvir o relato de Mateus.

— Parece que sim...

— Precisamos descobrir — resumiu o governador, desistindo do almoço.

* * *

Dentro do helicóptero vermelho pilotado pela major Karla, a equipe viu Belo Horizonte ir ficando para trás. Primeiro, a aeronave sobrevoou a lagoa da Pampulha, cartão-postal da capital mineira. Depois, o famoso estádio Mineirão. Quando o helicóptero se aproximou da Serra do Rola-Moça, que faz divisa com Brumadinho, seus seis ocupantes constataram uma surpreendente mudança de cenário. Se antes o verde das árvores ali se destacava, agora a vegetação parecia desbotada e árida. É que, a partir do paredão de montanha, a mineração já interferia na paisagem. As estradas labirínticas construídas sobre as rochas indicavam que a mão do homem tinha tirado tudo do lugar. Mas foi após ultrapassar a serra, às 12h56, ainda em elevada altitude, que os socorristas foram tomados de horror: a zona rural de Brumadinho, a comunidade, a área da mineradora, a floresta... era tudo um mar de lama.

— Está tudo marrom! — exclamou a major Karla, assombrada. — Não dá para enxergar nada nem ver o que existia. Tudo foi levado...

— Chefe — murmurou um dos operadores aerotáticos, o subtenente Marcio Gualberto de Faria, de 46 anos —, pode chamar todo mundo para ajudar. Olha ali aquele pontilhão...

A major sentiu um choque ao ver, ao longe, o viaduto parcialmente destruído. Já com a aeronave mais próxima do solo, todos puderam identificar a locomotiva descarrilada, os vagões de trem retorcidos uns sobre os outros, os carros tombados e os raros prédios ainda visíveis, como o de ITM, em escombros. Quantos mortos haveria ali? Quantos sobreviventes ainda rastejariam à espera de socorro lá embaixo?

— Cobom — falou pelo rádio o tenente Sávio, na condição de copiloto e a pedido da major —, solicito o apoio de todas as aeronaves disponíveis da Polícia Militar e da Polícia Civil para a ocorrência de Brumadinho.

Compreendendo o tamanho da tragédia e a possibilidade de haver muitas vítimas, Karla procurou um local seguro para pousar e desembarcar parte da equipe. Assim, reduziria o peso da aeronave e abriria espaço para o embarque de possíveis sobreviventes.

— Ali — disse ela, ao visualizar o campo de futebol do antigo Grêmio Recreativo Santa Bárbara, construído pela Ferteco para seus funcionários na época em que era a proprietária da mina.

Sem saber para onde ir, algumas pessoas da mineradora já se concentravam no clube, assustadas e perdidas. A major e sua equipe decidiram que Sávio, o médico Martin Ferreira Bucek, de 45 anos, e o enfermeiro Rodrigo Marques de Castro, de 43, ficariam em solo. Além da saída de três tripulantes, Karla determinou que os bancos da aeronave e os equipamentos médicos fossem retirados. Isso feito, a major ainda pediu ao copiloto, ao se preparar para levantar voo e dar um rasante sobre toda a região atingida:

— Sávio, reporte ao tenente-coronel Alexandre tudo o que estamos vendo aqui. Avise que vou decolar.

Sobre a bacia do Paraopeba, que abrange 35 municípios, a major viu dezenas de casas destruídas, cobertas pelo barro. Muitas tinham apenas o telhado à mostra, o que indicava a altura espantosa alcançada pela onda de rejeitos. Não houvera chance de escape praticamente para ninguém. Cheia de tristeza, ela continuou percorrendo a área em busca de algum sobrevivente.

* * *

No campo de futebol, o copiloto Sávio confirmou com os funcionários da Vale que estavam ali que toda a área administrativa da empresa submergira. E a estimativa

Major Karla Lessa, a primeira comandante de helicóptero do Corpo de Bombeiros do Brasil

era de que houvesse centenas de soterrados. A informação foi repassada ao comandante do Batalhão de Operações Aéreas, o tenente-coronel Alexandre, que informou o chefe do Estado-Maior, o coronel Erlon.

— Comandante, a situação lá é muito complicada — avisou Alexandre. — A barragem rompeu e estima-se que existam mais de quinhentos mortos.

O coronel Erlon sentiu um arrepio — seria uma situação de guerra. Enquanto o comandante-geral do Corpo de Bombeiros, coronel Edgard, pegava um helicóptero em Montes Claros rumo ao hangar da Pampulha, Zema, ainda em Araxá, recebia pelo celular a primeira foto do rompimento, enviada pelo chefe do Gabinete Militar, coronel Evandro Borges. Ao vê-la, imediatamente telefonou para ele.

— Coronel — disse o governador —, eu não estou entendendo essa imagem. Não vejo nenhum prédio da Vale. É onde ficava a barragem?

O coronel esclareceu em tom grave:

— Governador, essa imagem é do local onde ficavam os escritórios da empresa.

— O quê? — indagou Zema, como se não tivesse compreendido a resposta.

Ato contínuo, o governador solicitou um avião do estado para buscá-lo.

* * *

O coronel Erlon não seguiu para Brumadinho. Permaneceu em Belo Horizonte para preparar o suporte aos bombeiros que participariam do resgate. Acreditava que as ações de socorro demandariam, no mínimo, todo o fim de semana e precisava organizar o quanto antes a estratégia da operação. Montou um quartel-general em seu gabinete, ao lado da assessora de Saúde da corporação, de um diretor de Logística e Finanças e de outros cinco oficiais.

O tenente-coronel Eduardo Ângelo Gomes da Silva, 42 anos, comandante do Batalhão de Emergências Ambientais e Resposta a Desastres (Bemad), estava a caminho da Cidade Administrativa para despachar com Erlon quando recebeu a notícia do ocorrido. Entrando no recém--montado QG de Erlon, ficou sabendo da estratégia inicial traçada pelo chefe do Estado-Maior e da gravidade da situação. A estimativa era de que cerca de mil pessoas trabalhavam na área na hora do rompimento.

— Ângelo, você vai para Brumadinho agora. A ocorrência lá vai ser sua e do major Luiz Henrique até a gente pensar em novas estratégias.

O major Luiz Henrique dos Santos, 44 anos, comandava o 2º Batalhão, cujos militares já haviam sido enviados para a área.

— Pega um helicóptero e vai pra lá — finalizou Erlon.

— Está bem — respondeu o tenente-coronel Ângelo, deixando o gabinete.

Como todos os helicópteros do Batalhão de Operações Aéreas de Belo Horizonte já estavam sendo usados, Ângelo foi comunicado de que uma aeronave de Varginha, a cerca de 300 quilômetros, iria buscá-lo na capital. Ele pediu que um operador de drone o acompanhasse para ter uma boa visão aérea da barragem e de seus arredores. Quando o operador se apresentou, Ângelo o reconheceu. Era o aluno 193 do curso de Salvamento em Soterramentos, Enchentes e Inundações que ele havia coordenado dois meses antes. Ficou feliz em vê-lo, embora não se lembrasse do

Chefe do Estado-Maior do Corpo de Bombeiros de Minas Gerais, coronel Erlon Dias do Nascimento Botelho

nome dele. Em seguida, de olho no relógio, fez as contas e descobriu que chegariam mais rápido se fossem de carro. Cancelaram o helicóptero e pegaram a estrada.

* * *

— Atenção aí, atenção a rede! Todas as viaturas empenhadas. Todas as viaturas deverão se deslocar, inicialmente, para o posto de comando que será montado no centro comunitário do vilarejo Córrego do Feijão. Positivo?

— Ô, Cobom, a viatura recebeu a mensagem. Iniciando deslocamento — informou uma guarnição.

— A viatura ABT recebeu a mensagem — avisou outra.

— Comandante em deslocamento para a emergência — respondeu mais uma equipe.

— Cobom, Alfa 01 recebeu a mensagem, em deslocamento — disse o coordenador de bombeiros do 1º Batalhão.

— Cobom, helicóptero Arcanjo 04 decolando em direção a Brumadinho. QSL?

Em minutos, toda a corporação de Belo Horizonte estava de prontidão, por terra e ar, para aquela missão arriscada. Enquanto isso, a primeira viatura enviada para Brumadinho, com o sargento Santana, o tenente Filipe Rocha e dois aspirantes, já se aproximava do município. O relógio marcava 13h50. Durante o trajeto, Rocha vestiu a roupa de tecido neoprene, semi-impermeável, que correra para pegar no 2º Batalhão, já que a unidade ficava no caminho. Apropriada para atividades subaquáticas, a vestimenta que ele trocou ainda dentro do carro evitava que sofresse hipotermia.

 Santana era dono de um sítio em Aranha, distrito próximo da barragem. Por isso conhecia muito bem as vias alternativas que levavam até a Mina do Feijão. Cortou caminho por Sarzedo mesmo sem saber que a estrada Alberto Flores — principal acesso para a jazida — tinha sido atingida pela passagem da lama. De lá, alcançou a área da Mineral do Brasil, ao lado da Mina do Córrego do Feijão. Foi quando ele e Rocha perceberam que não daria para prosseguir. Diante deles, uma montanha de terra de 2 metros de altura bloqueava a passagem. Enquanto funcionários da Mineral do Brasil usavam uma máquina para retirar a terra e facilitar o acesso à Mina do Feijão, eles subiram no talude para olhar, pela primeira vez, o cenário que teriam de encarar.

— O que é isso!? — exclamou Santana.

— Cara, é inimaginável... — comentou Rocha, desolado.

O tenente já havia participado de muita ocorrência complexa no serviço operacional, mas nunca tinha visto nada daquela magnitude.

* * *

 Do helicóptero, a major Karla procurava sobreviventes, mas enfrentava uma enorme dificuldade, porque a avalanche de lama pintara tudo de marrom. Se houvesse pessoas ali, elas estariam camufladas de barro. Em um de seus rasantes, porém, a piloto visualizou dois rapazes gesticulando. Ela baixou mais ainda o helicóptero, enquanto o operador aerotático Gualberto abria a porta da aeronave.

— Chefe, tem uma pessoa mesmo presa ali onde estão os rapazes — confirmou.

Tratava-se da jovem Thalyta Cristina de Oliveira Souza, de 15 anos, arrastada pelo tsunami de lama junto com os destroços da própria casa. Na hora da enxurrada, estavam com ela sua irmã Alessandra, de 43 anos, e sua sobrinha Lays, de 13 anos, filha de Alessandra. Copeira da pousada

Nova Estância, Alessandra havia acabado de chegar para preparar o almoço de Thalyta e Lays, quando ouviu um estrondo sobre o teto. Ao olhar para cima, não viu mais nada. Ela e as meninas foram sugadas pela força da onda que engoliu a casa. Alessandra, contudo, teve mais sorte: foi arremessada para as proximidades da margem do ribeirão Ferro-Carvão, alguns metros à frente do pontilhão destruído. Ajudada por dois jovens moradores do Córrego do Feijão, Jefferson e Michel, ela voltara a si. Mesmo transtornada, berrando o nome de Thalyta e de Lays, ela deu conta de sair do rio lamacento e andar até um ponto seguro. Logo, ouviu a irmã respondendo a seu chamado.

— Estou aqui — respondeu Thalyta, com voz fraca.

Após ser prensada, esmagada e socada pela correnteza, que agora corria a 50 quilômetros por hora, Thalyta não conseguia se mexer. Onde foi jogada, paralisou. Além disso, tinha medo de ser arrastada de novo e de levar choque nos cabos de energia partidos. De longe a irmã mais velha a identificou em meio à lama, mas, mortificada, entendeu que não teria como chegar até ela.

— Agarra em um tronco de árvore — berrou para Thalyta.

— Não tenho mais força — devolveu a menina, com muita dor, sem noção de que fraturara bacia e fêmur e que também por isso não se movia.

Desnorteada por não poder salvar a irmã, Alessandra disparou a berrar por Lays, a filha adolescente. Em vão.

Em meio ao caos, Jefferson e Michel decidiram ajudar Thalyta também. Com lama até a cintura, sem nenhum material de resgate nem conhecimento técnico, eles arriscaram a vida caminhando lentamente em direção à jovem. Quando, enfim, tocaram nela, viram que estava presa. Aflitos, eles se esforçaram para mantê-la na superfície, evitando que afundasse, e rezaram para que aparecesse algum tipo de socorro. Apareceu. Era o helicóptero vermelho pilotado pela major Karla.

* * *

Como a aeronave de mais de 2 toneladas afundaria se a militar tentasse pousar no lamaçal, a major se preparou para fazer um pairado a baixa altura, um tipo de resgate que exige muita perícia da tripulação, em especial do piloto, uma vez que o helicóptero tem de permanecer no ar quase estacionário em relação ao solo enquanto o resgate é executado. É como "voar parado".

Primeira comandante de helicóptero do Corpo de Bombeiros Militar do Brasil, Karla era movida a desafios desde que concluíra o curso de piloto da corporação, em 2015. Ser piloto exigia um complexo aprendizado e uma mudança de olhar, já que do alto toda noção espacial se modifica. Após cinco anos de estudo e mais de 300 horas de voo em treinamento, ela mostrou que uma oficial do Corpo de Bombeiros também pode chegar aonde quiser, principalmente se tiver asas.

Depois de iniciar o "pairado", a cerca de meio metro do solo, o operador aerotático Gualberto saiu da aeronave e se equilibrou no esqui a fim de ajudar a puxar Thalyta para dentro. Coberta de lama, porém, ela escorregava. As condições eram dramáticas. Diante do estado da menina, que chorava de dor e de pavor, e certamente estava entre a vida e a morte, Gualberto desceu do esqui e equilibrou-se em um toco de árvore arrancado na inundação. Mas precisava se aproximar mais ainda de Thalyta. Karla continuava a manobra arriscada e agora o sargento Welerson Gonçalves Filgueiros, 37 anos, o outro tripulante operacional, ocupava o lugar no esqui deixado vago por Gualberto. Qualquer movimento em falso, o helicóptero tombaria matando todo mundo.

Um helicóptero da TV Record sobrevoava a área.

— A gente atrapalha? — quis saber o piloto na frequência do rádio.

— Não — respondeu a major, sem se desconcentrar.

Todo o seu foco precisava ser mantido na segurança da equipe e na garantia de condições para o embarque da sobrevivente. Três longos e sofridos minutos haviam se passado desde o início da manobra. Era a primeira vez que Karla passava tanto tempo pairada e em condições tão adversas. Os bombeiros ainda não tinham erguido Thalyta. Gualberto, então, voltou para o esqui, a fim de buscar o *rescue strop*, equipamento que possui uma corda e uma cinta feita de flutspuma e é usado para retirar pessoas da água. Karla se preocupava em não deixar os galhos de árvores enlameados abaixo da aeronave resvalarem no helicóptero para não desequilibrá-lo.

— Aqui está seguro — disse ela, procurando tranquilizar os operadores em ação.

Em meio ao resgate, um helicóptero da Polícia Militar informou pelo rádio que havia outra vítima politraumatizada precisando de atendimento. Era Paloma, mulher de Robson, mãe do pequeno Heitor, irmã de Pâmela. E vizinha de Alessandra, Thalyta e Lays.

— Comandante, nós já estamos terminando — comunicou a major. — Em alguns minutos, vou deixar a paciente daqui no campo de futebol e pegar o material de imobilização para buscar a outra vítima.

O resgate já durava 5 minutos e estava sendo transmitido pela Record ao vivo para todo o Brasil. Eram cerca das 14 horas, quando o país assistiu pela televisão ao horror da tragédia.

* * *

Funcionário da Ambev, Fabio de Almeida, 37 anos, almoçava em um restaurante na região central de Belo Horizonte com um colega quando viu as imagens do resgate de Thalyta. Casado havia sete anos com a major Karla, ele achou que poderia ser ela conduzindo a aeronave, já que a esposa estava de serviço naquela sexta-feira, mas só teve certeza quando o cinegrafista focalizou o rosto da piloto.

— Cara, é sua esposa? — perguntou o colega, impactado.

— É — respondeu Fábio, sentindo um misto de orgulho, espanto e preocupação.

Ele sabia dos riscos da profissão da mulher, mas jamais tivera a oportunidade de assistir ao trabalho dela ao vivo e em cores. Seus olhos e os de toda a nação estavam grudados na TV. Só após 6 minutos de tentativas, os socorristas conseguiram levar a sobrevivente para dentro da aeronave. Fabio respirou aliviado. No Córrego do Feijão, em Brumadinho, a major Karla também.

Os jovens Jefferson e Michel, que mantiveram Thalyta na superfície, se cumprimentaram, emocionados.

Com Thalyta embarcada, a major levantou voo e alcançou o campo de futebol, onde o médico e o enfermeiro do Samu aguardavam a adolescente para os primeiros socorros. O tenente Pedro Aihara, da Adjuntoria de Imprensa da corporação, também já estava lá. A jovem foi amparada pelos socorristas e Karla levantou voo, a caminho da área demarcada pela PM, a fim de resgatar Paloma. Tratava-se de um milharal, próximo do pontilhão rompido.

Paloma fora retirada do barranco em que ficara presa com a ajuda corajosa de Claudiney e Delfonso, que lhe jogaram uma corda e a salvaram. Em seguida, ela foi levada para perto do milharal, na beira da estrada, onde ficou deitada sob o cuidado dos dois funcionários da Vale até a chegada de socorro.

— Eu quero água — pedia Paloma a Claudiney, a quem considerava um anjo.

— Me desculpe, não posso te dar. Você engoliu essa lama tóxica. Não sei se a água pode espalhar contaminação pelo seu corpo — respondia o funcionário, penalizado.

Paloma, porém, não parecia entender a resposta. Estava com hipotermia. Tremia sem controle, reclamando de frio e perguntando sem parar:

— Cadê eles?

Embora não soubesse por quem ela perguntava, Claudiney e Delfonso buscavam acalmá-la:

— Vai ficar tudo bem... — repetiam.

Ninguém sabe como, mas alguém apareceu com um cobertor. Uma ambulância de convênio de saúde aproximou-se da área e Paloma foi colocada dentro do veículo, onde recebeu oxigênio e aguardou a chegada dos bombeiros. Continuava com sede.

Após pousar em meio à plantação, a major Karla foi levada até Paloma, que se mantinha consciente. Ela verificou as condições clínicas da paciente antes de imobilizá-la e cobri-la com uma manta aluminizada.

— Havia mais alguém junto com você? — perguntou.

— Meu filhinho, meu marido e minha irmã — respondeu a jovem, aos prantos.

Ainda sujo de lama, Claudiney recebe o abraço da filha ao chegar em casa

Treinada para ter controle em situações-limite, Karla quase foi traída pela emoção. Sentiu um forte ímpeto de procurá-los lamaçal adentro, mas como não havia combustível suficiente no biturbina EC145, e diante da gravidade das lesões de Paloma, atestada pelo médico, ela optou por retornar a Belo Horizonte.

— Vamos conduzi-la até o hospital e, depois, iremos atrás do seu filho, do seu marido e de sua irmã para tentar resgatá-los — disse a major segurando carinhosamente as mãos de Paloma.

Quando o helicóptero com a sobrevivente ganhou o ar, Claudiney ligou para casa.

— Filha, estou vivo — avisou o homem de 49 anos que chorava feito criança.

7.
"TÁ PRONTO PARA ENTRAR AÍ?"

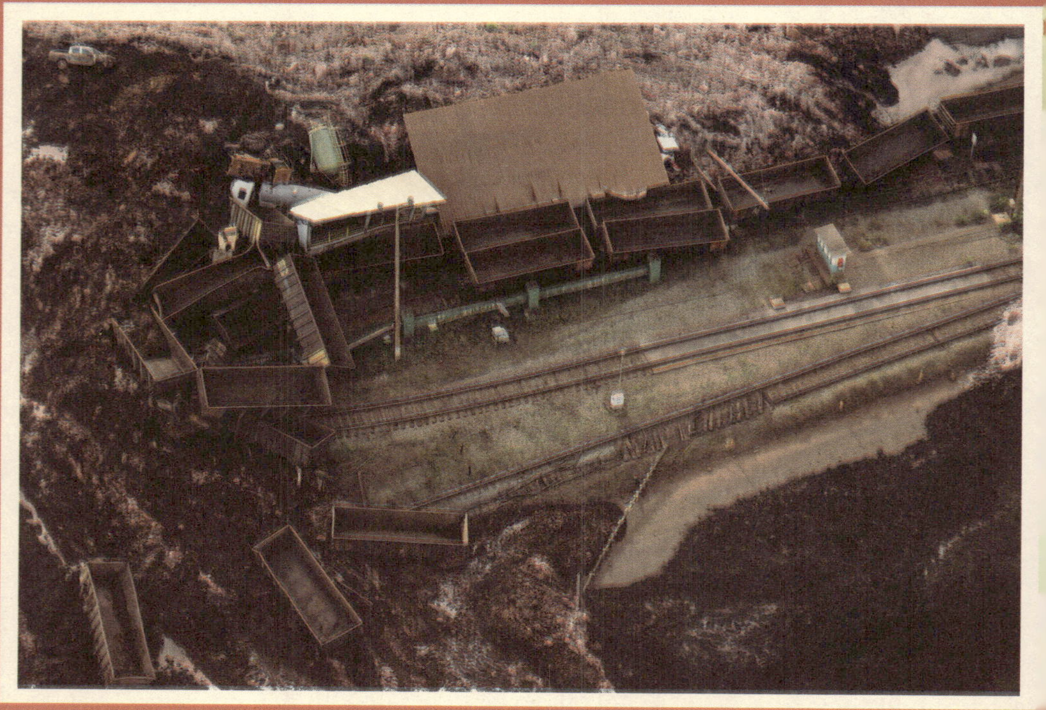

Após conseguirem acessar a Mina do Feijão pelo ponto mais alto do terreno, o sargento Márcio Lourenço Santana e o tenente Filipe Rocha foram vistos por funcionários da Vale que, em desespero, tentavam encontrar os colegas levados pela lama.

— Tem gente lá embaixo — avisavam, aos gritos, os empregados para os militares.

Primeiros bombeiros a chegar na chamada "zona quente", área considerada de risco iminente, Santana e Rocha não tinham um mapa do local para se orientar. Por isso não faziam ideia de que o setor administrativo da Vale estava localizado abaixo da b1 — o que contrariava toda a lógica de segurança. Mas, diante da aflição dos empregados da empresa e da imagem do pontilhão destruído a 2,6 quilômetros dali, eles intuíram o tamanho da catástrofe. Afinal, mais de 10 metros de altura de lama e destroços haviam esmagado tudo o que pudesse ter existido ali.

Diante da dimensão da ocorrência, Santana propôs fazerem uma triagem inicial dos casos. Para percorrer a área, ele precisaria da colaboração de alguém que conhecesse bem o lugar. Um ex-brigadista da mineradora ofereceu-se para levá-lo de moto a um local mais próximo da zona quente. Santana foi com ele e, minutos depois, avisou Rocha pelo rádio:

— Tenente, avistamos cinco sobreviventes. Um deles parece estar inconsciente. Estão pedindo socorro, mas não temos como chegar até eles a pé.

Tratava-se das pessoas ilhadas no Terminal de Carga Ferroviário, onde os operadores de saneamento ambiental Elias e Sebastião haviam sobrevivido ao soterramento parcial da caminhonete em que tentavam fugir da Mina do Feijão. No entorno do veículo, os tratores, os caminhões, a ferrovia, os vagões que transportavam o minério e a plataforma, onde se fazia a limpeza desses vagões, eram agora apenas ferros retorcidos. Equipamentos que pesavam toneladas viraram sucata. No entanto, como o terminal fora atingido pela parte mais seca dos rejeitos, chamada de "maciço", os bombeiros concluiriam, mais tarde, que talvez por isso a caminhonete não tenha sido arrastada pela correnteza, como os outros veículos.

* * *

Após Elias e Sebastião saírem da Hilux e ainda salvarem Leandro Borges Cândido, o motorista da pá carregadeira que tivera o peito imprensado na cabine da máquina, eles tentaram usar o rádio do veículo para pedir ajuda, mas não conseguiram contato. Junto deles estava o motorista do caminhão limpa-fossa e seu ajudante.

Para os dois funcionários da Vale era insuportável olhar pelos arredores e constatar que os colegas e amigos que trabalhavam no pátio na hora do rompimento não tinham tido a mesma chance que eles. O chão que pisavam uma hora e meia antes, com tanto orgulho, era agora uma cova coletiva de empregados da multinacional e de outras empresas terceirizadas. Leandro não tinha forças para levantar a cabeça. Nem vontade. Sentado sobre uma pilha de escombros, ele se sentia inerte pela dor física e pela sensação de quase morte, da qual ainda não se desvencilhara de todo.

Profundamente impactado, Sebastião entrou em pânico ao olhar a B6, vizinha da B1, e ter a impressão de que aquele reservatório de mais de 3 milhões de metros cúbicos de água também ameaçava se romper. O pé da barragem tinha sido solapado pelo colapso da B1 e todo o solo ao redor dela estava instável. Precisavam sair dali, mas isso não era possível. Se tentassem escapar por terra, afundariam na lama movediça.

Ao ouvir um helicóptero se aproximando, Sebastião escalou a cabine da pá carregadeira de Leandro, tirou seu colete de segurança vermelho com faixa refletiva e fez dele uma espécie de sinalizador, agitando-o com as mãos.

— Tira a gente daqui — berrou.

O socorro, porém, ficaria para depois. O helicóptero era de uma emissora de TV.

* * *

Depois de localizar sobreviventes, Santana e o motociclista voltaram para o ponto onde a viatura dos bombeiros estava estacionada. Rocha aguardava o companheiro do lado de fora do veículo na companhia dos dois aspirantes. Tão logo o motociclista foi embora, Santana vestiu sua roupa de neoprene para dar início ao resgate. Ele e Rocha sabiam que só daria para alcançar os cinco sobreviventes por via aérea. Foi quando ouviram o barulho de um helicóptero e sinalizaram: era um Esquilo da Polícia Militar, com capacidade de voar até 287 quilômetros por hora.

O piloto aproximou-se do solo para o embarque dos bombeiros, enquanto ambos se desvencilhavam de tudo o que fosse possível, inclusive do rádio HT, pois entrariam em área molhada. Dentro da roupa de mergulho levaram consigo apenas as talas de imobilização. Seria uma operação delicada e Rocha, sabendo que Santana tinha três filhos, alertou o militar sobre o risco que correriam dali em diante.

— Velho, os funcionários estão falando que a outra barragem vai romper — disse o tenente. — Você está ouvindo? Estamos indo para um negócio que a gente não sabe se vai voltar.

— Chefe, sei de tudo isso. Vambora tirar os caras de lá — retrucou Santana, resoluto.

Estruturas da Mina do Córrego do Feijão foram varridas do mapa. Ao fundo, detalhe da B1 e da Barragem VI, parcialmente atingida pelos rejeitos. Apesar de ser vizinha à barragem colapsada, a B6 não se rompeu

Além dos sobreviventes do terminal, Santana fora informado de que haveria uma vítima presa entre as ferragens de um veículo perto do prédio de ITM, mas não se sabia em que condições. Santana e Rocha iriam para lá depois, agora precisavam se dirigir para o local com o maior número de pessoas. No caso, o ponto em que estavam Elias, Sebastião, Leandro, o motorista do caminhão limpa-fossa e seu ajudante. Quando a aeronave sobrevoou a pera ferroviária iniciando o pairado para o desembarque dos bombeiros em meio ao mar de lama, Rocha olhou para o amigo:

— Tá pronto para entrar aí?

Santana balançou a cabeça de modo afirmativo.

Os dois saltaram do esqui para a lama, afundando perigosamente até a altura da cintura. Com agilidade, iniciaram as manobras de rastejamento para aumentar o contato do corpo com a superfície, caso contrário seriam engolfados por aquele lodaçal tóxico. Estavam a 10 metros dos sobreviventes, que já comemoravam a chegada dos brigadistas.

— Tira a gente daqui, pelo amor de Deus — pedia Sebastião.

— Gente, calma. Todo mundo vai sair daqui, mas vamos ter tranquilidade, porque o embarque com a aeronave pairada é perigoso — avisou Rocha berrando porque o barulho dos motores dificultava a comunicação.

— O que houve com ele? — perguntou o bombeiro, indicando Leandro.

— Ele estava preso dentro do trator e a gente tirou — respondeu Elias, aparentando estar mais calmo que os outros.

O sargento Santana tentou dialogar com Leandro, mas, apesar de consciente, o tratorista se mostrava bastante desorientado. Seria preciso avaliar a extensão das lesões para deixá-lo em condições de ser removido.

Com três lugares vagos na aeronave, ficou decidido que Sebastião, o motorista do limpa-fossa e seu ajudante seriam os primeiros a deixar o local. Elias se propôs a ficar e ajudar os bombeiros com Leandro, que receberia o atendimento inicial ali mesmo, em meio à lama. Apenas quando decolou Sebastião pôde perceber a intensidade da tragédia que quase lhe tirara a vida. Vista lá de cima, a caminhonete em que estivera parecia menor que uma lata de sardinha. Em lágrimas, repetiu baixinho:

— Morreu todo mundo, morreu todo mundo...

Enquanto isso, Rocha e Santana rasgavam a calça de Leandro, a fim de imobilizar uma de suas pernas, que constataram estar fraturada. Cinco minutos depois, a aeronave retornou e Leandro, acompanhado de Elias, foi embarcado preso a uma prancha levada pela tripulação. O tenente Rocha pediu ao copiloto que, no voo da volta, trouxesse o desencarcerador elétrico que havia ficado na viatura com os aspirantes. O equipamento serviria para resgatar o homem que estaria preso entre as ferragens de um carro próximo ao prédio de ITM, conforme havia sido comunicado a Santana antes do embarque.

Enquanto esperavam para serem retirados do Terminal de Carga Ferroviário, os bombeiros avistaram uma vítima em óbito, a primeira. Estava dentro de um trator e tinha apenas uma das mãos para fora da lama. Rocha e Santana precisavam marcar as coordenadas daquele ponto para posterior retirada do cadáver, e, por isso, procuraram algo

Terminal de Carga Ferroviário visto por um outro ângulo. No canto direito está a caminhonete de Sebastião e Elias

que ajudasse a indicar a localização do corpo. Encontraram um cano e fixaram-no na lama. Também utilizaram um pedaço de atadura que sobrara dos primeiros-socorros fornecidos a Leandro para amarrá-la na ponta do mastro improvisado, como uma bandeira.

* * *

Já embarcados e com o desencarcerador solicitado em mãos, Santana e Rocha pediram ao piloto que fossem deixados próximos ao ITM, o prédio de quatro pavimentos que tinha sido atingido pela lama. No sobrevoo, os socorristas viram que o primeiro piso havia cedido, provocando o desabamento parcial da estrutura metálica. Ainda dentro do helicóptero, eles fizeram uma varredura à procura do carro em que se encontraria a vítima.

— Santana, não estou vendo nenhum veículo — assegurou o tenente Rocha.

O piloto aproximou-se do solo e só então os bombeiros avistaram uma caminhonete avariada.

— Mas não tem vítima dentro dela — declarou, subindo novamente o helicóptero.

— Olha lá — gritou Rocha. — Tem um cara entrando no prédio, no meio dos destroços, e o prédio está quase desabando.

— Temos que tirar ele de lá — disse Santana.

O condutor do Esquilo fez então uma manobra de retorno imediata. Mas precisou deixar os bombeiros a 50 metros da edificação, já que suas telhas galvanizadas estavam soltas e, se fossem atingidas pelo vento gerado pelo movimento das hélices, poderiam abalroar o helicóptero. Com o desencarcerador preso às costas, Rocha se arrastou pela lama, seguido do sargento Santana. Expostos ao calor extremo, estavam cansados pelo esforço despendido no Terminal de Carga Ferroviário e sentiam os primeiros sinais de desidratação. O arraste na lama exige condicionamento físico maior do que em outros tipos de resgate.

Os socorristas entraram no prédio de ITM pelo mesmo local que o sujeito que tinham visto de longe entrara. Não demoraram muito e se depararam com o supervisor de mina da Vale Gilber e seu colega, Leuder, tentando retirar das ferragens um outro indivíduo. Rocha ficou surpreso com a coragem deles e penalizado ao ver Antônio, o ajudante-geral da Reframax que estava com o corpo todo contorcido, certamente por ter sofrido múltiplas fraturas. Já nem falava. O tenente Rocha sabia que a chance de o resgatar com vida era pequena, mas não disse nada sobre isso.

— Vamos usar o desencarcerador para fazer o recorte dos ferros — explicou Santana, ciente de que o equipamento, considerado ideal para a retirada de pessoas de ferragens de acidentes automobilísticos, não era adequado para ser usado no ITM, onde tudo tinha escala industrial.

Não havia, porém, outro recurso. Antes de iniciarem o trabalho, Rocha alertou Gilber e Leuder de que se a B6 também desmoronasse, o ITM seria a primeira instalação a ficar inundada.

— Vocês devem sair daqui agora — determinou.

Mas os dois funcionários da Vale se recusaram a ir embora. Mantiveram-se ao lado de Antônio e se colocaram à disposição dos bombeiros. Sem tempo para argumentação, Rocha e Santana ligaram o desencarcerador e só então perceberam que o aparelho estava sem a bateria de reserva.

— Vai, vai — incentivava Rocha, enquanto Santana cortava um pedaço do ferro que prendia a perna e os pés de Antônio.

Rocha e Santana se revezavam no corte elétrico das ferragens. Gilber e Leuder torciam o material para quebrá-lo. Qualquer erro poderia resultar em corte no pé de Antônio. Após 20 minutos, soou o sinal de que a bateria estava no fim.

— Aguenta — gritou Rocha, como se pudesse prolongar o tempo de uso da máquina e a vida de Antônio.

Conseguiu.

— Agora nós vamos puxar o senhor — comemorou Santana, contando com a ajuda dos civis, cujo apoio foi crucial para o salvamento do funcionário.

Antônio foi tirado das ferragens com vida e carregado para fora do prédio.

* * *

Naquele momento, o soldado Mateus Medeiros de Oliveira Santos, de 32 anos, e o segundo-sargento Bruno César de Oliveira, de 35, também lotados no 2º Batalhão, já haviam chegado ao prédio de ITM e ajudavam a carregar Antônio. Por quase duas horas mergulhado na meia-luz dos escombros, Antônio teve a vista ofuscada pelo sol ao ser deitado sobre uma montanha de lama. Com o uniforme em farrapos, ficara só de cueca. Lentamente foi se dando conta do que restara da Mina do Feijão:

— O que é isso, gente? O que aconteceu? Meus colegas morreram?

— Calma, seu Antônio, vai ficar tudo bem — respondeu Rocha.

— Mas o que houve aqui?

— A barragem rompeu — explicou Santana.

— Jesus misericordioso! — exclamou Antônio, agradecendo por não ter morrido.

Rocha e Santana também respiraram aliviados. Antônio era a sexta vítima do rompimento da barragem resgatada por eles com vida! Exaustos, em meio ao mar de destroços, eles sinalizaram para as aeronaves, a fim de que o sobrevivente fosse retirado da zona quente. Mas, enlameados, os socorristas se confundiam com o cenário de destruição e não conseguiam ser identificados pelos pilotos dos helicópteros. Preocupados com o risco iminente de um novo rompimento de barragem, eles abriram um extintor de PQS que encontraram nas proximidades do prédio de ITM para fazer a sinalização com pó químico seco. Conseguiram ser vistos.

Uma das aeronaves iniciou a manobra de descida e Antônio foi embarcado em segurança. Coberto com uma manta térmica, foi levado para o campo de futebol da comunidade do Feijão. De lá, seguiria de ambulância rumo ao Hospital João XXIII, em Belo Horizonte. A unidade, pertencente à Fundação Hospitalar do Estado de Minas Gerais (Fhemig), era referência do Sistema Único de Saúde (SUS) em nível estadual, sendo responsável pelos atendimentos de alta complexidade em urgência e emergência.

— Velho, obrigado pela moral — agradeceu o tenente Rocha a Gilber, e, olhando também para Leuder, acrescentou: — Vocês são fodas. Agora precisamos nos concentrar em outros pontos onde a gente possa encontrar pessoas com vida.

— O refeitório, tenente — respondeu Gilber.

— Quantas pessoas estavam almoçando lá, mais ou menos — perguntou?

— Tenente, umas trezentas — calculou Gilber, aleatoriamente, enquanto Leuder se afastava.

— Então vamos pra lá! — anunciou o bombeiro.

Gilber e Rocha desceram um barranco e passaram por uma subestação de energia para poder alcançar o que havia sido o prédio do refeitório. Com muitos fios caídos pelo caminho, o risco de eletrocussão era permanente.

— O restaurante é ali — apontou Gilber.

O funcionário da Vale estava profundamente tocado por tudo que testemunhara até ali. Minutos depois de participar do salvamento de Antônio, ele acreditou ter visto uma pessoa se debater em meio ao barro e desaparecer diante dos seus olhos. Com a cena em mente e o pensamento distante, o supervisor de mina tentava compreender como tudo aquilo pôde ter acontecido.

Rocha olhou para o ponto indicado por Gilber, mas viu apenas um rio de lama com correnteza.

— Velho, você tem certeza de que o restaurante é aí? — questionou Rocha, virando-se para olhar Gilber.

Foi quando viu o supervisor de mina balançando a cabeça afirmativamente. Com o olhar paralisado, o queixo caído e as mãos na cintura. Precisou de certo tempo para responder:

— Morreu todo mundo.

8.
ONDE ESTÁ A BELA?

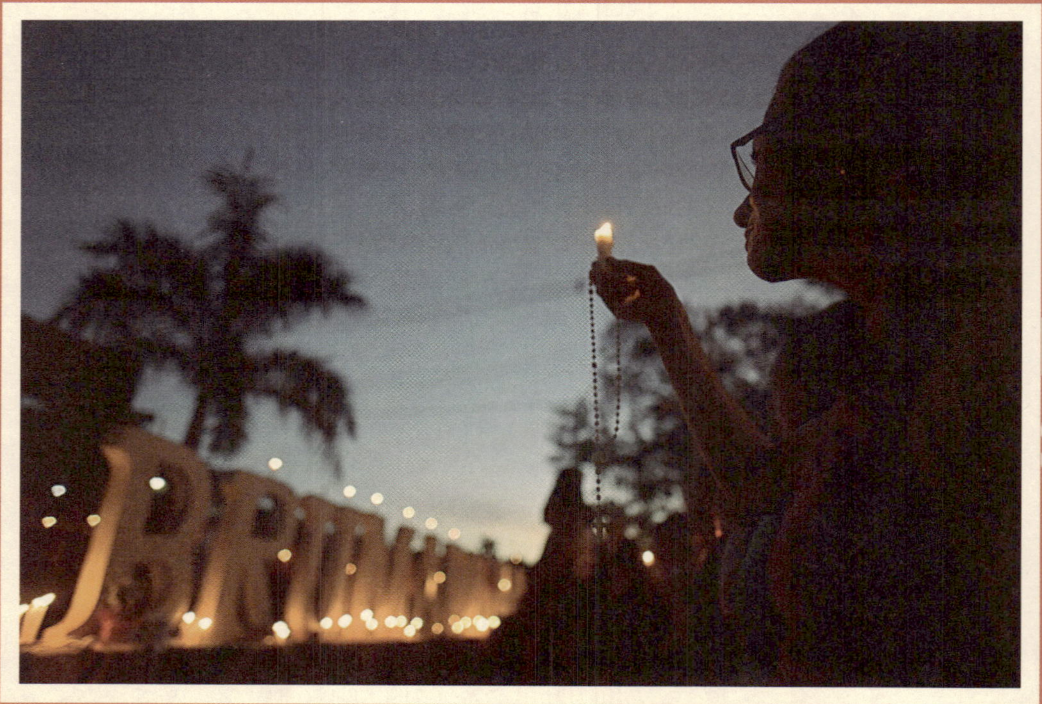

O piloto executivo Gustavo Barroso Câmara, 34 anos, conduzia um avião Cessna de quatro lugares no momento em que ouviu pelo rádio do controle de tráfego aéreo uma comunicação entre tripulantes de um helicóptero Arcanjo, usado pelo Corpo de Bombeiros, e profissionais de saúde do Samu. Naquela sexta-feira, ele transportava passageiros de Jundiaí, no interior paulista, para Governador Valadares, no interior mineiro, quando soube que havia muitas aeronaves decolando para o mesmo local: Brumadinho.

— Uai, será que aconteceu alguma coisa? — balbuciou durante o sobrevoo pelo setor sul do Terminal Belo Horizonte.

Preocupado, entrou em um site de notícias tão logo conseguiu sinal de celular. "Rompimento de barragem em Brumadinho", leu rapidamente.

— Que pena, outra barragem estourou em Minas — lamentou e continuou com a proa para Governador Valadares.

Ao sobrevoar Congonhas, porém, Gustavo tremeu, lembrando-se da irmã, a engenheira Izabela, de 30 anos.

— Gente, a Bela está trabalhando em Brumadinho!

Supervisora de perfuração e desmonte de rochas na Mina de Fábrica, em Congonhas, de propriedade da Vale, Izabela Barroso Câmara Pinto havia sido transferida para o Córrego do Feijão havia menos de quatro meses. A transferência se dera após um episódio ocorrido na Mina de Fábrica, quando um de seus subordinados perdeu parte da mão durante uma detonação malsucedida. O empregado foi demitido por ter descumprido as regras de segurança da companhia e a engenheira, mesmo tendo sido isenta de responsabilidade pelo acidente, foi enviada, a contragosto, para Brumadinho.

A jovem morava em Belo Horizonte com o marido, com quem se casara havia um ano e meio após mais de oito anos de namoro. O casal vivia em um apartamento alugado em Belvedere, bairro com vista privilegiada da capital, mas Izabela não era apegada a lugares. Se preciso fosse, ela se mudaria até de estado em função da carreira. Quando solteira, chegara a trabalhar quase quatro anos no Pará, na maior mina de minério de ferro a céu aberto do mundo, a de Carajás, contratada pela Júlio Simões Logística e depois pela Vale. Logo depois do casamento, ela voltou para Minas Gerais, onde continuou empregada na multinacional.

A 9 mil pés de altitude, Gustavo conseguiu se comunicar por celular com o cunhado, o engenheiro de produção Paulo Ricardo Rocha Pinto, 32 anos, marido de Izabela.

— Onde cê tá? — perguntou o piloto.

— Gustavo, já tô sabendo. Estou indo pra Brumadinho — respondeu o cunhado.

Gustavo precisava manter a calma, pois tinha de levar os passageiros em segurança para Governador Valadares. Necessitava, porém, de alguma informação sobre o paradeiro da irmã, e entrou na frequência do rádio.

— Arcanjo, está na escuta? Aqui é o PT-OPX. Preciso saber se vocês resgataram uma menina de 1,70 metro, magra, cabelos pretos lisos e longos, engenheira. Ela é minha irmã — disse, contendo-se para não chorar.

— Infelizmente não posso te falar nada, porque aqui está um caos — respondeu o comandante da aeronave com a qual Gustavo fazia contato.

O irmão sentiu o peito doer de angústia. Apenas quatro anos mais velho que a engenheira, Gustavo e Bela, como ele a chamava, eram muito próximos. Cresceram juntos, já haviam se casado, mas continuavam se falando quase todos os dias, apesar da rotina puxada de ambos. Ela, na capital mineira; ele, na região do Vale do Rio Doce, em Governador Valadares, a 320 quilômetros do endereço da irmã. "Cadê você? Tô preocupado", escreveu na mensagem enviada para o WhatsApp de Izabela às 14h20. Um minuto depois, gravou um áudio pedindo a ela que fizesse contato urgentemente.

Sem retorno da irmã, ele começou a se programar para ir a Belo Horizonte depois que deixasse os passageiros em Governador Valadares. Ligou para o pai, o empresário Helvécio Câmara, 70 anos, que também morava em Valadares. Casado com Mércia Jovelina Barroso Câmara, também de 70 anos, o casal tinha mais dois filhos, além de Gustavo e Izabela: Marcelo, de 44 anos, e Ricardo, de 48. A engenheira era a caçula.

— Pai, você tá sabendo o que aconteceu?
— Não, filho. Onde você está?
— Estou sobrevoando Ouro Preto. Liga a TV. Estourou uma barragem em Brumadinho e a Bela está lá. Arruma suas coisas que eu tô chegando em Valadares e nós vamos voltar — disse apenas, porque a ligação foi interrompida.

Helvécio nem raciocinou direito. Jogou algumas coisas em uma bolsa de viagem e, antes de sair, telefonou para a esposa, Mércia, que almoçava na casa da irmã, Nancy.

— Eu tô indo lá em Belo Horizonte, porque o Gustavo não conseguiu falar com a Bela.
— Você vai falar o que com a Bela? — quis saber a mãe da jovem.
— É o negócio da barragem lá — respondeu o marido, sem conseguir se explicar.
— Mas que negócio, Helvécio? — perguntou Mércia.
— Depois a gente conversa. Tenho que ir para o aeroporto, porque o Gustavo está chegando lá.

Preocupada, Mércia pediu a Nancy que ligasse a televisão. Tomadas de surpresa, elas ficaram sabendo do rompimento da barragem, mas sem aquilatar sua dimensão.

— Nancy, onde será que a Bela estava? — perguntou Mércia, estupefata, após ouvir o noticiário por algum tempo.
— Mércia, desliga a televisão porque é muito sofrimento — aconselhou Márcia, outra irmã de Mércia.

Logo, a casa de Nancy, na esquina da rua Afonso Pena com a Oswaldo Cruz, no Centro, começou a ficar cheia de parentes.

— A Bela sempre foi atleta — disse Márcia. — Ela deve ter corrido.

— Ah, Márcia, acho que vamos perder a nossa Bela — disse a mãe sem esperança.

* * *

Quando Gustavo pousou no aeroporto de Governador Valadares, o pai dele já o esperava no hangar das aeronaves particulares. Acompanhava-o o jovem Felipe, sobrinho de Gustavo e Izabela. Um amigo da família, o empresário José Altino Machado, colocara seu avião particular, um Cessna c210, à disposição dos Barrosos.

— Conseguiu falar com ela? — foi perguntando Gustavo tão logo desceu do avião e aproximou-se do pai.

— Filho, infelizmente não. O celular da sua irmã está desligado.

— Vamos achá-la — avisou Gustavo, tocando o ombro do pai.

Helvécio não sabia o que pensar. Apenas entrou na aeronave e sentou-se ao lado do filho, que iniciou os procedimentos de segurança para o taxiamento do avião. O voo para Belo Horizonte duraria uma hora.

* * *

Funcionária do setor de engenharia da Mina do Feijão, Josiane Melo, 38 anos, estava em Moeda, a 60 quilômetros de Belo Horizonte, quando seu telefone tocou. Em seu último dia de férias, ela havia levado a mãe, dona Lita, e dois sobrinhos, Tales e Selene, a um sítio com entrada paga para que pudessem aproveitar o dia de sol. Uma irmã de Josiane também trabalhava na mina, contratada pela Reframax. Chamava-se Eliane e estava grávida.

Josiane brincava com os meninos quando um amigo, Rogério, ligou:

— Josiane, a barragem estourou. Estou tentando falar com a Eliane e não estou conseguindo.

— Barragem? Que barragem?

Poucas horas antes, Josiane deixara Eliane em Brumadinho para que buscasse o carro da Reframax com Romero, o chefe da empresa terceirizada da qual ela era recém-contratada. Ele estava no Centro da cidade sendo avaliado em exame médico periódico e havia pedido que Eliane levasse o veículo para a Mina do Feijão. Ao se despedir da irmã, Josiane brincou com ela:

— Por que está passando rímel se você vai para uma mineração?

— Não é por isso que eu vou deixar de ser mulher — respondera Eliane, divertida.

Caçula de seis irmãos, Josiane admirava a beleza, a coragem e o jeito extrovertido da irmã mais velha. Enquanto Eliane desfrutava a vida, a outra lutava contra a timidez. Parceiras em tudo, Eliane desbravava o mundo e voltava para contar a Josiane como era.

— Como não consegue falar com a Naninha? Mandei mensagem pro celular dela há pouco tempo e ela respondeu — devolveu Josiane a Rogério.

— Pois é. Parece que ela voltava do refeitório, de carro, quando tudo veio abaixo — explicou, transparecendo grande ansiedade.

Josiane gelou. Imediatamente se lembrou do treinamento de evacuação realizado na Mina do Feijão, em outubro de 2018, do qual ela e a irmã participaram. As duas caminharam por cerca de 15 minutos para deixar a área administrativa, onde estavam, e chegar ao antigo Centro de Estudo Ambiental, definido pela Vale como um ponto de segurança. Mas a mobilização virou motivo de risada entre os funcionários, já que buzinas a gás semelhantes às usadas no Carnaval foram utilizadas no lugar das sirenes, que não soaram durante o treino.

— Vamos todos morrer — comentavam os participantes com humor, após serem informados de que, em caso de um rompimento real do maciço, eles teriam poucos minutos para evacuar a chamada zona de autossalvamento.

Alarmada, Josiane ligou para a irmã, que não atendeu ao celular. Tentou então se comunicar com as cinco outras pessoas do setor de Eliane: Cláudio José, Davyson, Dennis, Alexis e Fernanda, a jovem estagiária que assinaria naquela sexta-feira sua efetivação na empresa. Ninguém atendeu. Josiane lembrou-se de seu chefe direto, Zilber Lage de Oliveira, e, após algumas discagens em vão, revoltou-se. "Não acredito que ele vai me deixar na mão no momento que eu mais preciso dele", pensou. Sem resposta, começou a chorar.

Dona Lita, de 70 anos, não tinha ideia do que estava acontecendo e se espantou com o choro da filha. Atento aos diálogos da tia Josiane ao celular, seu sobrinho Tales, de 7 anos, tentou situar a avó.

— Vovó, a tia Banana morreu — disse o garoto.

— Para de falar bobagem, menino — repreendeu dona Lita.

Atônita, Josiane tomou uma decisão. Trocou de roupa no sítio, pediu que todos entrassem no carro e dirigiu em alta velocidade para Belo Horizonte, onde deixou a mãe e os sobrinhos. De lá, seguiu para o Centro Comunitário do Córrego do Feijão. Ao chegar na zona rural de Brumadinho, a engenheira da Vale foi surpreendida pelo desespero de uma comunidade inteira.

— Cambada de vagabundos — gritavam moradores da área. — Vale assassina!

Diante dessa cena, Josiane se sentiu aliviada por não estar uniformizada. Não queria que ninguém a reconhecesse nem soubesse que era funcionária da empresa — temia ser hostilizada e afastou-se. Passou em frente à Igreja Nossa Senhora das Dores, de cujo terreno helicópteros decolavam em direção à mancha de lama, e, ao avistar a área da mineradora, não reconheceu mais nada. Olhou diversas vezes para tentar se convencer de que a mina em que trabalhava havia catorze anos não existia mais.

— Acabou — disse, aos prantos.

*　*　*

Naquele 25 de janeiro, São Paulo completava 465 anos e estava vestida das mais variadas cores para comemorar o aniversário, um dos feriados mais especiais do calendário municipal. Com um dos principais corredores de trânsito fechado para a passagem de veículos, a economista Helena Taliberti, 61 anos, e o engenheiro Vagner Diniz, 60, passeavam pela avenida Paulista, como outros moradores daquela que é a maior cidade do Brasil. O coração da festa era no Vale do Anhangabaú — onde um palco havia sido montado para a apresentação de artistas —, mas o casal preferira aproveitar o dia de sol caminhando. Ainda estavam na avenida quando ela viu, pelo celular, uma nota em um portal de notícias sobre o rompimento da barragem em Brumadinho.

— Vagner, dá uma olhada nisso — pediu ao marido mostrando-lhe o celular. — Os meninos estão em Inhotim. O museu não fica em Brumadinho?

Embora não conhecesse a região de Brumadinho, a mãe de Camila e de Luiz Taliberti tinha certeza de que não havia com o que se preocupar. Afinal, naquele horário, cerca das 15 horas, os dois filhos, a nora grávida, o ex-marido e a esposa dele estariam visitando as galerias do Instituto Inhotim. Ainda assim, decidiu mandar mensagem para Camila: "Rompeu uma barragem aí. Tá tudo bem com vocês?"

Helena era neta de imigrantes italianos e filha de um engenheiro aeronáutico e uma assistente social. Com dois diplomas universitários, em Economia e Administração, pela Universidade Presbiteriana Mackenzie, uma façanha para mulheres no Brasil do início dos anos 1980, ela se casara com o primeiro marido aos 26 anos, com quem teve um casal de filhos. Aos 35 separou-se e se viu sozinha com Camila e Luiz ainda pequenos. Por meio de concurso público, garantiu uma vaga na Secretaria Municipal de Administração e só então tomou as rédeas da própria vida. Mas foi apenas ao lado do segundo marido, Vagner, com quem Helena se casou aos 40 anos, que ela consolidou a confiança em si mesma.

Solteiro e sem filhos, o funcionário que trabalhava na assessoria da empresa de processamento de dados do município conquistou também o coração dos filhos dela, de 8 e 10 anos à época. Era Vagner quem pintava o rosto de Camila e Luiz para as festas juninas do colégio, quem ajudava a curar resfriado, quem brincava de carrinho e de boneca, quem dividia com Helena as tarefas domésticas. Ao lado dele, Helena encontrara a segurança que precisava para ser uma mãe capaz de deixar os filhos voarem mais alto que ela.

Camila fazia faculdade de Filosofia, mas, aos 20 anos, quis estudar francês na Suíça. Helena, que tivera uma criação rígida, queria ser com os filhos o oposto do que seus pais foram com ela. Por isso, deixou a filha partir, mesmo sofrendo com a síndrome do ninho vazio. Matou a saudade de Camila depois, indo visitá-la na companhia de Vagner e estendendo a viagem para fazer turismo pela Europa. Quando Vagner retornou ao Brasil, mãe e filha ainda bateram perna por Paris, sozinhas, durante uma semana de cumplicidade.

Tempos depois, de volta a São Paulo, Camila acabou pedindo transferência para a faculdade de Direito. Já Luiz, que detestava a escola durante a adolescência, encontrou-se no curso de Arquitetura da Belas Artes. Após trabalhar em um escritório de arquitetura na capital paulista, foi morar na Austrália para cursar Desenho Industrial. Camila ficou no Brasil, trabalhando como advogada.

Os irmãos Luiz e Camila Taliberti em uma das viagens em família

Na Austrália, Luiz conseguiu emprego na sua área e conheceu Fernanda Damian, também brasileira. Noivaram e ela engravidou no segundo semestre de 2018. Agora ele contava os meses para se tornar pai. Já Camila iniciava um relacionamento amoroso e dedicava-se a projetos sociais em comunidades em situação de vulnerabilidade social. Ambos estavam felizes, assim como Helena e Vagner. Ela se aposentara havia pouco e via os filhos chegarem cheios de planos a uma nova fase da vida. Também Vagner estava animado com novos projetos profissionais.

Como sabia que os filhos nem sempre respondiam de imediato a mensagens de celular, Helena postou no grupo de WhatsApp da família a mesma mensagem enviada para Camila: "Rompeu uma barragem aí. Está tudo bem com vocês?" Acreditando que logo um dos familiares entraria em contato, Helena e Vagner retomaram o passeio na Paulista.

* * *

O celular da delegada aposentada da Polícia Civil Mirelle Porto Garrido Higuchi, 54 anos, mãe de três filhas, estava com a tela congelada havia dias e nada fazia o aparelho funcionar. Por conta desse defeito, ela não tirara fotos do aniversário de 35 anos da segunda filha, a médica Marcelle Porto Cangussu, que reunira parte da família no restaurante Barolio, em Nova Lima, na quinta-feira 24 de janeiro de 2019. Grudadas, mãe e filha eram o espelho uma da outra. E as duas ainda se falaram na madrugada do dia 25, após a comemoração, pois Mirelle queria saber se a jovem chegara em segurança na casa da avó, onde estava morando temporariamente porque seu apartamento passava por reforma. Marido de Mirelle, o juiz Christian Garrido Higuchi, 44 anos, que estivera viajando e ainda não cumprimentara a enteada, aproveitou a ligação para falar com ela:

— Celle, parabéns! Eu não pude ir no Barolio, porque o voo de Brasília para Beagá atrasou — disse ele, referindo-se a Belo Horizonte pelo apelido que os mineiros dão à cidade.

— Oi, Bife, brigada. E como foi a viagem? — perguntou Marcelle, chamando Christian pelo apelido.

Os dois conversaram rapidamente, pois, dentro de poucas horas, a médica, especializada em segurança do tra-

Parte da família da médica Marcelle Cangussu. Da esquerda para a direita, o padrasto dela, Christian; Marcelle; a irmã dela, Larissa; e a mãe de ambas, Mirelle, que estava grávida de Amanda, a filha caçula

balho, já estaria de pé, na Mina do Feijão, fazendo exame médico de rotina em funcionários da Vale. Marcelle mantinha uma agenda corrida que incluía atendimento em empresas e plantões na UTI do Hospital Regional de Betim, também na Região Metropolitana de Belo Horizonte, assim como Nova Lima.

Embora aposentada, Mirelle tinha seus compromissos, entre os quais a criação de Amanda, a caçula de 7 anos. A primogênita, a arquiteta Larissa Cangussu, que morava nos Estados Unidos, tinha 36 — uma diferença de espantosos 29 anos entre as duas.

Naquela sexta-feira 25 de janeiro, eram cerca das 13 horas quando Mirelle entrou em seu apartamento, na rua Elza Brandão Rodarte, em Belvedere. Foi pisar em casa e Adriana, trabalhadora doméstica, chamou-a.

— Mirelle — disse Adriana, que acabara de saber do rompimento do reservatório.

— O que foi?

— Outra barragem estourou.

— Onde? — perguntou a delegada.

— Tão falando que foi em Brumadinho.

Mirelle perdeu as forças e caiu de joelhos na cozinha.

— Eu não acredito. Christian! A Marcelle! — gritou.

— O que foi? — acorreu o juiz, já de saída para o Tribunal de Justiça de Minas Gerais, onde era coordenador da Central de Precatórios.

Após levantar-se com dificuldade, ajudada por Adriana e pelo marido, Mirelle exclamou:

— A Marcelle trabalha em Brumadinho!

— Eu sei — disse ele.

— A barragem...

— Que barragem? — perguntou o marido, preocupado.

— ... estourou...

— Calma, Mirelle.

A delegada correu pela casa à procura do seu notebook. Tão logo o encontrou, ligou, digitou "Brumadinho/Vale" no Google e se deparou com uma postagem no Facebook que trazia uma imagem desoladora. "Estourou tudo aqui", dizia o autor da publicação.

— Meu Deus, não sobrou nada — constatou Mirelle. — Minha Nossa Senhora, rainha, ponha a Marcelle no seu colo. Envolva-a com seu manto e passe tudo isso ao lado dela.

— Calma, sem desespero — clamou o marido, em vão.

Desnorteada, a delegada procurou seu celular, mas lembrou que ele não funcionava.

— Christian, liga pra Marcelle!

A ligação, porém, nem sequer completava. Christian continuava com o firme propósito de acalmá-la e dar-lhe alento:

— Mirelle, presta atenção. Você sabe que lá na Mina do Feijão é muito difícil ter sinal de celular.

— Nossa Senhora! Põe Marcelle em seu colo. Agora ela é o seu bebê — insistia a mãe da médica, com fervor.

Ao ligar a TV, a delegada ficou ainda mais nervosa e pensou com inquietação na mãe idosa, a desembargadora aposentada Maria Celeste Porto, de 78 anos, avó de Marcelle.

— A mamãe! Eu preciso ir para a casa dela. Não quero que ela saiba pela televisão!

Mirelle se aprontava para ir para a casa da mãe, a dois prédios de distância, quando dona Celeste ligou. Já vira a notícia pela televisão.

— Mirelle, o que aconteceu em Brumadinho? — perguntou.
— Mamãe, estou indo aí pra gente acompanhar juntas.
— Mas o que houve, filha? — continuou a idosa, alterando a voz.
— Foi alguma coisa lá na barragem. Ainda não temos informações. Me espera que estou chegando — insistiu a delegada.

Christian desistiu de sair. Trocou o terno por uma roupa comum e começou a ligar para todos os contatos que tinha, em busca de notícias.

— A gente se fala — disse a esposa, de saída, após ter a ideia de colocar o chip do seu celular no aparelho da caçula a fim de manter-se conectada com os familiares.

Mirelle entrou na casa da mãe decidida a prepará-la para o pior.

— Mãe, eu pedi a Nossa Senhora pra levar a Marcelle pro céu.

— Não, filha, vamos ter fé — murmurou dona Celeste, alimentando a esperança.

As duas se consolaram, ao lado de Lola, a cadela maltês de 1 ano e seis meses de Marcelle. Apaixonada por animais, a jovem médica tinha mania de resgatar cachorros de rua e cuidar deles até que pudessem ser adotados.

Por volta das 15 horas o telefone tocou. Era Christian.

— Mirelle, estou indo para o Hospital João XXIII, porque acabei de ver aqui na TV que duas moças resgatadas de helicóptero foram levadas para lá. Uma delas tem cabelos compridos. Quem sabe é a Marcelle?

Enquanto o juiz se deslocava de carro até o complexo hospitalar de urgência localizado no Centro, a 20 minutos de casa, um irmão mais novo da delegada, Dennyson Porto, 53 anos, ligava para Mirelle.

— Mirelle, eu vou pra Brumadinho buscar alguma informação. Vou procurar a Marcelle.

— Está bem — aquiesceu Mirelle. — As torres de telefonia devem ter sido derrubadas. Às vezes, pessoalmente, você consegue notícia.

No apartamento de dona Celeste, o tempo não passava. Toda vez que o telefone tocava, Mirelle desejava que fosse a filha. É que quando elas se falavam, a médica costumava dizer, em tom de brincadeira: "Mãe, estou viva." Como ela queria acreditar nisso agora.

* * *

— Geraldo, como você está?

— Estou bem — respondeu o caminhoneiro, estranhando o telefonema da esposa, Ambrosina, 53 anos, em pleno horário de trabalho.

Geraldo Batista de Resende, 60 anos, morava com a família em Brumadinho e prestava serviço para a Arteris, companhia do setor de concessões que administra mais de 3,2 mil quilômetros de rodovia. Pai de quatro filhos — Juliana, de 33 anos; as gêmeas Josiana e Fabiana, de 31; e Aleff, de 20 —, Geraldo dirigia o caminhão carregado com pó de brita a ser usado no asfaltamento da BR-381, na altura do município mineiro de Santo Antônio do Amparo.

— Você vai vir embora para Brumadinho hoje? — perguntou Ambrosina.

— Não, eu sou o primeiro a carregar. Capaz de eu ir para Betim. Quando chegar lá, eu vejo — respondeu ele.

Percebendo que o marido ainda não sabia da queda da barragem, onde a primogênita do casal trabalhava, ela não teve coragem de contar. Passou o telefone para a filha Josiana de Sousa Resende, a Jojo, e pediu a ela que continuasse a conversa.

— Pai, onde o senhor está? — perguntou a jovem.

— Na Rodovia Fernão Dias, filha.

— Não tem jeito de o senhor carregar o caminhão e voltar?

— Por quê?

— Porque aconteceu um negócio aqui em Brumadinho e nós estamos sozinhas.

— Uai, e o Aleff? Ele não está aí? — indagou, referindo-se ao caçula.

— Está, pai. Sabe o que é... Estão falando que a barragem estourou.

— Então a água já chegou em Brumadinho? — espantou-se, pensando tratar-se de problema no reservatório da Companhia de Saneamento de Minas Gerais.

— Não é a barragem da Copasa, pai, mas a da Vale. Nós estamos tentando falar com a Juliana. Eu e o Aleff estamos indo pra lá.

Geraldo não conseguiu mais falar. Teve uma crise de choro em plena estrada. Como já tinha prestado serviço na Mina do Feijão, conhecia a área e o tamanho da B1.

— Meu Deus! Nós perdemos a nossa Ju.

— Calma, pai. Vem pra casa. Vamos achar ela. Passa pela roça, porque os acessos aqui estão fechados — alertou Jojo.

Como Juliana, Jojo trabalhava na Mina do Feijão, mas naquele dia estava em casa, de folga. Era técnica em enfermagem do trabalho e estava alocada no mesmo setor que Marcelle Cangussu. Jojo, aliás, fora uma das organizadoras da festa-surpresa de aniversário oferecida à médica, na véspera, pelos colegas.

Geraldo nem ouviu o conselho da filha para procurar um caminho alternativo até Brumadinho. Atormentado, só pensava que sua menina mais velha estava dentro da mina. Analista administrativa, Juliana Creizimar de Resende Silva trabalhava no Centro de Materiais Descartados da Vale, a 1,5 quilômetro da B1. Também o marido dela, Dennis Augusto da Silva, 38 anos, estava lotado na área administrativa, porém no setor de engenharia. Juliana e Dennis se casaram em 2017 e, no ano seguinte, tiveram gêmeos: Antônio Augusto e Geraldo Augusto. Todas as manhãs, ela e o marido deixavam os bebês na residência dos pais dela, de carro, e partiam para cumprir a jornada de trabalho.

Naquela sexta-feira, eles estavam atrasados. Juliana tinha perdido o horário porque passara a madrugada em claro cuidando de Antônio Augusto, que não se sentia bem. Até pensou em faltar ao trabalho para ficar com ele, mas como o menino de manhã parecia melhor ela se tranquilizou. Sabia que as crianças ficariam seguras na companhia da avó Ambrosina. Era ela quem filmava a evolução dos gêmeos para Juliana, que não queria perder nenhum momento importante do crescimento deles. Estava tão realizada com o nascimento dos filhos, que sentiu dificuldade para retomar a rotina profissional. Se pudesse, não os largaria nem por um minuto.

    Ao se despedir da mãe, depois de lhe entregar as crianças, Juliana perguntou pelo pai. Queria abraçá-lo antes de ir para a Vale, mas os dois se desencontraram. A fim de não se atrasar ainda mais, ela e o marido seguiram para a mina. Tinham acabado de comprar um Fiat Doblò prata para oferecer mais espaço para a família. O veículo comportava melhor os dois bebês-conforto que eles precisavam transportar.

    Naquele dia, já eram 15 horas e nenhum dos dois havia feito qualquer contato com os familiares, o que não era normal. Além disso, os celulares de ambos davam sinal de desligado. Sem notícia de Juliana, Geraldo ligou para Márcio, o encarregado da empresa para a qual trabalhava.

    — Encarregado, aqui é o Geraldo. Estou indo pra casa — avisou.

    — O que aconteceu Biro-Biro? — quis saber o homem que o chamava assim por sua semelhança com o volante Antônio José da Silva Filho, um dos maiores ídolos do time do Corinthians entre as décadas de 1970 e 1980.

    — Disseram que aconteceu um negócio terrível na Vale.

    — Eu vi na internet. O senhor tem parente lá? — perguntou Márcio.

    — Minha filha — respondeu Geraldo sem esconder o nervosismo.

    — Parece que o negócio foi feio, mas ela deve estar bem. Faz o seguinte, Biro-Biro: deixa o caminhão em um dos canteiros de obra, que a gente arruma alguém de confiança pra dirigir ele. É que o carregamento para Betim está todo programado. Um de nós leva você para Brumadinho.

    — Tá bem, meu filho — agradeceu Geraldo, chorando.

    O caminhoneiro, no entanto, não conseguiu parar o caminhão. Pegou o rumo de casa e dirigiu a mais de 120 quilômetros por hora. No caminho, rememorava a trajetória de vida de Juliana. Ao nascer, os pais da menina mal tinham dinheiro para o básico. Geraldo e Ambrosina tinham um caminhão Chevrolet de 1968, pintado de vermelho pelo proprietário para ficar mais bonito, e era com ele que o casal entregava lenha nas padarias da região de Belo Horizonte. O motor já estava ruim, mas o veículo era o ganha-pão do caminhoneiro. E a menina ia na boleia, em todas as viagens.

Pai, mãe e filha passaram o pão que o diabo amassou até Geraldo ter condição de garantir um mínimo de conforto para a menina. Juliana não chegou a morar com eles na casa torta, feita de barro, no Sítio Benta, município de Piedade dos Gerais, onde Geraldo e sua "dona", como ele se referia a Ambrosina, começaram a vida. Ela foi criada na estrada. Apesar da infância dura, a analista administrativa trazia tantas referências positivas do trabalho do pai que, no dia do casamento com Dennis, chegou à igreja Nossa Senhora do Belo Ramo no caminhão dele, agora um Mercedes branco 1938.

Vestida de noiva, ela seguiu com Geraldo no cavalinho do veículo, ou seja, na parte dianteira — a prancha, própria para o carregamento de máquinas, fora desengatada para a ocasião. A cabine estava toda enfeitada com cortinas vermelhas e eles chegaram à igreja em grande estilo, com o pisca-alerta ligado. Os convidados, já na nave da igreja, ouviram de longe a buzina do possante. Ao cruzar o átrio, com Juliana, linda, de cabelos longos, pretos, e o buquê de rosas amarelas em uma das mãos, Geraldo não continha a emoção. Usando terno escuro e gravata vermelha, estava radiante. Seus olhos azuis, da cor do oceano, brilharam como nunca. Agora, no entanto, pareciam mergulhados em escuridão. Só voltaria a enxergar quando achasse sua menina.

9. CENÁRIO DE GUERRA

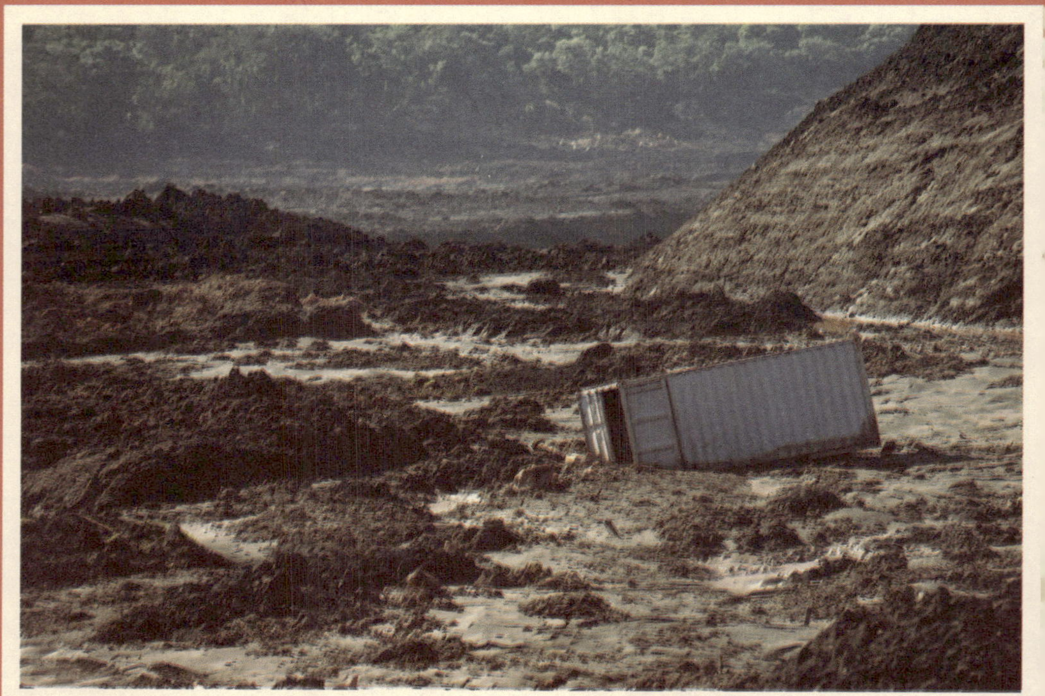

— Olha lá, olha lá — apontou o major Rafael Neves Cosendey ao sobrevoar de helicóptero o entorno da estrada da Santinha. — Tá cheio de gente.

Lá embaixo, em meio à mata, várias dezenas de pessoas ilhadas pela lama acenavam para a aeronave pedindo socorro. Subcomandante do Bemad, Cosendey ficou estarrecido diante daquele cenário de guerra e preocupado com os sobreviventes, que ainda corriam perigo. Era preciso tirá-los de lá o quanto antes. Solicitou então ao piloto que tentasse encontrar um ponto seguro para pousar e, enquanto as manobras de descida eram realizadas, ele se lembrou do pedido da esposa, por telefone, tão logo soube que o marido seguiria para Brumadinho.

— Que Deus te proteja. Faça o melhor por aquelas pessoas e tome cuidado. Volta pra casa — disse Andresa, emocionada.

Segundos antes do pouso, o major tirou o capacete e olhou para a foto que guardava dentro do seu equipamento de proteção. Nela estavam as três mulheres da sua vida: além de Andresa, as gêmeas Manuela e Alícia, de 7 anos.

As duas ainda dormiam quando o pai saiu de casa, antes do nascer do sol, para mais um dia de trabalho no batalhão do Complexo da Pampulha. Naquele 25 de janeiro de 2019, ele completava 36 anos. E a expectativa das meninas certamente seria abraçá-lo no fim do dia.

O helicóptero tocou o solo e o piloto perguntou:

— Eu não posso te esperar. Você vai ficar aqui?

— Vou — respondeu Cosendey, firme, desembarcando sozinho.

O major levava consigo apenas a mochila de desastre — com equipamentos básicos de sobrevivência — e o radiocomunicador. Assim que a aeronave se afastou, o oficial foi cercado pela pequena multidão, com todos tentando falar ao mesmo tempo. O clima era de pânico.

— Bombeiro, o senhor sabe onde estão nossos colegas?

— O pessoal do refeitório se salvou?

— A minha amiga trabalhava comigo. Não a vi mais...

Cosendey não tinha respostas — naquele momento, tinha mais dúvidas que certezas. Quase todos ali eram funcionários da Vale, mas também havia turistas em trajes de banho, que estavam em cachoeiras próximas, e parentes de empregados da empresa. Surpreendidos pelo rompimento durante o lazer no Clube Santa Bárbara, eles fugiram em busca de uma área mais elevada. Na correria, algumas pessoas se feriram, entre elas uma idosa que visitava Brumadinho e acabou torcendo o pé.

Alguns colaboradores da Vale alternavam momentos de passividade com uma súbita excitação. Outros choravam sem parar. Todos olhavam, incrédulos, para a área coberta de rejeitos de minério.

— Calma, gente — tranquilizava Cosendey. — Vamos retirar todos vocês daqui em segurança.

O major precisava de informações sobre a área em que pisavam para avaliar as estratégias de evacuação e os riscos de novos soterramentos. De relance, avistou, em meio ao grupo, um homem uniformizado que aparentava estar mais controlado que os outros. Trabalhava na mineradora, chamava-se Betinho e conseguira escapar de carro da avalanche de lama. Por pouco a onda de 18 metros de altura

Tenente-coronel Ângelo e major Rafael Neves Cosendey durante trabalho de campo em Brumadinho

não o engolira. Logo que ouviu a explosão da barragem, procurou refúgio em uma das vias laterais da mina. Foi acessar o desvio e constatar, pelo retrovisor, a destruição causada pela inundação. Salvara-se subindo para a estrada da Santinha, como Gleison.

Betinho passou as informações necessárias para o major sobre a posição daquele terreno em relação à mina. A seu pedido, a Defesa Civil enviou a Cosendey o plano de emergência para barragens, o PAEBM, contudo, sem sinal de internet, o major não conseguiu baixar o documento no celular. Betinho garantiu que aquele ponto em que estavam era seguro, mesmo sendo próximo da B6, cujo rompimento era uma hipótese aventada desde o início da tarde. Disse ainda que todos ali estariam protegidos mesmo que as represas Menezes I e II se rompessem.

Após recolher os primeiros dados, Cosendey fez uma rápida contagem do número de sobreviventes: eram cerca de cem. Naquela situação, o coordenador de gestão de desastre sabia que antes de ser um subcomandante de tropa era, acima de tudo, um bombeiro. Precisava realizar o resgate do grupo e oferecer aos feridos os primeiros socorros. Pelo radiocomunicador, passou as coordenadas geográficas para a equipe em solo, pedindo apoio. E soube que o comandante do Bemad, o tenente-coronel Ângelo, já entrara no Córrego do Feijão. Logo chegaram um trator e sete caminhonetes que abriram, com a ajuda de Betinho, um novo acesso na mata para facilitar a saída das pessoas. Quando todos, finalmente, deixaram a área em segurança, o oficial foi ao encontro do tenente-coronel Ângelo.

A primeira providência tomada pelo comandante do Bemad foi transformar a igreja Nossa Senhora das Dores, na zona rural, em base provisória de operações dos bombeiros do estado. A Força Aérea Brasileira, a FAB, também montaria ali um centro de controle de tráfego aéreo. O campo de futebol da comunidade do Feijão, ao lado da paróquia, transformou-se em área de pouso e decolagem das aeronaves de resgate.

Quatro horas após o rompimento da B1, doze helicópteros sobrevoavam um espaço aéreo reduzidíssimo. Ninguém ignorava que era preciso atenção máxima, pois havia risco de colisão. As aeronaves transportavam bombeiros, sobreviventes, autoridades políticas, como o governador Romeu Zema, e o então ministro do Meio Ambiente, Ricardo Salles, além da cúpula de Segurança de Minas Gerais. O tráfego aéreo ficaria tão intenso na região, que, em um mês, o número de pousos e decolagens superaria o do principal aeroporto de passageiros de Belo Horizonte, o Confins, que realizava, em média, 260 operações diárias.

* * *

Quando Lieuzo abriu os olhos de novo, em meio à lama que o arrastara do alto da barragem por quase 1 quilômetro, ele só soube que era dia porque o sol castigava a sua pele. Soterrado da cintura para baixo, não tinha ideia de quanto tempo se passara desde que fora engolido pela B1. Com fraturas pelo corpo e múltiplos machucados, desidratado e faminto, sentia uma sede intensa e cada vez mais suas forças se esvaíam. Àquela altura, cerca de 16h30, ele via dois helicópteros em voos rasantes sobre a área, contudo, seus esforços para atrair a atenção dos bombeiros eram inúteis.

Da cor do barro, o funcionário da Fugro que prestava serviço dentro da mina estava completamente camuflado. Era quase impossível ser notado em meio ao mar de lama. Não conseguiria enfrentar a noite naquele lugar e, naquelas condições, temia não mais acordar se desmaiasse de novo. Com os olhos feridos pelo barro, ele acreditava que podia ficar cego. De todos os medos, porém, o maior era a possibilidade de nunca mais voltar a ver a família, que morava em Ilha Solteira, município paulista que faz divisa com Mato Grosso do Sul.

Lieuzo rezava para não morrer ali. Queria aproveitar sua segunda chance. Desesperado, usou as mãos para cavar em torno de si e tentar se soltar. Acabou se desprendendo, mas não podia mover a perna. Procurou se arrastar, jogando o corpo para a frente, porém não saía do lugar. Então se deitou sobre o rejeito de minério e chorou. "Ninguém vai me encontrar e eu vou morrer aqui", pensou. As lágrimas lavaram seu rosto pintado de marrom e vermelho, por causa dos rejeitos do minério de ferro, e ele já não dava conta de gritar.

— Deus, me dê forças — implorou.

Nesse instante, ouviu o barulho de outro helicóptero. Em um ímpeto, Lieuzo ergueu o tronco e acenou freneticamente para o alto.

— Socorro, aqui! — berrou, vencendo os próprios limites.

O helicóptero, no entanto, se afastou. Com as mãos sobre o rosto e de olhos fechados, ele perdeu a esperança e tombou novamente no lamaçal. Não percebeu o momento em que o soldado Samuel Lucas Santos Neves, 36 anos, conseguiu avistá-lo durante uma varredura por via terrestre — um tipo de busca em áreas de desastres. Finalmente ele tinha sido encontrado. Quando os bombeiros Samuel, o cabo Vinícius Expedito de Brito e Silva, 37 anos, e o sargento Alan da Silva Campos, 38 anos, entraram na lama e rastejaram até ele, o técnico em sondagem só queria segurar a mão de alguém.

— Como o senhor se chama? — perguntou um dos socorristas.

— Lieuzo — respondeu o sobrevivente, emocionado.

— Vamos tirá-lo daqui. O senhor vai ficar bem — afiançou o soldado.

Ele até ensaiou um obrigado, mas estava exausto e a voz quase não saiu.

— O senhor estava sozinho? — perguntou o cabo.

— Não. Estávamos em cinco aqui. O que aconteceu?
— A barragem rompeu — explicou Vinícius.
— Cadê meus colegas?
— Talvez tenham sido encontrados em outro ponto — afirmou o sargento Allan.

Lieuzo foi imobilizado e, mais tarde, suspenso por um helicóptero. Da mina, também ele seguiria para o Hospital João XXIII, unidade para onde Paloma e Thalyta haviam sido levadas.

* * *

Por volta das 17 horas, o Salão Comunitário do Córrego do Feijão estava apinhado de gente. Cada morador de Brumadinho que entrava ali tinha a sua urgência: a busca de um parente ou de vários. Havia tanta desinformação e comoção, que estava difícil administrar aquele ambiente de caos. De um lado, uma população enfurecida com o rompimento da barragem; de outro, o Corpo de Bombeiros, a Defesa Civil e a Polícia Militar tentando dar respostas a um desastre de dimensão humana inédita no país. O desespero era generalizado.

— Que absurdo esse tanto de bombeiro aqui parado enquanto nossos filhos estão lá, no meio da lama — gritou uma mulher, desmaiando em seguida.

— Olha aqui. Consegui com a operadora o último sinal do celular da minha filha. Ela deve estar sofrendo debaixo desse barro todo. Se não encontrarem rápido, vai morrer — dizia um homem.

Já havia dezenas de militares por toda a zona rural de Feijão, em especial dentro da mina atingida, mas, naturalmente, naquele momento crucial, a comunidade queria ações imediatas. E as operações de resgate, tendo em vista salvar o maior número possível de pessoas, exigiam logística e definição de estratégias que às vezes tomavam certo tempo. Arrebatadas, inúmeras pessoas chegaram a se armar com pedras para jogá-las contra as viaturas. Na gana de punir os responsáveis, era como se todas as autoridades fossem culpadas pela tragédia.

Tudo indicava que a situação fugiria de controle, até que o chefe da Adjuntoria de Imprensa do Corpo de Bom-

Crianças da comunidade do Feijão acompanham o pouso e decolagem de helicópteros e o resgate de corpos feito pelos bombeiros

beiros armou-se de uma cadeira de plástico e caminhou para a porta do Salão Comunitário. Lá mesmo, subiu na tribuna improvisada, para que pudesse ser visto por todos, e começou, em alto e bom som:

— Olha, gente, meu nome é Pedro Aihara e sou tenente do Corpo de Bombeiros de Minas Gerais. A gente está aqui para ajudar, para apoiar cada um de vocês.

Aquelas palavras foram ditas com tanta convicção e segurança que a multidão foi baixando a voz e virando a cabeça para ouvir o bombeiro, que prosseguiu:

— Eu entendo que está todo mundo muito exaltado, mas precisamos da colaboração de vocês. São muitas informações chegando ao mesmo tempo. Vocês podem ter certeza: estamos fazendo tudo o que está ao nosso alcance. Tem equipes nas buscas e a gente aqui precisa discutir as estratégias agora. E, qualquer informação que nos for passada, eu vou passar primeiro pra vocês. Esse é um compromisso que estou assumindo com cada um. Qualquer informação sobre sobreviventes, ou sobre qualquer coisa, vou falar pra vocês primeiro, antes de falar com qualquer outra pessoa.

O efeito foi imediato. Os mais exaltados cederam ao acolhimento que receberam do tenente. Outros não se contiveram e entraram na área da mina, na tentativa de buscar sozinhos os parentes — a maioria ficaria presa na lama, o que mobilizou ainda mais os socorristas. O perímetro precisava, urgentemente, ser isolado pela Polícia Militar, em especial a zona quente, a fim de evitar riscos desnecessários. Pois, além de pessoas, a lama soterrara botijões de gás, cilindros, objetos perfurocortantes, veículos, postes de iluminação, fios de alta-tensão, vergalhões. O risco de explosão e "afogamento" era tão grande que o comandante do Bemad, tenente-coronel Ângelo, confidenciou a outro comandante, o tenente-coronel Anderson Passos de Souza, 45 anos:

— É difícil não pensar que nós estamos mandando nossos bombeiros para a morte...

Apesar da preocupação com a tropa, o tenente-coronel Ângelo confiava no nível de treinamento dos bombeiros militares de Minas Gerais, estado com o maior número de barragens de rejeitos no Brasil. Em 2019 eram 351 em solo mineiro, conforme dados da Associação Nacional de Mineração, sendo 209 inseridas no Plano Nacional de Segurança de Barragem. Em outras palavras, 40% das barragens do país ficam em Minas. Era hora, portanto, de colocar em prática todo o conhecimento adquirido, uma vez que havia mais de trinta anos registravam-se acidentes no estado, a começar pelo rompimento da Mina de Fernandinho, em Itabirito, em 1986.

Em 2001 veio o rompimento da barragem da Mineração Rio Verde, em Nova Lima, que soterrou parte da localidade de São Sebastião das Águas Claras. Em 2003, houve o despejo de mais de 1 bilhão de litros de material tóxico nos rios Pomba e Cágado, provenientes de um dos reservatórios da Indústria Cataguases de Papel, em Cataguases. Já em 2007, a barragem da Mineração Rio Pomba Cataguases, em Miraí, na Zona da Mata, se rompeu, deixando 4 mil moradores desalojados. Em 2015 foi a vez da Mina do Fundão, da Vale, em Mariana: cerca de 60 milhões de metros cúbicos de rejeitos armazenados em Fundão foram despejados ao longo de toda a bacia do rio Doce, matando quase duas dezenas de pessoas.

Fato é que a reincidência de casos obrigou a corporação mineira a aperfeiçoar suas ações. Por isso, em Brumadinho, apesar de todo o caos, a percepção do tenente-coronel Ângelo, perito em gestão de risco, era a de que cada bombeiro compreenderia seu papel na cena e o cumpriria. Depois de transformar a igreja Nossa Senhora das Dores em base das operações, o comandante do Bemad definiu com os seus subordinados as principais providências a serem tomadas:

— Nosso trabalho, nessa fase de resposta, será definir quantos são os desaparecidos. Também precisamos percorrer toda a mata, a fim de socorrer as pessoas ilhadas. Quero que a Vale providencie o mais rápido possível um mapa altimétrico, para a gente entender qual era o relevo original do terreno e qual era a altura de cada ponto. Precisamos, ainda, encontrar locais para o pernoite da tropa.

Os tenentes anotavam tudo.

— Mais uma coisa: eu quero todo o Pelotão de Busca e Salvamento de sobreaviso — determinou Ângelo no local que eles chamariam, mais tarde, de Posto Avançado de Feijão, mas que ficaria conhecido simplesmente como PA Feijão.

— Todos já estão vindo para cá — informou o capitão Leonard Farah, 35 anos, que já trabalhara em outros rompimentos de barragem.

Em meio a tantos desafios sem precedentes, o tenente-coronel Ângelo e os outros comandantes tiveram a surpresa de verificar que mesmo os militares que não estavam na escala de trabalho naquele dia apresentaram-se voluntariamente em Brumadinho. Foi o caso da sargento Natália Daisy Ribeiro, 31 anos. Na corporação havia quase uma década, ela atuava no Bemad. Estava de folga, em casa, no bairro Caiçaras, em Belo Horizonte, quando foi avisada da tragédia por um colega do Batalhão de Operações Aéreas.

A sargento Daisy, que atuara no desastre de Mariana, tinha larga experiência de resgate. Tão logo o rompimento em Brumadinho se confirmou, ela colocou uma muda de roupa na mochila, despediu-se do filho de 13 anos, Fernando, e se deslocou para o batalhão, na Pampulha. De lá seguiu por terra para a Mina do Feijão. Somou-se ao grupo de mais de cem militares que atenderam à ocorrência naquela sexta-feira. Dos 117 bombeiros que estavam lá, dez eram mulheres. Em meio à mata, onde se embrenhou na busca de sobreviventes, a sargento encontrou diversas pessoas que ignoravam o perigo para tentar encontrar seus familiares.

— Eu tenho certeza que ele está aqui em algum lugar — disse para Daisy um avô transtornado à procura do neto. — Ele não ia ficar esperando a lama chegar. Sei que conseguiu correr.

A sargento e os colegas estavam consternados.

* * *

Uma das primeiras listas de sobreviventes elaboradas naquele dia estava nas mãos do major Cosendey. Responsável pelo resgate de cerca de cem pessoas, ele conseguira reunir parte dos nomes de quem não fora alcançado pela avalanche de rejeitos. Cruzar essas informações com a das mais de setecentas pessoas consideradas desaparecidas por terem sido expostas a risco de morte naquele dia seria essencial para entender a dinâmica do rompimento e o tamanho da catástrofe.

Com quase duas décadas de corporação, o major já havia atuado em outros rompimentos de barragem em Minas, como o de Mariana, mas jamais vira algo parecido com o que testemunhava em Brumadinho. Dessa vez, a tragédia humana superara a ambiental. Mesmo tendo percorrido impressionantes 300 quilômetros e devastado córregos, rio, fauna e flora, era a dor de quem tinha familiares desaparecidos o que mais chocava os socorristas. Nada nem ninguém naquele cenário seria capaz de medir aquele sofrimento.

O sol já havia se posto quando o tenente Pedro Aihara se preparou para cumprir a primeira promessa feita à comunidade do Feijão. O oficial tinha consigo o cruzamento das listas de sobreviventes compiladas ao longo de toda a tarde pelos bombeiros e pela Defesa Civil, uma das 55 instituições que se dirigiram para Brumadinho a fim de ajudar. Naquele momento, toda a imprensa do país tinha sido mobilizada.

Tenente Pedro Aihara faz a leitura da primeira lista de sobreviventes disponibilizada no início da noite de 25 de janeiro de 2019. Como a comunidade estava sem luz, holofotes da imprensa alimentados por bateria e lanterna de celulares foram usados

Quando a informação de que já existia uma lista com o nome de sobreviventes foi divulgada, uma multidão se deslocou para o Salão Comunitário. Como não havia luz na zona rural, em função da queda de energia, os holofotes das equipes de tv, alimentados por bateria, foram ligados para que todos pudessem ver Aihara. Lanternas de celulares também foram ativadas. E quando ele, novamente de pé em sua cadeira de plástico, iniciou a leitura daquela primeira listagem fez-se um silêncio tão profundo que dava até para ouvir o ruído das lâmpadas de led acesas.

Os nomes não seguiam a ordem alfabética.
— Gleison Welbert Pereira.
— Claudiney Coutinho.
— Leuder Leon Alves da Penha.
— Carlos Antônio de Oliveira.
— Lieuzo Luiz dos Santos.
— Thalyta Cristina de Oliveira Souza.
— Paloma Prates Máximo.

— Sebastião Gomes.
— Elias Nunes.
— [...]

Aihara percebeu que a divulgação dos nomes não transmitia alívio àquelas pessoas. A maioria tinha no rosto a mesma expressão de vazio, a mesma incredulidade que ele costumava ver nos acidentes que envolviam perdas humanas. Era como se não quisessem acreditar que a vida ficaria paralisada até o encontro do ente querido. Por isso, em meio ao silêncio, uma forte tensão permaneceria no ar.

* * *

Após a leitura da lista dos vivos, Aihara foi abordado por um homem de Belo Horizonte. Ele insistia com o bombeiro para que procurasse novamente na lista o nome de uma sobrinha sua, Marcelle, médica do trabalho desaparecida desde o horário do almoço. Após a rechecagem, o sujeito afastou-se da área para fazer uma ligação.

— Mirelle, estou em Brumadinho, minha irmã — afirmou Dennyson Porto, com voz grave. — Acabaram de divulgar uma lista de sobreviventes. O nome da Marcelle não está aqui.

Eram 19 horas quando o juiz Christian Higuchi, marido de Mirelle, teve notícias da enteada. Ele já passara pelo Hospital João XXIII, onde imaginara que ela poderia estar, quando ouviu na TV que uma jovem de cabelos compridos dera entrada na Emergência. Mas ela não estava lá. Agora, contudo, ele sabia que ela também não estava na mata. Nem à espera de salvamento.

Aproximando-se de Mirelle, ele estava arrasado:

— Amor, soube agora que o nome da Celle já está no IML.

Ao receber a notícia, a delegada sentiu uma forte contração no útero. A dor era semelhante à experimentada quando a filha viera ao mundo, de parto normal. O desejo de proteger sua cria era tão grande que a contração nas fibras uterinas, comuns em mulheres grávidas, talvez simbolizasse o maior desejo de Mirelle naquele instante: colocar Marcelle de novo dentro dela.

— Nossa Senhora, faz a Marcelle dormir. Faz ela ir pro céu sem sofrer — suplicou.

10.
DEPOIS DA LAMA

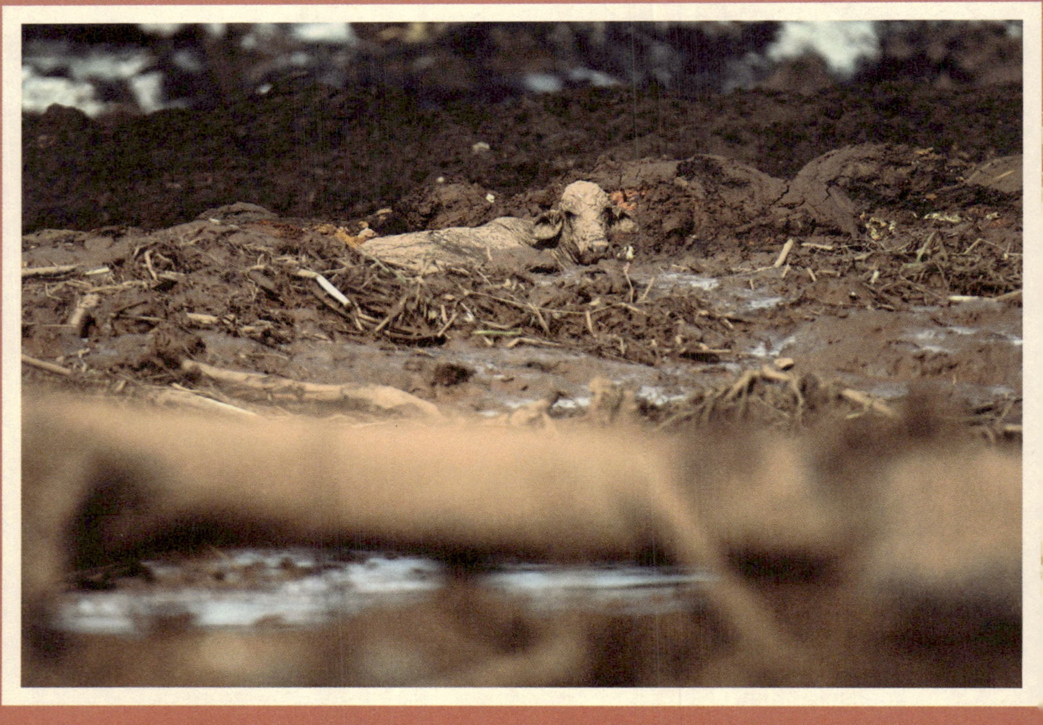

Desde que soube, por telefone, do rompimento da barragem, Edson Albanez tentava voltar para sua chácara, no Córrego do Feijão. Informado da tragédia por um colega da mineradora Itaminas, empresa para a qual havia trabalhado, o engenheiro geológico abandonara a reunião de trabalho da qual participava, em Belo Horizonte, e pegara a estrada em seu Jeep rumo a Brumadinho. Tentou diversas vezes se comunicar com a esposa, mas Sirlei não atendia o celular. Imaginou que, em função do cargo dela na prefeitura, ela certamente teria se juntado a outros servidores para cuidar da demanda dos atingidos e nem sequer estaria ouvindo as chamadas. "Quem não vive para servir não serve para viver", ela costumava dizer ao marido. Na prática, Edson era casado não só com a secretária de Desenvolvimento do município, mas com todos os problemas sociais de Brumadinho.

Com formação em Direito, Sirlei adquirira grande experiência na Defensoria Pública, servindo a uma parcela significativa da população que não podia pagar para ter acesso à Justiça. Assim, depois, foi na sua gestão como secretária que se promoveram melhorias no atendimento da população infantojuvenil, com a ampliação do número de vagas nas creches e a criação de uma casa de acolhimento para crianças em situação de vulnerabilidade. Nas horas vagas, Sirlei era presidente do Tribunal de Justiça Desportiva da comarca e ainda atuava como voluntária na Associação Comunitária do Córrego do Feijão. Não parava nunca.

Já Edson era mais pacato. Caseiro, chegava em casa sempre às 17 horas para curtir a generosidade da mãe natureza em sua chácara, pródiga em recursos naturais. O engenheiro que trabalhara com mineração por mais de duas décadas — metade desse tempo na Vale — e tinha uma empresa, a Albminer Ltda., já sabia onde queria passar o tempo livre ao se aposentar: ali mesmo. Afinal, investira tudo que tinha para criar aquela baita estrutura. Na brincadeira com os amigos, dizia que faltava uma única coisa para completar seu projeto de vida: a cadeira de balanço.

Somente quando Edson chegou ao município e viu que a ponte da estrada Alberto Flores, principal acesso a Brumadinho, fora soterrada pelos rejeitos de minério é que ele percebeu o tamanho da catástrofe.

— Nossa Senhora! — invocou, baixinho, ao volante.

Sem ter como prosseguir, deu marcha a ré para poder cortar caminho por dentro das estradas vicinais das fazendas da região, que ele conhecia muito bem por ter passado boa parte da vida nas cercanias. Quando, por fim, atingiu a comunidade, deparou-se, surpreso, com centenas de pessoas circulando freneticamente pelo local: moradores, policiais, bombeiros, curiosos, funcionários da Vale. Desceu do carro para procurar Sirlei e logo avistou o jardineiro de sua chácara.

— Ernando — gritou, aproximando-se dele.

Ernando ouviu o engenheiro, olhou-o com expressão vazia e não disse nada.

— Cadê ela? O que aconteceu?

— Doutor Edson, a dona Sirlei voltou pra pegar a cachorrinha — contou ele, afinal, meneando a cabeça, consternado.

— Como assim?

— Eu tava cortando grama com o abafador de ouvido e ela me chamou — relatou o jardineiro tristemente. — A gente ouviu um barulho muito forte e saiu correndo. A dona Sirlei também correu, mas, quando estava perto da rua, voltou para dentro da casa. Depois não vi mais nada.

Edson não podia acreditar. Tinha de entrar na chácara. Sirlei devia estar ferida em algum lugar.

— Bombeiro, meu nome é Edson. Sou dono de uma chácara na comunidade. Minha esposa está desaparecida e eu preciso ir até lá. Será que um helicóptero desses não pode me levar?

— Senhor, infelizmente não temos como fazer isso. Todas as aeronaves estão empenhadas no socorro às vítimas. Você já ligou para os hospitais, em Belo Horizonte? Muitos resgatados foram levados para lá — explicou o militar.

Edson afastou-se. Não sabia como, mas entraria na chácara de qualquer jeito.

* * *

À procura da irmã, a engenheira Izabela, o piloto Gustavo aterrissou no aeroporto da Pampulha no meio da tarde, acompanhado do pai, Helvécio, e do sobrinho Felipe. Ali mesmo alugaram um Toyota Etios e rumaram para Brumadinho. Quando se aproximaram do município já havia escurecido. Eles optaram por pegar uma estrada que passava por dentro da localidade rural de Casa Branca, no entorno do Parque Estadual da Serra do Rola-Moça. Ao entrarem no povoado, viram que suas ruas de terra estavam cheias de pessoas e perceberam que muitas delas decerto não moravam ali. Havia muitos carros e uma confusão generalizada na região, normalmente pacata e singela, com várias cachoeiras e pousadas, mas que agora tinha no ar um sentimento de tristeza e desolação. O movimento era intenso, no entanto pouca gente sabia para onde ir.

Gustavo também não sabia e seguiu o fluxo de veículos até chegar à frente de um grande portão. Uma placa da Vale não deixava dúvidas: estava no lugar certo. Como os carros de passeio avançavam pela estrada interna da mineradora, considerada privada, Gustavo foi atrás deles.

Já era noite quando pisaram no Centro de Brumadinho, onde um ponto de apoio havia sido montado na quadra de esportes municipal. No local, funcionários da empresa, sem uniforme, apresentavam-se como voluntários. Gustavo aproximou-se de uma mesa de plástico rodeada de gente em que três pessoas, sentadas em cadeiras também de plástico, anotavam informações.

— Isso que vocês estão anotando é para quê? — indagou o irmão de Izabela.

— A gente está fazendo a listagem de quem está desaparecido — explicou um dos atendentes.

— Mas eu estou aqui em busca de informação. Cadê minha irmã? — continuou Gustavo, transtornado.

— Infelizmente ainda não temos como responder — explicou o atendente pedindo o nome dela.

— Por que eu vou fornecer o nome dela se você não tem nenhuma informação? — questionou o piloto irritado e hostil. — Pai, vamos achar uma padaria por aqui, porque a gente consegue mais notícias pela TV do que com esse pessoal.

Na padaria, tomaram um café e, conversando com outros clientes que estavam por ali, foram encaminhados para a Faculdade ASA, situada na rodovia MG-040. O prédio, que abrigava sete cursos de graduação e dois de pós-graduação, fora cedido para a realização de reuniões entre o comando do Corpo de Bombeiros e as autoridades públicas. Se a igreja do Córrego do Feijão tornara-se a base das operações, a faculdade, a cerca de 13 quilômetros de distância, sediava agora o posto de comando da corporação, onde as estratégias de trabalho e as ações políticas eram traçadas — uma espécie de gabinete de crise.

A criação de dois postos de comando distintos — um de operações e outro de gestão — seria concretizada no dia seguinte. A medida, considerada inédita na história dos bombeiros de Minas Gerais, acabaria se mostrando extremamente acertada e até mudaria, depois, a doutrina da corporação. Com tantas autoridades reunidas na ASA — entre elas, o governador Romeu Zema, ministros de Estado, representantes do Ministério Público, da Defesa Civil, a cúpula das polícias Militar e Civil e da prefeitura —, o Córrego do Feijão ficou preservado de influências externas que pudessem atrapalhar o trabalho de campo dos bombeiros.

Entretanto, com a atenção da imprensa nacional e internacional voltada para Brumadinho, curiosos e figuras públicas de todos os tipos começaram a desembarcar na cidade para se aproveitar da situação. O número de pessoas que não podia ajudar, mas desejava aparecer em fotos, imagens e reportagens, multiplicava-se a cada hora, impulsionando ao limite o turismo de tragédia. Um desrespeito aos que tinham amores perdidos em meio à lama e precisavam de qualquer notícia para alimentar a esperança. Sem conseguir nenhuma, Gustavo perdeu a cabeça. Embicou o carro em frente ao portão da faculdade, em diagonal, a fim de chamar a atenção.

— O senhor precisa tirar o carro daí. Ele está obstruindo a passagem — pediu um policial militar.

— Só tiro quando alguém tiver a decência de nos dar alguma informação.

— O senhor vai ser preso — avisou o agente.

— Então me prende — desafiou o piloto tomado de raiva e desespero, enquanto seu pai, abalado, não sabia o que fazer. — A Vale não tem a hombridade de chegar aqui, chamar os familiares e falar o que está acontecendo. Cambada de covardes. Mesmo que eles não saibam de nada, têm que chegar aqui e dizer: não sabemos de nada!

Penalizado com a dor de Gustavo, um major da Polícia Militar prometeu aos familiares de Izabela conseguir alguma notícia. Após conversar com os comandantes dos bombeiros no interior da Faculdade ASA, ele retornou ao local onde o piloto o aguardava.

— Olha, ainda não se sabe muito, mas parece que há um grupo de funcionários da Vale ilhado em uma área de mata, um local de difícil acesso e sem sinal de celular. Mesmo já tendo escurecido, os bombeiros continuam fazendo buscas — afirmou o major, cujo nome Gustavo não guardou.

Em seguida, ele e o pai foram orientados a se dirigir para o Centro de Convivência de Brumadinho, onde uma estrutura montada pela Vale estaria mais preparada para acolher as famílias. Foi o que fizeram.

* * *

Somente no início da noite, o diretor-presidente da multinacional, Fabio Schvartsman, fez um primeiro pronunciamento em nome da Vale, em entrevista coletiva concedida no Rio de Janeiro.

— Senhores, eu queria, antes de mais nada, dizer que é com enorme pesar que a gente relata o acidente que aconteceu na barragem de Feijão, em Brumadinho. Isso foi uma enorme tragédia. Nos pegou totalmente de surpresa. Eu estou completamente dilacerado com o que aconteceu. Acabei de voltar do exterior. Eu só não estou ainda em Brumadinho por causa do temporal aqui no Rio de Janeiro, mas, terminando esta entrevista, a minha intenção é ir imediatamente para lá, para pessoalmente dar não só a minha solidariedade, mas todo o apoio que eu puder dar às vítimas desse terrível acidente.

Após fazer uma pausa, Schvartsman continuou:

— [...] É importante que os senhores saibam que a maioria dos atingidos são nossos próprios funcionários. Nós tínhamos, no momento do acidente, aproximadamente trezentos funcionários próprios e terceiros trabalhando naquele local. Nós não sabemos quantos foram acidentados, porque houve um soterramento pelo produto vazado da barragem. É também importante que a gente saiba que essa é uma barragem inativa. Há mais de três anos ela não opera e estava em processo de descomissionamento. [...] Quando me referi à surpresa é porque nós temos atestados de auditorias externas, feitas por empresas especializadas — inclusive alemãs —, que atestam a estabilidade dessa mina. [...]

O diretor-presidente da Vale referia-se à Declaração de Estabilidade da Barragem 1, emitida pela empresa alemã TÜV SÜD em 1º de setembro de 2018. Após o colapso do reservatório, havia intensa dúvida sobre a veracidade das informações contidas naquele documento. Visivelmente abatido, Schvartsman prometeu empenho da Vale no socorro aos familiares das vítimas:

— [...] E também queria, finalmente, dizer que toda a nossa preocupação, neste instante, é atender os atingidos por essa tragédia. Nós não pouparemos esforços. A empresa se mobilizou integralmente, nós temos um gabinete de crise montado, todos os diretores estão diretamente envolvidos nesse trabalho. Nós mobilizamos todas as ambulâncias que temos na região — aproximadamente quarenta — para atendimento às vítimas. Nós estamos complementando tudo aquilo que os hospitais públicos não são capazes de atender, com vagas adicionais em hospitais privados para que todas as vítimas tenham atendimento completo. Além disso, nós estamos fazendo um esforço grande de assistência social. Montamos três centros de atendimento a todas as vítimas da região, inclusive com a presença de psicólogos, com o objetivo de orientar e assessorar as pessoas nessa hora de sofrimento terrível.

Pouco depois, o diretor-presidente da multinacional encerrou a entrevista.

* * *

Estava totalmente escuro, pela falta de energia, e Edson Albanez ainda tentava chegar à sua chácara para procurar a esposa, Sirlei. Mas o acesso à sua propriedade estava interditado pela destruição provocada pelo vazamento de mais de 10 milhões de metros cúbicos de rejeitos da barragem.

Para atingir seu objetivo, Edson decidiu pegar o Jeep e cortar caminho por dentro da Mina de Jangada, passando pelo alto da serra até alcançar a antiga Vila Ferteco. Quando se aproximou do muro que cercava seu terreno, desceu, acendeu a lanterna do celular, abriu o portão e assustou-se com um súbito barulho. Era a sua rottweiler, coberta de lama, que vinha em sua direção. A cachorra sentira o cheiro do dono e correra até ele em busca de proteção. Edson abraçou-a e a acomodou no carro. Depois disso, entrou na área.

— Sirlei, Sirlei — gritava o engenheiro, andando em meio aos escombros.

Não encontrou mais nada. Nem sinal da esposa, ao lado de quem conseguira refazer sua vida. Nem tampouco da chácara em que vivera nos últimos 24 anos e na qual os filhos, Pedro e Juliano, passaram a infância e parte da adolescência. Nada restara. Só silêncio. "Ela morreu", concluiu, dolorosamente, após certo tempo. Tudo desaparecera. Só lhe sobrara a mochila em seu carro, com alguns equipamentos, e a roupa que usava: uma calça jeans, um par de botinas, um cinto e uma camisa de manga comprida cinza-clara com a logomarca de sua empresa. No bolso, ele carregava uma lapiseira. Tudo o mais estava sepultado pela lama, inclusive Sirlei. Lembrou-se então do que o jardineiro lhe narrara:

— Quando ela entrou na casa, a lama veio por baixo e levantou o imóvel — dissera Ernando enquanto simulava com as mãos um tombamento.

Ali, sozinho na área arrasada, ele se deu conta de que não tinha para onde ir. Passava das 20 horas, e ele pensou que o homem que tinha sido até aquele instante acabara de morrer. Edson estava nu. Não sabia de onde arrancaria forças para renascer aos 65 anos.

* * *

O que se tornara certeza para Edson Albanez ainda era dúvida para a economista Helena Taliberti. Em São Paulo, a mãe de Luiz e de Camila só começou a aceitar a gravidade da situação porque os dois filhos, a nora, grávida de cinco meses, o ex-marido e a esposa dele continuavam sem responder às dezenas de mensagens enviadas por toda a família. Até então, Helena ignorava que a pousada em que o grupo se hospedara ficava a apenas 2.491 metros da b1, numa linha reta. Ou seja, exatamente no caminho da lama.

Ao saber do desastre, Helena ligara também para uma ex-cunhada.

— Fica tranquila — disse a irmã de seu ex-marido. — Eles foram para Inhotim. Não te responderam ainda porque lá deve estar sem sinal.

Helena também não tinha ideia de que o grupo familiar, que havia chegado à região na véspera do rompimento da barragem, havia conseguido quartos na pousada Nova Estância, onde o cantor Caetano Veloso já se hospedara. Mas quando o chefe de Camila telefonou para a mãe dela a fim de saber notícias da jovem advogada, ela realmente se alarmou. Alegre com o roteiro turístico que faria ao lado da família durante o feriado em São Paulo, Camila havia contado no trabalho que iria para Brumadinho.

Em Curitiba, os pais de Fernanda, mulher de Luiz, também não sabiam mais o que fazer. Era apenas o começo de um doloroso período de buscas e incertezas.

* * *

Em Brumadinho, os bombeiros que trabalhavam na zona quente começaram a realizar, por determinação de Cosendey, a marcação das coordenadas geográficas dos locais com vestígios de cadáveres. Já estava escuro, quando os militares avistaram dentro da Mina do Feijão um corpo parcialmente soterrado. Ao desenterrá-lo, identificaram também destroços do que parecia ter sido um ônibus. Os militares chamaram reforços e deram início aos procedimentos de praxe, incluindo um jateamento de água em alta pressão sobre a área para a remoção da lama. Se de fato havia ali os restos de um ônibus, a probabilidade de se encontrarem corpos era alta. Mesmo sem luz natural, o trabalho avançou, até uma notícia urgente chegar à Faculdade ASA.

— Cosendey, diz aqui que a Barragem 6 rompeu agora e morreu um tanto de bombeiro — avisou o tenente-coronel Ângelo, muito nervoso, olhando o próprio celular.

— Não é possível — respondeu o major, espantado.

Os dois tentaram confirmar a informação. Mas como a dificuldade de comunicação era enorme — a área rural ficava isolada da cidade e a rede de energia estava comprometida —, levaria algum tempo para a notícia ser desmentida. Para Ângelo e Cosendey aqueles minutos pareceram uma eternidade.

— Alarme falso — informou o tenente-coronel, aliviado.

— Por via das dúvidas, comandante, vou passar uma ordem via rede rádio para que todos retornem. Precisamos fechar a conta dos bombeiros e saber quais equipes estão na zona quente. Só ficaremos tranquilos quando todos estiverem em segurança.

— Isso. Vamos recolher nossa tropa — pediu Ângelo.

Cosendey repassou a ordem ao grupo.

Tenente-coronel Eduardo Ângelo Gomes da Silva, comandante do Bemad, em campo

— Atenção, rede rádio. Todos os militares da operação deverão se dirigir para a Faculdade ASA, em função do risco de rompimento da Barragem 6.

Eram cerca das 22 horas quando dezenas de bombeiros e bombeiras manchados de minério começaram a chegar à Faculdade ASA para descansar. Muitos estavam contrariados. Mesmo com chances remotas de encontrar sobreviventes, eles queriam continuar tentando até que se esgotassem todas as possibilidades. Ao todo, 117 militares se espalharam no chão das salas de aula. Sem banho, desabaram ali mesmo. No jargão dos bombeiros, já que o trabalho fora suspenso, eles preferiam "torar" (dormir) a se limpar, até porque não havia lugar adequado para isso nem roupa extra. Fardada, a maioria não tirou sequer a bota. Muitos adormeceram de capacete e com os equipamentos presos ao uniforme.

Depois de checar o estado da tropa e conferir a presença de todos, Cosendey ainda seguiu para uma rodada de reuniões com o comando, na própria faculdade, madrugada adentro. Só depois disso o major deitou-se no chão da sala de aula, ao lado de vários subordinados, e cochilou. Já o tenente-coronel Ângelo permaneceu acordado.

* * *

A sexta-feira terminara e Gustavo, seu pai e o sobrinho continuavam sem notícias de Izabela. O marido dela, Paulo, também estava à procura da engenheira. Como havia diversos bloqueios por todo o município, o grupo ainda não tinha conseguido se encontrar com ele. O piloto e a família haviam estado no Centro de Convivência da Vale para conseguir novas informações, mas saíram de lá decepcionados. Abatido, Helvécio precisava descansar, mas ele não admitia a possibilidade de deixar Brumadinho sem levar a filha. Tinha vontade de cavar a lama com as mãos para achar sua única menina. Izabela era a caçula temporã de quatro filhos. Quando Mércia, a mãe dela, soube que esperava mais um bebê, ficou com raiva do marido. Afinal, como uma mulher do interior mineiro se apresentaria "de barriga" aos 40 anos?

Apesar de Mércia sentir vergonha da gravidez, considerada tardia na cultura da época, a gestação foi surpreendentemente tranquila. Izabela nasceu com mais de 4 quilos e tudo no apartamento de Governador Valadares passou a orbitar em torno dela. Adulta, mostrou que também sabia voar, como o irmão Gustavo, só que sem asas. Tanto em casa quanto no trabalho, ela precisou lidar com ambientes predominantemente masculinos. E nunca se intimidou. Talentosa, a engenheira liderou equipes e dobrou até o pai, estudando na Inglaterra e viajando pelo mundo. Helvécio sentia um orgulho danado da menina que chamava a atenção pela determinação. E também pela beleza.

Aos 28 anos Izabela se casara com Paulo na mesma igreja que os pais: a catedral de Santo Antônio. O empresário havia mobilizado a cidade com a festa mais bonita que podia oferecer. Até o vestido da noiva viera do exterior.

— Helvécio, quando você entrar na igreja com a nossa filha, vê se não sai cumprimentando todo mundo. Deixa pra fazer isso na festa — alertou Mércia dias antes, preocupada com as questões de etiqueta da cerimônia.

Não adiantou. O pai de Izabela estava tão feliz no casamento da filha, que danou a acenar para os convidados logo que pisou na igreja, de braço dado com a noiva.

A engenheira Izabela Barroso ao lado dos pais no dia de seu casamento

Esperando por eles no altar, Mércia ficou brava. "Só falta ele parar pra bater papo. Ai, meu Deus, lá vai o Helvécio entortando", pensou ela, ao ver o marido sair da marcação no chão cuidadosamente ensaiada. Ele se sentia grato por ter uma filha tão especial. Perdê-la pouco mais de um ano depois daquele dia mágico era, para ele, inimaginável. O brutal rompimento da barragem contrariava a ordem natural da vida. Um pai não deveria pensar na possibilidade de enterrar uma filha. Precisava achar sua menina.

Preocupado com Helvécio e o sobrinho, Gustavo insistiu para que todos fossem descansar. Decidiram então se hospedar na pousada Nossa Fazendinha, onde se depararam com um grupo de voluntários da Cruz Vermelha. Um homem que parecia dar apoio às buscas lavava um cão de salvamento coberto de lama. Mesmo sem saber se ele integrava a equipe voluntária, Gustavo aproximou-se e perguntou:

— Amigo, como é que está lá na mina? Minha irmã tá lá dentro.

— Bicho, eu sinto muito. Morreu todo mundo.

11.
A MORTE É AVERMELHADA

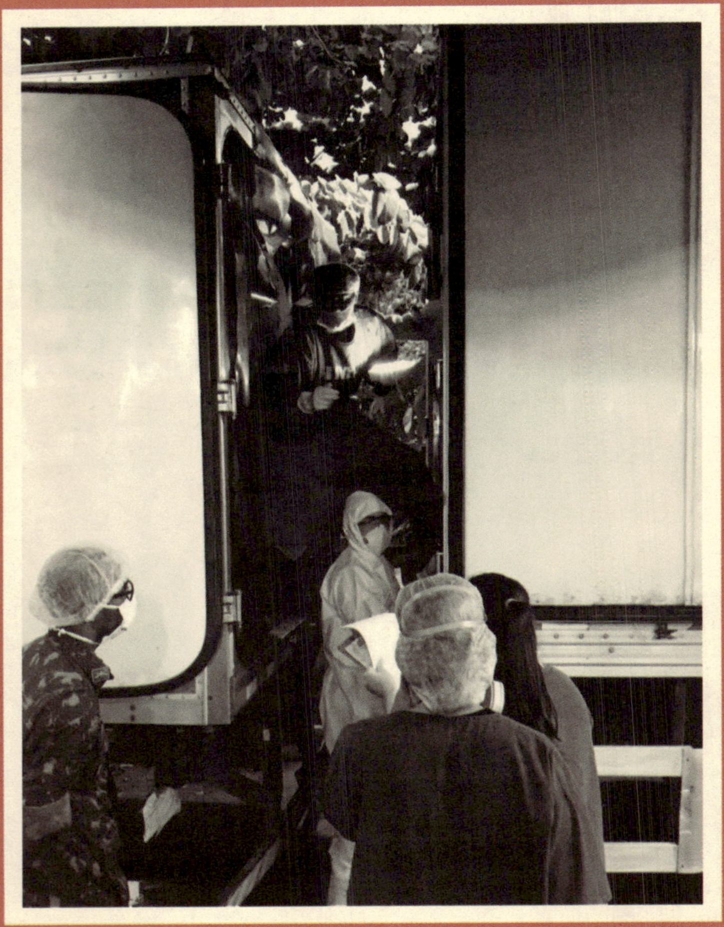

Eram 22h51 quando o investigador da Polícia Civil Honório estacionou na rua Nícias Continentino, no bairro da Nova Gameleira, em Belo Horizonte. Era ele quem dirigia o rabecão com os cinco primeiros corpos resgatados pelo Corpo de Bombeiros dentro da Mina do Córrego do Feijão. Ao descer do veículo na entrada do Instituto Médico Legal da Polícia Civil, ele trazia a perplexidade no semblante. Apesar da vasta experiência em cenários de tragédia, ainda não conseguia acreditar no que tinha visto. Era a primeira vez que testemunhava algo daquela dimensão.

— Gente, é descomunal, assustador — relatou o policial para os médicos-legistas reunidos no prédio havia quase 9 horas.

A primeira notícia sobre o rompimento da B1 chegara ao IML às 14h07. "Boa tarde. Barragem da Vale em Brumadinho teve rompimento e atinge a cidade. Equipes do Corpo de Bombeiros de Contagem acionadas com helicópteros e diversas viaturas. Grande chance de ter vítimas fatais", dizia o texto recebido pela assessora da diretoria, Adriana de Abreu. Tão logo tomou conhecimento da situação, a médica-legista repassou a informação para a diretoria do IML, para os funcionários e para a equipe de legistas, deixando cerca de 170 pessoas em alerta.

Não havia ainda nenhuma informação, mas, cerca de uma hora e meia depois, mais precisamente às 15h28, o chefe da Tanatalogia Forense, Ricardo Moreira Araújo, 42 anos, recebia em seu celular o comunicado de que quatro hospitais de Belo Horizonte já haviam acionado o chamado Protocolo de Catástrofe: o Júlia Kubitschek, o Risoleta Tolentino Neves, o Metropolitano Odilon Behrens e o João XXIII. "Soterrados prédios administrativos e refeitório. Perspectiva de mais de 600 vítimas", leu. Imediatamente, Ricardo mobilizou os colegas legistas para que cada médico, em sua especialidade, se apresentasse nos hospitais a fim de ajudar no atendimento dos sobreviventes. Ricardo imaginava que a tragédia resultaria em muitos feridos, por isso ele criou uma lista de voluntários entre os profissionais que atuavam no IML para dar suporte às unidades de saúde da cidade.

A partir daí, o chefe da Tanatalogia Forense passou a trocar mensagens com os grupos de WhatsApp dos hospitais da capital mineira, colocando a mão de obra da equipe à disposição, já que entre os legistas existiam cirurgiões gerais, anestesistas e emergencistas. Mas a expectativa da chegada de um grande número de feridos não se concretizou. Apenas 23 pessoas deram entrada no sistema hospitalar como casos que necessitavam de internação, entre elas Paloma, Thalyta, Leandro, Lieuzo e Antônio. Outros sobreviventes, como Sebastião e Elias, também tinham sido encaminhados para os hospitais, porém, com pequenos ferimentos, receberam alta quase imediata.

A notícia que ninguém queria receber foi enviada para o IML às 17h30: "Corpo de Bombeiros ligou aqui no IML agora pedindo 200 sacos de cadáveres." Após ler o comunicado, Ricardo voltou a fumar. Há seis anos longe do cigarro, ele não resistiu à pressão. Pediu a um colega de trabalho que carregava um maço no bolso da camisa que lhe desse um de seus cigarros. Acabara de se dar conta de que o IML estava entrando em DVI, um protocolo operacional padrão para Identificação de Vítimas de Desastres.

> **RESGATE DRAMÁTICO DE VÍTIMAS EM ROMPIMENTO DE UMA BARRAGEM**
> www.youtube.com
>
> Rompimento de Barragem agora há pouco em Brumadinho MG
>
> https://youtu.be/KxoU6bzcwCk 15:25
>
> ↪ Encaminhada
> Acionado protocolo de catástrofe no HRTN, HOB e HJXXIII. Ruptura se duas barragens da Vale em Brumadinho, com risco de ruptura da terceira barragem. Soterrados prédios administrativos e refeitório. Perspectiva de mais de 600 vítimas. 15:28
>
> Corpo de bombeiro ligou aqui no IML agora pedindo 200 sacos de cadáveres 17:30

Mensagens de WhatsApp trocadas entre os médicos-legistas do IML durante todo o dia 25 de janeiro de 2019

Desde 2014, quando o Brasil sediou a Copa do Mundo, o treinamento dos médicos-legistas se intensificara para o atendimento de desastres, sobretudo em função do risco potencial de atentados. Naquela ocasião, não precisou ser acionado. "Treino é treino e jogo é jogo", pensou Ricardo ao rememorar a célebre frase de Didi, um dos nomes de ouro do futebol brasileiro. O momento era de preocupação extrema com o que estava por vir. O legista intuía que a ocorrência na Mina do Córrego do Feijão obrigaria o IML a rever até os próprios protocolos.

Por determinação do superintendente de Polícia Técnico--Científica, Thales Bittencourt de Barcelos, uma reunião com representantes de todos os setores do instituto foi agendada para as 18 horas. Era ele quem estava em contato direto com o comando do Corpo de Bombeiros. A gravidade das informações divulgadas pela corporação exigia a criação de uma força-tarefa. Para isso, pensavam, seria necessário suspender todas as férias regulamentares de servidores agendadas para os meses seguintes. Todos os plantonistas do órgão também seriam acionados. Mas, dos cinquenta profissionais, a maioria se dirigiu para o IML espontaneamente, antes mesmo de ser chamada em casa. Depois, aposentados do instituto também se apresentariam voluntariamente, num movimento de solidariedade que alcançaria, nos dias seguintes, legistas de Minas Gerais inteira e de outros estados.

Também o atendimento no IML precisaria sofrer adaptações para garantir que o necrotério ficasse reservado para as vítimas de Brumadinho. Atendimentos considerados de rotina, como mortes violentas causadas por acidentes de trânsito e disparo de arma de fogo, além de mortes suspeitas, passariam a ser desviados para Betim, a cerca de 40 quilômetros de Belo Horizonte. A mudança era trabalhosa, já que as famílias que tivessem parentes naquela situação teriam que se deslocar da capital e recorrer a cartórios e delegacias que antes não eram referência para ocorrências de Belo Horizonte. É que o necrotério, que contava com cerca de setenta gavetas de refrigeração mantidas para o acondicionamento de corpos, precisava ser liberado para o recebimento de um grande, porém desconhecido, número de vítimas. Já os atendimentos de lesão corporal seriam mantidos no IML, mas no segundo andar do prédio, para que ninguém tivesse contato com a área de necropsia.

A reunião entre o superintendente Thales Bittencourt e os diretores do IML já durava quase cinco horas, quando foi interrompida pela chegada do rabecão dirigido pelo investigador Honório. Rapidamente, os médicos-legistas se aproximaram do veículo estacionado no pátio para auxiliar no transporte dos corpos para o necrotério.

— É melhor vocês se prepararem, porque eu nunca vi nada parecido — confidenciou o investigador.

Quando a porta traseira do veículo foi aberta, Ricardo tomou um susto. Como ele e seus colegas estavam isolados no prédio desde o início da tarde e não tinham visto televisão naquele dia, era a primeira vez que entravam em contato com a violência do rompimento da barragem de Brumadinho. O impacto foi tão grande que ninguém ousou falar. Por um breve instante Ricardo fechou os olhos e colocou a mão direita na testa. O silêncio só seria quebrado pelo choro envergonhado de alguns profissionais.

Figura de um coração foi flagrada no interior da maca de aço onde foi transportado um dos corpos retirados de dentro da lama de rejeitos

Olhando no que aquelas pessoas haviam sido transformadas — e certamente todas elas eram o amor de alguém —, Ricardo se lembrou das fotografias dos corpos atingidos pela erupção do vulcão do Monte Vesúvio, na Itália. Na catástrofe, ocorrida há mais de 1.900 anos, os moradores de Pompeia foram sepultados por um manto denso de rochas derretidas. As vítimas de Brumadinho também tinham sido enterradas vivas, só que no lugar das cinzas vulcânicas que se solidificaram ao redor dos corpos, dando uma falsa ideia de petrificação dos mortos, estava a lama que tornava impossível qualquer tentativa de identificação visual.

— Mesmo que o reconhecimento visual fosse possível, nesse caso seria injusto com as famílias, em função do choque que elas sentiriam — ponderou então Ricardo, determinando que toda e qualquer identificação das vítimas fosse feita cientificamente pelo IML, sem a participação de familiares.

Outra decisão que Ricardo precisou tomar foi em relação à forma como eles, os legistas, iriam se referir aos corpos. Isso porque, dos cinco cadáveres enviados para o IML, apenas três eram considerados de mais fácil localização, por terem maior tamanho e volume. Embora estivessem quase completos, esses corpos mais íntegros estavam muito vulnerados pela lama. Os outros dois correspondiam a segmentos maiores, mas que não pertenciam ao mesmo corpo. Aquelas primeiras vítimas eram uma amostra do que estava por vir. Por isso decidiu-se que, em vez de se referirem às partes dos corpos pela expressão "segmentos corpóreos", como de praxe, eles as chamariam de "casos", uma forma respeitosa de tratar cada história.

***

A pergunta central que nortearia o trabalho dos legistas dali para a frente não seria nada fácil de ser respondida. Quem eram aquelas vítimas? Ricardo e seus colegas sabiam que a recuperação da identidade devolveria à família, mesmo que minimamente, a dignidade do indivíduo. O resgate de cada nome garantiria que o ciclo do luto pudesse ser vivido pelos parentes.

— Precisamos entrar em contato com o Instituto de Identificação — concluiu Ricardo para a equipe ao antever a complexidade daqueles processos de reconhecimento.

O objetivo dos legistas era que o órgão da Polícia Civil que cuidava do arquivamento das impressões digitais dos cidadãos pudesse separar as fichas datiloscópicas das pessoas cujos nomes já constavam da lista de desaparecidos pelo rompimento da barragem. A ideia era digitalizar as fichas que estavam em papel para, futuramente, realizar o cruzamento das digitais possíveis dos cadáveres através de um leitor biométrico. O programa de computador capaz de fazer esse cruzamento de dados é conhecido como Automated Fingerprint Identification System (Afis), mas a polícia científica mineira ainda não possuía esse programa.

O leitor biométrico confere a impressão digital pela circulação sanguínea e, se em situações do cotidiano, ou seja, com pessoas vivas, a leitura biométrica já é difícil, com cadáveres o problema é maior. Como não há circulação sanguínea após o óbito, a identificação por leitor demanda muita técnica e capacitação. Além disso, se o aparelho sinaliza positivo para uma suposta identificação, os legistas ainda precisam fazer a análise por meio de laudo pericial. É que toda identificação depende de uma comparação ou de um confronto de dados — uma espécie de contraprova —, para que se possa afirmar a identidade da vítima. E Ricardo ainda nem sabia que diversos casos só seriam suscetíveis de reconhecimento por meio da arcada dentária ou de DNA.

A chegada das cinco primeiras vítimas fez com que o trabalho dos legistas se estendesse noite adentro. Apesar de a polícia científica estar com os salários atrasados, assim como os bombeiros de Minas Gerais — o governador Fernando Pimentel não havia pagado sequer o 13º salário aos servidores —, os legistas se dedicaram de corpo e alma à tarefa. Naquele momento, os problemas pessoais e financeiros ficaram fora do prédio do IML. Do lado de dentro estavam profissionais que também eram pais, mães, irmãos, filhos, tios, cônjuges. E eles fariam de tudo para cumprir a missão o mais rápido possível e poder oferecer algum alento aos parentes daquelas pessoas.

Antes de os corpos cobertos de lama serem lavados, o papiloscopista da equipe buscou preservar, com um saco plástico, as mãos das vítimas passíveis de terem a impressão digital colhida para posterior identificação. Só depois foi iniciada a limpeza do barro, imprescindível para o começo dos procedimentos. Mas o minério de ferro era tão denso, que a rede de esgoto do IML ficou completamente obstruída já na madrugada. E o grotesco entupimento dos canos deixou a equipe impressionada. Para desentupir a rede da rua foi necessária a intervenção de funcionários do setor de sondagem da prefeitura.

Logo os legistas perceberiam que, para futuras identificações, seriam fundamentais a criação de novas estações de trabalho no prédio e a mudança na forma de lavagem dos casos que dessem entrada no IML, a fim de se evitarem novas obstruções da rede. Assim, em vez de a limpeza ser feita na maca da necropsia, como naquela madrugada, ela passaria a ser realizada com mangueiras de alta pressão e água quente em tendas montadas no pátio do instituto.

Aliás, antes do entupimento do sistema de esgoto, os peritos já haviam ficado impactados com a densidade do minério de ferro ao radiografarem os cadáveres, procedimento de rotina para verificação de fratura nos ossos.

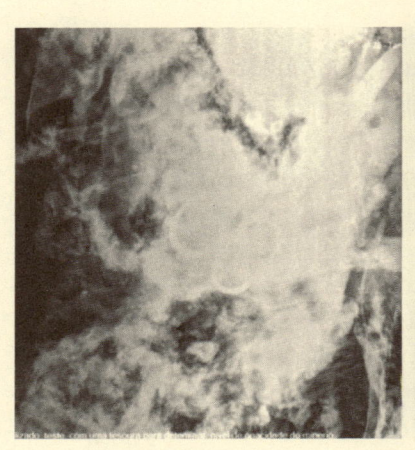

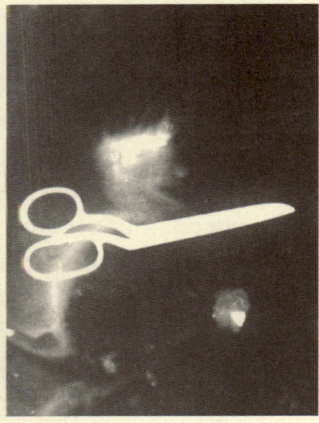

Teste realizado pelo IML em tecido biológico não humano retirado da lama de rejeitos. Na figura da esquerda, a tesoura metálica — facilmente identificável em exames radiológicos (figura da direita) — desapareceu quando colocada sob o material impregnado pelo minério de ferro

Nos primeiros exames das vítimas as imagens ficaram veladas. Estranhando o fato de o filme das máquinas de raios X não captar imagens, os legistas fizeram um teste: posicionaram uma tesoura sob um material biológico recolhido na mancha de rejeitos e revelaram novamente. A tesoura não aparecia na imagem. Só então eles entenderam que o minério de ferro que soterrara as pessoas em Brumadinho era composto de metais tão pesados que impediam os raios X de atravessar os corpos. Era como se eles tivessem sido envolvidos em uma placa de aço.

Após o processo de higienização, outra surpresa: nenhuma das vítimas podia ser distinguida pela cor da pele. No necrotério, a polícia científica verificou que, em função da força da lama, aquelas pessoas, arrastadas por quilômetros, tinham perdido a camada superficial da pele, responsável pela coloração dos corpos pretos, brancos ou pardos. Difícil não pensar no simbolismo da imagem com a qual se depararam. Em um mundo com tanto racismo estrutural e toda espécie de preconceito imposto pela cultura da branquitude, as vítimas de Brumadinho estavam todas iguais. Elas exibiam a cor branca revelada pelo subcutâneo, já que a pele sofrera abrasão.

Os legistas constataram, ainda, que as lesões produzidas nas vítimas pareciam piores do que as causadas por queda de avião. É que nas precipitações a grande altura, caso de acidentes aéreos, os corpos habitualmente são preservados, mesmo havendo fraturas e lesões em órgãos internos. Isso ficaria mais claro nos meses seguintes à tragédia. Dos 950 casos analisados, somente 28% correspondiam a novas identificações, o que confirmava a enorme segmentação dos corpos provocada pela fúria da avalanche de lama.

* * *

Outra decisão tomada naquela madrugada referia-se ao atendimento de parentes dos mortos em Brumadinho, que seria transferido para a Academia de Polícia Civil, ao lado do instituto. A ideia era não só preservar as famílias, evitando o contato direto muitas vezes traumático com o IML, mas também garantir o sigilo das ações, para que nenhuma vítima fosse indevidamente exposta. O próprio pátio do instituto foi coberto para impedir que as ações fossem fotografadas.

Os primeiros exames permitiram concluir que as mortes foram quase instantâneas, tendo como causa principal o politraumatismo contuso. Vestígios de asfixia foram percebidos em algumas vítimas. Os legistas encontraram lama até na bexiga dos atingidos, mas perceberam que nem sempre a presença do minério estava relacionada a afogamento. Na maioria das vezes, decorria da violência do tsunami, que fizera com que a lama derramada pelo rompimento da barragem entrasse nos corpos por todos os orifícios: ouvidos, nariz, boca, vagina, ânus e canal da uretra.

Mais uma vez era difícil não comparar aquela situação com a dos mortos em Pompeia. É que uma análise dos restos mortais das vítimas do vulcão, realizada recentemente por uma equipe de arqueólogos da Universidade de Nápoles Frederico II, trouxe à tona detalhes despercebidos em estudos anteriores, como uma poeira preto-avermelhada impregnada nos ossos dos cadáveres. A pesquisa, publicada no segundo semestre de 2018 na revista *PLOS One*, sugeria que o calor extremo levara à evaporação dos líquidos orgânicos, permitindo que as cinzas penetrassem na cavidade intracraniana. As vítimas do Vesúvio tinham os ossos marcados por cinzas. As de Brumadinho carregavam dentro de si os rejeitos de minério da barragem.

Passava das 2 horas da madrugada de sábado quando a equipe do IML de Belo Horizonte conseguiu fazer a primeira identificação positiva. Emocionados, os legistas gritaram e se abraçaram como se comemorassem um gol do Brasil em plena Copa do Mundo.

— Gente, estamos em um ambiente de tragédia — lembrou Ricardo, compreendendo, porém, o momento de catarse dos médicos, após tanta tensão e empenho.

— A gente comemora porque sabe que tem uma família esperando por eles — justificou um dos colegas.

Ricardo sabia que o grupo tinha razão. Embora eles estivessem ali representando o conhecimento científico, eram feitos de humanidade. Impossível não serem tocados diante de um episódio tão bárbaro como aquele.

Às 4 horas, o telefone pessoal do chefe da Tanatologia Forense tocou. Após 14 horas de trabalho, Ricardo estava se preparando para passar em casa, a fim de trocar de roupa, quando foi surpreendido pela ligação.

— Doutor Ricardo?
— Pois não?
— Estou ligando de Brasília, em nome da Polícia Federal. Nós gostaríamos de saber em que podemos ajudar — perguntou o homem cujo nome o médico não conseguiu guardar.

Sensibilizado, Ricardo disse ao policial que eles estavam trabalhando na identificação das vítimas com leitores biométricos e precisavam de equipamentos mais resistentes à água, como os *crossmatches*.

— Pode deixar que vamos levar ainda hoje pra vocês — garantiu o representante da Polícia Federal de Brasília.

Ricardo agradeceu, ainda surpreso, desligando o telefone. Antes de deixar o prédio do IML em direção ao bairro Anchieta, onde morava, parou por alguns minutos na entrada do necrotério onde aqueles primeiros corpos resgatados na Mina do Córrego do Feijão foram recebidos e higienizados. Só então notou que a pintura original da parede tinha desaparecido. No lugar da tinta branca havia uma coloração avermelhada que se estendia do chão ao teto. Eram as primeiras das muitas marcas que seriam deixadas por Brumadinho.

Parede do local onde os primeiros corpos resgatados em Brumadinho foram lavados ficou completamente manchada. A pintura branca original desapareceu, dando lugar a uma coloração avermelhada

12.
QUEM
É VOCÊ?

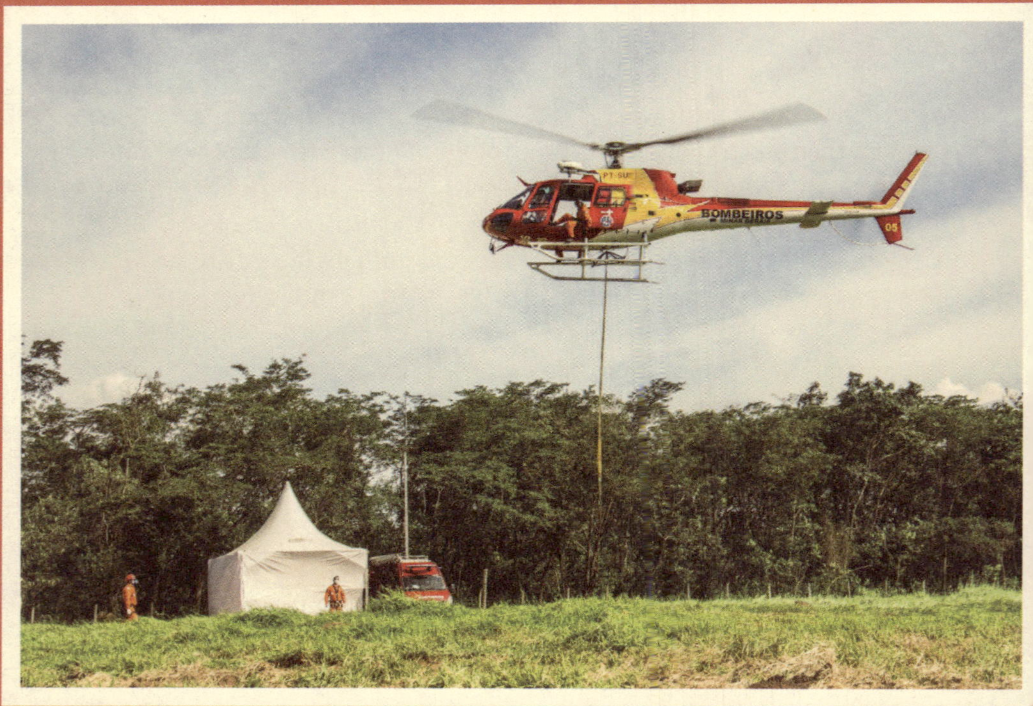
BOMBEIROS
05

Eram 5 horas da manhã de sábado e o médico-legista Ricardo Araújo abria a porta de seu apartamento. Ele atravessara Belo Horizonte de norte a sul para trocar de roupa em casa e retornar ao IML, onde o dia não teria hora para terminar. O chefe da Tanatologia Forense era casado com a médica-legista Yara Vieira Lemos, que também passara a noite anterior trabalhando na identificação das primeiras cinco vítimas que deram entrada no instituto.

No mesmo horário, em Brumadinho, os bombeiros que haviam dormido no chão da Faculdade ASA se levantavam para retomar as buscas. O desencontro de informações era grande e ainda não se sabia o número real de desaparecidos. Inicialmente, os bombeiros trabalhavam com a hipótese de setecentas pessoas. Só mais tarde descobririam que havia duplicidade de nomes nas listas e também falsas vítimas. Vestindo as mesmas roupas do dia anterior, os militares estavam focados em cumprir a missão mais difícil de suas vidas: encontrar os soterrados. Sobre seus ombros haviam sido depositadas as expectativas de um país. Até então, nenhum desastre no Brasil tivera uma projeção de mortos tão sombria quanto a do Córrego do Feijão.

Para conseguir dar as respostas que precisava, o comando do Corpo de Bombeiros passou toda a madrugada reunido, a fim de definir estratégias para a localização do maior número de pessoas no menor tempo possível. Sabiam, porém, que a chance de achar alguém com vida debaixo do mar de rejeitos era remota. Diferentemente de desmoronamentos de edificações ocasionados, por exemplo, por terremotos, quando bolsões de ar se formam em meio aos escombros, os prédios administrativos da Vale tinham sido atingidos por uma lama que, na prática, funcionara como água, invadindo todos os espaços. Ainda assim, os bombeiros empregariam todos os esforços para que as famílias tivessem a chance de velar por seus entes queridos.

A primeira estratégia se limitou a buscas pela superfície, com bote inflável e uma pá. Com o terreno instável, em função do volume de rejeitos úmidos, o uso de maquinários não era viável. Seria preciso que a área secasse para os veículos pesados não afundarem, o que levaria mais de três semanas. Por isso, no segundo dia da operação, o trabalho ainda estava sendo braçal. E muito arriscado, já que era preciso mergulhar no barro com pouquíssimo ou nenhum material de apoio para efetuar o resgate. Os bombeiros também não podiam contar com a ajuda de cães de salvamento, pois em solo encharcado o odor se espalha, tornando ineficaz esse recurso.

Confirmou-se também a estratégia de marcar todos os pontos em que fossem detectados vestígios de corpos, a fim de que as suas coordenadas, a área e a posição geográfica, fossem incluídas em mapas que integrariam o sistema de referências do desastre, possibilitando cruzamento de dados. Se para o IML os corpos segmentados seriam tratados como "casos", entre os bombeiros seriam chamados de "segmentos corpóreos". Os militares encontrariam até quinze segmentos de uma mesma vítima ao longo de 10 quilômetros. Os socorristas ainda iram se deparar com outras cenas chocantes, como a de animais agonizando na mancha de lama por terem ficado presos aos rejeitos.

Bombeiros sendo deixados para trabalhar dentro da zona quente. Inicialmente o acesso à área só era possível por meio de helicópteros

Naquele sábado, quarenta bombeiros de outros estados apresentaram-se voluntariamente em Brumadinho, somando um efetivo de 209 em campo. O perímetro total de busca perfazia cerca de três milhões de metros quadrados. Catorze aeronaves, duas a mais do que no dia anterior, se revezavam levando os militares para locais da zona quente aos quais só se chegava de helicóptero. Aliás, tudo precisava ser transportado pelo ar, caso dos equipamentos e dos corpos que começavam a aparecer na superfície.

* * *

A sargento Daisy, do Corpo de Bombeiros de Minas Gerais, entendeu o grau de dificuldade da operação assim que entrou na zona quente para a retirada de um corpo avistado do alto, parcialmente exposto na lama. Ao pular da aeronave portando uma pá, ela afundou na lama até a altura do pescoço. Para não ser tragada, jogou o tórax para a frente e o quadril para trás, uma técnica de deslocamento em solo fluidificado aprendida nos cursos da corporação que permite o rápido retorno à superfície, aumentando a área de contato do corpo por meio do rastejamento.

Usaram a mesma técnica o segundo-sargento Gil Vieira, 48 anos, e o cabo Júlio César Abreu Assunção, 34, que desembarcaram em seguida do helicóptero. Os dois saltaram calculando uma distância segura da sargento. Afinal, com mais peso ao redor dela, o risco de os três afundarem seria maior. Quando conseguiram se reunir, uma maca de resgate foi jogada para eles do helicóptero, que se afastou para lançar outras equipes na zona quente. Os três bombeiros tentaram se apoiar na maca, mas não deu certo. A manobra fazia o equipamento encher-se de lama.

— Segura aqui — disse o segundo-sargento Gil, atirando para a colega um pedaço de toco de árvore que havia encontrado para ela ter mais estabilidade.

A sargento passou o toco para o cabo Júlio, a fim de ajudá-lo, e se apoiou na pá. Logo conseguiram tocar o corpo que buscavam. Os três escavaram até desenterrá-lo,

Dos cerca de 4 mil bombeiros que atuaram na operação de Brumadinho, 400 eram mulheres. A sargento Natália Daisy Ribeiro é uma delas

acomodando-o na prancha, e chamaram o helicóptero pelo rádio. Súbito, perceberam que tanto a maca quanto o corpo estavam afundando e que, quanto mais faziam força para segurá-lo, pior ficava a situação.

— Eles têm que chegar logo — disse a militar, aflita.

— Daisy, você está de boa aí? — perguntou o cabo Júlio. — E você, Gil, consegue sair daí?

Cuidar de si e dos outros era uma preocupação permanente na tropa em qualquer resgate, mas naquelas condições o cuidado redobrara. Todos estavam, de fato, arriscando a vida ali.

— Estou bem — respondeu a sargento, tranquilizando o colega.

A verdade, porém, é que aqueles minutos pareceram intermináveis.

Pelas características da vítima, os bombeiros concluíram tratar-se de um corpo masculino. Por defesa, Daisy evitava olhar o rosto da vítima, coberto de lama, na tentativa de manter-se emocionalmente distanciada. Contudo, ao longo da operação, isso foi se tornando cada vez mais difícil. Dias depois, ao encontrar em meio aos rejeitos um cadáver com o crachá preso ao pescoço, a sargento ficaria profundamente tocada. O crachá remetia à identidade da pessoa. Isso a fez pensar na história daquele desconhecido. Certamente ele tinha uma família. E quem sabe um filho, como ela? Concluiu que a farda não a blindaria da dor de reconhecer-se no outro.

* * *

Além da mina da Vale, as equipes de busca chegaram a outras áreas. Tomando como referência dados do Censo Demográfico, a lama de rejeitos alcançara nove regiões de Brumadinho, afetando uma população estimada de 3.485 pessoas e 1.090 domicílios, o que significava que quase 10% da população havia sido diretamente atingida pelo cataclismo.

Naquele segundo dia de ação, uma das frentes de trabalho se concentrara na chácara de Edson Albanez. Se a pousada Nova Estância fora varrida do mapa, o terreno do engenheiro geológico se transformara em depósito de destroços da mineradora. Ali havia lixo, fragmentos de veículos, de contêineres, de gente. Os rejeitos tinham não só arrasado com o espaço, mas também modificado completamente o relevo original. Levaram ainda a mata, as árvores nativas, o bambual, os bichos, a casa, as fotografias dos filhos dele, a mesa de jantar de oito lugares, a coleção de minerais, a biblioteca, os discos de vinil de jazz e de música popular brasileira, o quarto de ferramentas, as joias de Sirlei e a história de amor que Edson tinha construído com ela.

Por isso, quando ele pôde finalmente rever, à luz do dia, o local onde fora erguida a sua casa, constatou que não havia sobrado nada. Tudo tinha sido transformado em escombros, como se uma bomba tivesse sido lançada sobre o imóvel, arrancando suas memórias de uma só vez, e ele tivesse perdido o seu lugar no mundo. Vestido com roupas emprestadas pelo cunhado, Edson aproximou-se do grupo de bombeiros, apresentando-se:

— Eu estou procurando a minha esposa. Ela estava na nossa casa. Aliás, aqui era a minha casa.

— O senhor morava aqui?

— Sim.

— O senhor tem certeza de que ela estava em casa na hora do rompimento da barragem?

Edson confirmou com a cabeça. Não conseguia mais falar. Apenas chorava. Comovido, o tenente cujo nome o engenheiro não fixou, chegou perto dele e prometeu:

— Fique sossegado. Enquanto eu não entregar o corpo da sua esposa, não irei embora.

Edson, que faria de tudo para ajudá-lo, reconstruiu mentalmente a casa para explicar aos bombeiros onde, provavelmente, a lama teria encoberto Sirlei, a secretária de Desenvolvimento Social de Brumadinho. Pela descrição do jardineiro, Ernando, ela teria voltado para pegar a cadela que costumava ficar na área de serviço, que, por sua vez, era próxima da cozinha, cujas paredes eram cobertas por azulejos cinza-claros.

Preocupados com a segurança do engenheiro, os bombeiros pediram que ele deixasse o local. Disseram-lhe que assim que tivessem alguma informação sobre Sirlei en-

Devastação provocada pelo tsunami de lama em bairros de Brumadinho

trariam em contato. Ele, porém, recusou-se a sair. Ficaria lá até que a esposa fosse encontrada, durasse o tempo que fosse. Enquanto circulava pela área, Edson viu em seu terreno um braço com luva e camisa semelhantes às usadas por funcionários da Vale. Em alguns dias, dezessete corpos seriam resgatados de dentro da chácara.

O engenheiro notou também que a terra exalava um forte cheiro de bebida alcoólica. Lembrou-se, num relance, das centenas de garrafas de vinho e uísque que guardara para abrir em ocasiões especiais, ao lado de amigos e familiares. Por ironia do destino, todas as bebidas escorreram pelo solo destruído. Intacta mesmo só ficara a torre de alarme instalada pela Vale ao lado da casa dele para que a comunidade pudesse ser avisada, em caso de rompimento da barragem. Mas o alarme não soou.

* * *

A informação que Helena Taliberti tanto esperava não havia chegado. Sem nenhuma notícia dos dois filhos, da nora, do ex-marido e da esposa dele, ela e o marido, Vagner, saíram de São Paulo no sábado de manhã rumo a Belo Horizonte, a fim de procurarem pessoalmente pelos familiares. Decerto estariam feridos em algum hospital da capital mineira e a melhor coisa a fazer seria percorrer as unidades de saúde. Helena ainda não sabia que a pousada em que os cinco se hospedaram era aquela noticiada como destruída pela avalanche de rejeitos.

Enquanto se deslocavam para lá, o pai de sua nora, o bombeiro aposentado Joel de Almeida, 59 anos, deixava Curitiba e também seguia para Minas, a fim de tentar encontrar a filha, que estava grávida. O nome do bebê fora sugerido por ele, o avô paterno. Joel era apaixonado pela história do mergulhador italiano Enzo Maiorca, retratada no filme *Imensidão azul*, que estreara no Brasil em 1989, ano do nascimento da sua Fernanda. A notícia da gravidez da filha trouxera tanta alegria para as famílias Taliberti e Damian, ambas com ascendência italiana, que o avô resolveu apostar suas fichas no nome que simbolizava a luta de um vencedor, já que Enzo bateu treze recordes mundiais no mergulho livre. Luiz e Fernanda, os pais do bebê, gostaram da sugestão, mas ajeitaram a ideia. Em vez de Enzo, resolveram dar ao primeiro filho, que nasceria em quatro meses, o nome de Lorenzo.

Fernanda Damian comemorava a gravidez de Lorenzo

Quando Joel soube que uma barragem estourara em Minas Gerais, sentiu-se agoniado. Não conhecia a área, mas sabia que o Instituto Inhotim, que a filha visitaria com os parentes do marido, ficava em Brumadinho. Assim, mandou diversas mensagens para o celular dela. "Responda, menina", escreveu, nervoso, depois de inúmeras tentativas. A bronca paterna não chegou ao aparelho da filha. Joel, então, ligou para quase todas as pousadas de Brumadinho, que não são poucas. A única em que ninguém atendeu foi a Nova Estância. E não havia notícias sobre o paradeiro dos hóspedes.

Helena e Vagner chegaram a Belo Horizonte antes de Joel. Parentes de Vagner que trabalhavam na Polícia Civil orientaram o casal a procurar a Academia de Polícia, onde ambos preencheram um cadastro sobre o desaparecimento da família. Eles escolheram o hotel mais próximo da rodovia para dormir, já que iriam para Brumadinho na manhã do dia seguinte, domingo. De repente descobriram que o local era o mesmo no qual a Vale acomodara alguns sobreviventes e desabrigados. A mãe de Camila e Luiz sentiu uma enorme esperança de encontrar seus amores por lá. Mas não havia nem sinal deles.

* * *

À medida que os corpos iam sendo resgatados, o horror tomava conta de um país atônito. Para quem ainda procurava por seus amores, cada hora de espera aumentava o sofrimento.

— É homem ou mulher? — perguntou Helvécio, pai da engenheira Izabela, a um policial.

Naquele sábado, o irmão dela, Gustavo, acompanhado do pai e do sobrinho, conseguira entrar de carro na área da mineradora. Um segurança armado tentou impedi-lo, mas Gustavo não obedeceu.

— Você vai atirar em mim? — desafiou.

Sem esperar pela resposta, seguiu adiante dirigindo e, tão logo viu a mina, tomou um susto.

— Pai, olha! — exclamou, desolado.

Helvécio e o sobrinho também estavam chocados com a devastação.

— Nossa, meu filho! Não sobrou ninguém.

Dentro da área, finalmente eles se encontraram com Paulo, o marido de Izabela. Juntos, passaram o dia aguardando notícias. Também acompanharam o ir e vir de helicópteros que cruzavam o céu transportando corpos.

Atormentado, Helvécio caminhara até o caminhão frigorífico, para onde os cadáveres retirados da lama estavam sendo levados. Abordara um policial civil e tornara a perguntar, referindo-se a um corpo que acabara de ser acondicionado:

— É homem ou mulher?

— Infelizmente não dá para saber — explicou o agente, consternado.

Helvécio afastou-se. Sentia que, em menos de 24 horas, envelhecera vinte anos. Vendo aquela cena, Gustavo se deu conta de que Helvécio estava no limite de suas forças e propôs:

— Vamos sair daqui, pai.

Decidiram, então, voltar para Belo Horizonte, pernoitar no apartamento de Paulo e Izabela e só no dia seguinte seguir viagem para casa, em Governador Valadares. A tarde de sábado estava no fim quando os três chegaram ao prédio da rua Desembargador Jorge Fontana, no Belvedere. Cumprindo seu papel, o porteiro quis saber a qual apartamento eles pretendiam ir.

— Vamos ao 1001, onde moram o Paulo e a Izabela.

Compreendendo que estava diante do pai dela, o funcionário pediu notícias.

— Vocês acharam ela? Já conseguiram falar com ela?

— Amigo, provavelmente ela não voltará mais aqui — respondeu Helvécio desolado.

O porteiro até procurou as palavras certas para tentar consolar aquele homem. Não encontrando nenhuma, permaneceu em silêncio. Enquanto isso, em Governador Valadares, cidade natal da engenheira, familiares e amigos iniciavam a campanha "Onde está a Bela?" nas redes sociais. As hashtags #foicrime, #culpadavale, #naofoiacidente começaram a circular por todo o país, chamando a atenção para o desaparecimento da jovem.

* * *

Ainda naquele sábado, enquanto o presidente da República, Jair Bolsonaro, sobrevoava as áreas atingidas pelo rompimento, o chefe do Estado-Maior do Corpo de Bombeiros de Minas Gerais, coronel Erlon, trabalhava para criar uma infraestrutura de apoio à tropa em Brumadinho. Com o estado financeiramente quebrado, cuidar da logística seria fundamental para a coordenação e o desenvolvimento das atividades na zona quente. Com décadas de experiência, ele sabia que os militares viviam uma situação semelhante à de uma guerra, e que recaía sobre os ombros dele e do coronel Edgard Estevo, comandante-geral do Corpo de Bombeiros Militar de Minas Gerais, a responsabilidade de programar as buscas e organizar o caos. Controlar a cena, impedir novos acidentes e atender a todas às demandas que surgiam era um baita desafio. Três reuniões diárias, uma delas entre o comando e os oficiais, passaram a ser realizadas na Faculdade ASA para discutir frentes de trabalho e planejar os dias seguintes. Dos 6 mil bombeiros de Minas Gerais, mais de 4 mil trabalhariam em Brumadinho.

Com o tamanho da tragédia, o chefe do Estado-Maior viu, surpreso, o país inteiro se mobilizar para oferecer apoio à corporação. A começar por colegas de farda de outros estados, que se apresentaram a ele e ao coronel Edgard Estevo oferecendo ajuda. Os comandos de Mato Grosso, Santa Catarina e São Paulo, além do Rio de Janeiro, colocaram-se à disposição da corporação mineira imediatamente após o rompimento da barragem. Ao todo, 16 dos 27 estados do Brasil mandariam seus bombeiros para dar suporte em Minas Gerais.

Um dia após a ocorrência, o coronel Erlon também foi surpreendido pela iniciativa de diversas empresas privadas, que se prontificaram a doar todo tipo de material para que os socorristas pudessem realizar suas atividades — desde protetor solar, energético e roupa íntima até equipamentos. A Bosch do Brasil, por exemplo, doou ferramental, enquanto a MSA The Safety Company enviou para a corporação óculos de proteção. A Resgatécnica encaminhou equipamentos para resgate e salvamento. Um gigantesco movimento solidário tomou conta do Brasil e contou com a adesão do Clube Atlético Mineiro e do Cruzeiro Esporte Clube, principais times de futebol de Minas. Rivais históricas em campo, as duas agremiações mandaram meias e segunda pele feminina e masculina para os militares.

Uma equipe do Corpo de Bombeiros foi designada para receber o material, que era entregue no Batalhão de Operações Aéreas, na Pampulha. De lá, as doações eram despachadas de helicóptero para Brumadinho. A cooperação da comunidade alcançou outras instituições do estado que trabalhavam sem parar em meio à catástrofe, como o IML. Legistas de todo o Brasil se apresentaram voluntariamente no instituto e até o dentista pessoal do chefe da Tanatologia Forense se voluntariou.

— Ricardo, eu posso ajudar de alguma forma? — perguntou o odontologista Dauro Oliveira.

— Oi, Dauro, muito obrigado, cara. Temos um bom grupo de odontolegistas. Por enquanto, eles estão dando conta. Mas tem uma coisa em que você pode nos ajudar. Nós, aqui do IML, estamos fazendo uma vaquinha para comprar um aparelho de raios X digital odontológico portátil, porque o que temos aqui é fixo e precisamos de mais mobilidade. Se tiver um bom contato com algum vendedor, poderia nos passar?

— Vou ver isso e retorno.

Horas depois, a secretária do dentista telefonava para o médico-legista.

— Doutor Ricardo, estou ligando porque o doutor Dauro vai doar o aparelho para vocês.

— Sério?

O chefe da Tanatologia Forense estava comovido. Dauro bancaria a compra de um equipamento que custava mais de R$ 50 mil. O planejamento e os detalhes da aquisição chegaram a ser acertados pelo dentista, mas a concretização do negócio não aconteceu, porque a Vale — por intermédio de um Termo de Ajustamento de Conduta com o Ministério Público — passou a se responsabilizar pela aquisição dos materiais necessários para as identificações dos corpos, investindo r$ 6,5 milhões para equipar o instituto.

— Doutor Ricardo, tem uma grande entrega de comida aí fora — informou a secretária do IML na tarde de sábado.

— Uai, não fizemos nenhum pedido — tentou explicar o médico-legista ao motorista que fazia a entrega.

— Nós sabemos. As refeições foram doadas pelo Dona Derna. Uma forma que o restaurante encontrou de ajudar quem está nos ajudando. Sabemos que vocês estão desempenhando um trabalho muito difícil.

Ricardo não sabia o que dizer. O gesto de um dos restaurantes italianos mais tradicionais de Belo Horizonte — a casa foi fundada em 1960 por Derna Biadi — sensibilizou a equipe. Era como se, naquele instante, Minas Gerais abraçasse seus filhos.

* * *

A sargento Daisy passou o sábado pensando em como avisaria o filho adolescente, Fernando, que ela não estaria em casa no aniversário dele. Havia tanto a ser feito em Brumadinho que ela não queria sair dali. Cada corpo resgatado por ela e pelos companheiros do Corpo de Bombeiros resultava em sentimento de dever cumprido. E ela, que já havia participado de buscas difíceis ao longo dos anos de profissão, sabia o quanto a espera era dolorosa para as famílias.

Mesmo após tantos resgates, ela trazia na memória a história de Leandro, uma criança de 7 anos que havia sido soterrada dentro de casa em Sardoá, um pequeno município do Vale do Rio Doce, pelo deslizamento de terra causado pelas fortes chuvas de dezembro de 2013. Os pais dele se salvaram, mas o garoto estava desaparecido. O casal passou os oito dias de busca no alto da colina, acompanhando o trabalho de Daisy e dos outros bombeiros.

Na véspera de Natal, a mãe de Leandro aproximou-se de Daisy para lhe fazer um pedido:

— Ô moça, não desiste, não. Acha o meu menino.

Naquele dia, a sargento ligou para casa, a fim de conversar com o filho, que tinha então a mesma idade de Leandro.

— Filho, é a mamãe.

— Mamãe, você não vem embora, não? Amanhã é Natal — disse Fernando, ansioso.

— Eu não vou conseguir passar o Natal com você, meu amor. A mamãe tem que encontrar um menino que tem quase a sua idade. Imagina como está a mamãe dele? Eu vou poder passar o próximo Natal com você. Ele não terá outros Natais com a mãe dele.

Fernando não conseguiu entender. Chorou muito. Ficou com raiva. Na sua visão infantil, a mãe preferia estar no trabalho a estar com ele. Daisy também sentiu muito, mas não teve coragem de abandonar a mãe à espera do corpo do filho. Na tarde do dia 24 de dezembro, ela e os outros bombeiros encontraram Leandro. Ele tinha o tamanhinho do filho dela, algo que a sargento nunca conseguiria esquecer. Além de Leandro, outras três crianças da família morreram na tragédia.

Agora, mergulhada na lama de Brumadinho, Daisy sabia que, mesmo que já estivesse tudo combinado para festejar o aniversário de Fernando no dia 30, seria sofrido para ele aceitar a ausência dela em uma data tão importante para ambos.

— Filho, eu não vou poder voltar no seu aniversário. Me desculpe. Por favor, não fique triste. Quando eu chegar em casa, nós vamos comemorar...

Após uns segundos de silêncio, o filho dela respondeu, do alto de seus 13 anos:

— Mãe, não se preocupe. Agora eu entendo. Sei o que você está fazendo aí. Fique tranquila e cumpra sua missão.

Daisy ficou completamente emocionada com a generosidade do filho.

No fim daquele dia exaustivo de trabalho, ela e a tropa foram informadas de que passariam a noite na igreja da comunidade e em outros dois sítios cedidos para os militares. Quando chegou a um dos sítios, Daisy encontrou colchões cobertos com lençol. Além do ambiente limpo e organizado, havia uma comida deliciosa. Só então descobriu que foram os moradores do Córrego do Feijão que se organizaram para ajudar a corporação. Muitas daquelas pessoas haviam perdido a casa ou tinham parentes de-

Moradores de Brumadinho lavando, de maneira voluntária, as fardas dos bombeiros que trabalhavam no resgate dos corpos soterrados pela barragem da Vale

saparecidos na lama, mas estavam ali, cozinhando para um batalhão que somava mais de duzentas pessoas. Nos dias seguintes, a comunidade passaria a lavar, espontaneamente, a farda dos militares.

A sargento também se surpreendeu com um grupo de mulheres que comprou roupa íntima para as bombeiras. Afinal, ela e as colegas tinham saído de casa com uma única peça de reserva. A força demonstrada por aquela gente atingida pelo desastre a transformaria para sempre.

— O ser humano consegue ser bem maior do que quem causou toda essa destruição — confidenciou Daisy a uma colega de farda.

Dos quase 4 mil bombeiros que atuaram em Brumadinho, mais de quatrocentos eram mulheres.

13.
DESPEDIDA SEM ADEUS

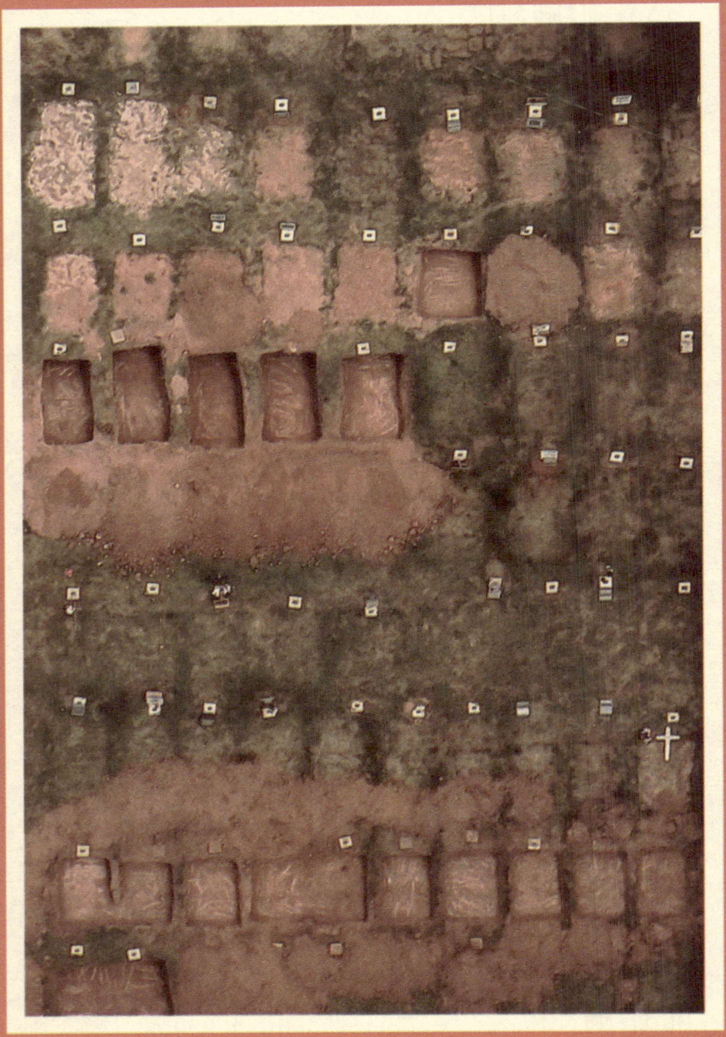

O enterro de Marcelle em Belo Horizonte, na manhã de domingo, dia 27 de janeiro, daria início a uma *via-crúcis* de despedidas país afora. Primeira vítima identificada pelo IML, a médica fizera aniversário na véspera do rompimento da B1. O carro dela, um Jeep Renegade que estava estacionado à porta do prédio da medicina da Mina do Córrego do Feijão, continuava desaparecido. Mirelle, sua mãe, separou uma roupa para que vestissem na filha no ritual de adeus. A funerária, porém, não conseguira usar as peças. Como o corpo de Marcelle não guardava nenhum traço que tornasse possível o seu reconhecimento visual, a mulher loira, de cabelos compridos e sorriso largo foi acomodada dentro de um saco plástico preto e seu caixão permaneceu lacrado durante a cerimônia.

Mirelle queria guardar a filha em um lugar da memória em que jamais fosse novamente violada, como naquele 25 de janeiro de 2019. A última impressão em papel solicitada pelo login da médica na Mina do Córrego do Feijão ocorrera às 12h18 daquela sexta-feira e ficara registrada no sistema da Vale. Significava que, como a maioria dos funcionários

A médica Marcelle Cangussu com seu pai, o engenheiro Antônio Rimarque

da multinacional e das empresas terceirizadas que prestavam serviço naquele momento, ela morrera trabalhando.

A última foto da funcionária dentro da mina fora tirada meses antes, debaixo de uma jabuticabeira nas proximidades do que havia sido a área administrativa de Feijão. Nela, Marcelle, acompanhada da enfermeira Jojo, que estava de folga no dia do rompimento, segurava uma folha impressa em A4 com a hashtag "Orgulho de ser Vale". A confiança que a médica tinha na empresa não havia sido abalada nem em 2015, ocasião do rompimento da barragem de Fundão, em Mariana.

Delegada aposentada da Polícia Civil, Mirelle recebera, na manhã de sábado, a confirmação de que o corpo de Marcelle estava no IML. Tocados pela perda da colega, no dia seguinte, policiais civis homenagearam a filha de Mirelle escoltando com um batedor e cerca de cinco viaturas o carro funerário que levou o caixão para o cemitério. Sem parar em semáforos, os veículos abriram caminho ao longo dos quase 10 quilômetros entre o Funeral House, onde ela foi velada, e o Parque da Colina, no bairro Nova Cintra.

A filha da delegada e do engenheiro Antônio Rimarque, 59 anos, tinha tantos planos em andamento que era difícil para os familiares acreditarem na interrupção abrupta de sua história de vida. Ela iniciava um novo relacionamento amoroso e finalizava a montagem do seu primeiro apartamento próprio, em Nova Lima. Quando os móveis encomendados pela médica chegaram ao imóvel, Marcelle já não estava lá para recebê-los. Para cumprir a vontade da filha, Mirelle continuaria arrumando o apartamento conforme a jovem sonhara tanto. Depois que a mesa de cinco lugares com cadeiras em estofado *rosé* foi montada na sala, os quadros geométricos nas cores preto e branco fixados na parede da escada, o jardim vertical instalado na varanda e a colcha de matelassê branca estendida sobre a cama do quarto, a delegada reuniu forças e convidou as melhores amigas de Marcelle para a inauguração da casa, fruto de muitos anos de seu trabalho na medicina.

A mãe, no entanto, guardou consigo as peças mais afetivas, como a escultura de madeira *Baleia*, do pernambucano Marcos de Sertânia. A peça, inspirada na cadela de comportamento humano de *Vidas secas*, romance de Graciliano Ramos, foi o último presente que Marcelle recebeu da mãe, na véspera de sua morte. Ao colocar a obra de arte perto do oratório feito para ela, Mirelle tentava consolar a si mesma.

— Filha, a mamãe trouxe você de volta para casa.

* * *

Ao chegar ao aeroporto de Confins, Joel de Almeida, pai de Fernanda, alugou uma caminhonete 4×4 para ir ao encontro de Helena Taliberti e do marido dela, Vagner, que o esperavam em um hotel de Belo Horizonte naquela manhã de domingo. Joel partira de Curitiba para a capital mineira após tentar inúmeras vezes fazer contato com a filha, casada com Luiz Taliberti e grávida de cinco meses. Como Joel chegou ao hotel motorizado, Helena, mãe de Luiz e de Camila, ambos dados como desaparecidos, avisou à equipe da Vale sediada no hotel que não precisaria do transporte oferecido pela empresa para o grupo se deslocar até Brumadinho. Foi quando recebeu uma notícia desconcertante dada pela assistente social que a atendeu:

— Infelizmente vocês não poderão ir para lá. Na madrugada de hoje, às 5h30, o alarme de rompimento de barragem foi soado na cidade e os acessos estão interditados.

Helena perdeu a cabeça e falou aos berros:

— Como assim? Eu estou com o meu filho desaparecido, minha filha, o pai deles, minha nora, a família inteira, e vocês não querem me deixar ir? Eu vou de qualquer jeito. Meus filhos estão lá na lama. Se for preciso, vou cavar com a minha mão até achar eles.

Condoída com a reação de Helena, a profissional chamou duas psicólogas voluntárias para conversar com ela.

— Não — prosseguiu Helena. — Vocês não estão entendendo o que está acontecendo aqui. Vocês estão falando com uma mãe que tem uma filha, um filho e uma nora grávida perdidos nessa lama. Vocês mandem um helicóptero vir me pegar...

Nesse momento, uma das psicólogas começou a chorar, retirando-se da sala.

— Quantos anos você tem? — perguntou Helena para a outra.

— Trinta e dois.

— Então, minha filha tem 33; o meu filho, 31; e minha nora, 30. Todos com a sua idade. Todo mundo perdido naquela lama. O que você é?

— Psicóloga.

— Pois não tem curso de Psicologia que dê conta de mim hoje e nem nunca mais. Você tem noção do que eu estou passando, do que está acontecendo aqui? Como entra na cabeça de alguém que existe a possibilidade de meus filhos estarem no meio daquela lama?

A jovem não dava conta de amenizar a dor daquela mãe. Aliás, ninguém daria.

Decidida, Helena partiu para Brumadinho de carro, na companhia de Vagner e Joel. Somente quando pisaram no município é que tiveram o primeiro contato com o tamanho da tragédia. Foram direcionados para a Estação Conhecimento, uma organização privada com finalidade

Local onde ficava a Nova Estância: pousada foi varrida do mapa

pública localizada no Km 49 da MG-040, na zona rural do município. A mineradora, que financiava as ações da entidade, utilizara a infraestrutura da Estação para montar ali um centro de assistência às famílias, onde o grupo chegou com esperança de receber notícias. Mas, em vez de informação, Helena se deparou com dezenas de pessoas chorando e tão desinformadas quanto ela. Apesar de já ter preenchido quatro cadastros, nem Luiz nem Camila constavam da lista dos desaparecidos. Foi preciso um deputado estadual de São Paulo intervir para que o registro de desaparecimento dos familiares fosse, finalmente, efetivado, o que só ocorreria na tarde do dia seguinte, segunda-feira. A espera do anúncio de um boletim com informações sobre as vítimas fez com que Joel e Vagner se sentissem impotentes. Já Helena se sentia esvaziada de sentido. No fundo, porém, ela ainda nutria a esperança de rever os filhos com vida.

    Naquele domingo, longe dali, 276 bombeiros — 62 saídos de outros estados — continuavam encontrando corpos na zona quente. Helena rezava para que nenhuma das vítimas transportadas pelas catorze aeronaves que sobrevoavam a área fosse um dos seus. Precisava, desesperadamente, abraçar seus filhos de novo.

* * *

Paloma havia acabado de acordar no Hospital João XXIII. Era segunda-feira, dia 28, e fazia três dias que ela esperava por notícias do filhinho, Heitor, do marido, Robson, e da irmã caçula, Pâmela. Todos estavam em casa quando a onda de rejeitos de minério de ferro cobriu o imóvel. Arrastada por 220 metros, Paloma fora resgatada por Claudiney, o funcionário da Vale que arriscara a própria vida para salvar a dela. O helicóptero que a levou pousara às 14h38 da sexta-feira no heliponto do complexo hospitalar de urgência, onde uma equipe médica já a esperava. Enquanto era lavada com gaze embebida em soro, a mãe de Heitor chorava de dor e de ausência.

— Meu Deus, o meu filhinho. Pede o moço pra ir buscar ele — dizia aos desconhecidos que iniciavam o seu tratamento.

— Infelizmente não tem ninguém aqui — explicou um enfermeiro.

A partir daquele momento, o tempo pararia para Paloma. A condição de sobrevivente só faria sentido para ela se a sua família também escapasse da lama.

— Esta noite sonhei com o rosto do Robson dormindo. Você não tem notícias deles, não? — perguntou a uma prima que a acompanhava no hospital.

Embaraçada diante da situação, a prima revelou:

— Ele já foi enterrado.

— Ele quem? — devolveu Paloma.

— O Robson.

Paloma teve uma crise de choro.

— O quê? Por que vocês não me falaram que ele tinha sido encontrado? Por que permitiram que fosse enterrado sem a minha presença?

Embora tenham tentado poupá-la desse sofrimento, os parentes só intensificaram a dor que ela sentia. Era como se o chão tivesse, novamente, se aberto sob seus pés. Só então ela soube que o corpo do marido fora encontrado

Bombeiros trabalhando na zona quente

no sábado e sepultado no domingo pela família dele no povoado de Suzana, no único cemitério da localidade. Se a confirmação da perda do marido já era dolorosa, ser impedida de despedir-se dele era tão cruel quanto acordar em meio ao deserto de lama e perceber que não lhe restara mais nada, apenas as cicatrizes no corpo mutilado.

Agora Paloma sentia raiva da Vale e de todos aqueles que contribuíram para que a vida que ela levava ficasse soterrada para sempre.

* * *

Longe daquele quarto de hospital, 427 bombeiros buscavam vítimas desde que os primeiros raios de sol acordaram Brumadinho naquela segunda-feira. Entre eles, havia 72 militares saídos de outros estados. A grande surpresa, porém, era a presença de 136 socorristas que integravam a Unidade Nacional de Resgate das Forças de Defesa de Israel (FDI). A chegada da missão israelense na noite anterior fora cercada de sigilo, polêmicas, criação de teorias conspiratórias e desconfiança sobre as razões políticas que teriam levado o governo Jair Bolsonaro a promover o estreitamento de relações entre o Brasil e uma delegação estrangeira sem muita experiência com ocorrências em barragens. A FDI integrava o Grupo Consultivo Internacional de Busca e Resgate das Nações Unidas, construído a partir de uma aliança internacional entre noventa países para a realização de ações de socorro pelo mundo.

Ao desembarcarem em Minas Gerais, os socorristas traziam consigo 16 toneladas de equipamentos, como sonares capazes de detectar os últimos sinais de celulares registrados na zona quente e tecnologia para reconhecer pessoas vivas soterradas pelo calor de seus corpos. Nas condições em que os soterrados se encontravam, já sem vida, o recurso parecia não fazer muito sentido. A missão israelense durou quatro dias e, para além de toda especulação em torno de sua rápida passagem pelo país, a delegação proporcionou aos bombeiros brasileiros o conhecimento necessário para a criação de uma base de dados avançada que permitiria definir, no futuro, novas estratégias de busca a partir do cruzamento de informações com o uso de tecnologia de georreferenciamento, uso de drones e armazenamento de dados diversos. Os comandantes dos bombeiros foram unânimes em reconhecer a importância dessa base avançada.

Por outro lado, a equipe de Israel deixaria o Brasil impressionada com o tamanho da tragédia e o nível de qualidade das técnicas de resgate dos militares brasileiros. Além disso, levariam na bagagem um elemento novo: a paçoca. O tradicional doce feito de amendoim, farinha de mandioca e açúcar foi servido de sobremesa às tropas após o almoço. Eles ficaram tão encantados com o sabor da paçoquinha que passaram a trocar com os bombeiros brasileiros que atuavam na zona quente as guloseimas que trouxeram pelo doce nos dias em que permaneceram aqui.

* * *

Foi na segunda-feira, 28 de janeiro, que o tenente Pedro Aihara anunciou o balanço dos quatro dias de operação, informando em rede nacional de TV a localização de 58 corpos.

— O mais difícil é ter que lidar com a angústia de todas as famílias que têm desaparecidos. Que essas pessoas possam ter a certeza de que o Corpo de Bombeiros — todas as vezes que entramos em uma ocorrência — vai atender como se fossem as nossas mães e os nossos pais.

A gente tem consciência de que 58 óbitos são 58 histórias, 58 pessoas que têm famílias, que têm amigos. Então, todas as nossas operações se desenvolvem como se fosse alguém da nossa família.

A declaração emocionada de Aihara não era mero recurso de linguagem. Filho do trabalhador de mineração Edson Mitsuharu Aihara, o militar que já quis ser médico e amava poesia teve a infância e o início da adolescência marcados pelas longas ausências do pai, em função do emprego dele em uma das maiores mineradoras do mundo, a anglo-australiana Rio Tinto, que também atuava no Brasil. Por isso o cenário de operação de mina era realmente familiar para ele. Havia, naquela ação de Brumadinho, um vínculo pessoal muito forte para o tenente.

Na prática, ele sabia que o pai — filho mais velho de um casal de imigrantes japoneses — também poderia ter sido, ao longo da vida, vítima de rompimento de barragem, já que em mais da metade dos seus 60 anos ele atuara em ambiente considerado de risco. Quando Aihara era criança, não entendia por que o pai tinha uma rotina diferente dos pais de seus amigos. Edson só ficava em Belo Horizonte, onde a família residia, quinze dias a cada dois meses. Nos outros 45 dias, ele ficava acampado para realizar pesquisas minerais por Pará, Rondônia, Amazonas, Bahia, Rio Grande do Sul, entre outros estados. A ausência comprometeu o casamento de seus pais, que se separaram, e a vida familiar. O tenente viu sua mãe, a professora Jaqueline Morais Pianchão, hoje com 59 anos, criá-lo praticamente sozinha. Por isso a mãe e a irmã mais velha, Raphaela, 31 anos, passaram a ser duas grandes referências.

Exigente quando o assunto era educação, a professora nunca voltava atrás em suas decisões. Às vezes parecia dura demais para uma mãe, porém o tempo fez com que Aihara valorizasse sua força interior. Jaqueline ajudou o filho a se tornar independente e capaz de resolver os próprios problemas.

A ideia de que o estudo lhe proporcionaria uma vida melhor, levara Aihara a cursar a Escola Preparatória de Cadetes do Ar (Epcar), na cidade mineira de Barbacena.

Mais tarde, em 2014, ele terminaria o Curso de Formação de Oficiais. Também foi o terceiro colocado na disputa por uma vaga na faculdade de Direito em uma das universidades mais concorridas do país, a Universidade Federal de Minas Gerais (UFMG), onde se formou em 2017.

— Pai, você viu que passei em terceiro lugar? — perguntou Aihara esperando dele um cumprimento ou alguma frase de aprovação.

— Eu quero saber quem foi o primeiro colocado — disse Edson, cujo nível de cobrança era altíssimo.

Agora, ao assumir a função de porta-voz do Corpo de Bombeiros, em Brumadinho, o jovem Aihara transformara-se no "rosto" da operação, sendo destaque até no jornal espanhol *El País*. O tenente traduzia, em palavras, o espírito dos bombeiros que trabalhavam no resgate. A preocupação dos militares era tratar as vítimas como pessoas que mereciam receber o adeus de suas famílias. E jamais como números. O tenente também soube acolher os familiares das vítimas, sobretudo suas mães. Em cada uma, ele enxergava a própria história.

Em lugares remotos do país, Edson e os colegas da Rio Tinto passaram a acompanhar as declarações diárias de Aihara na TV.

— É seu filho, né, Edson? — perguntou um colega ao ver a desenvoltura do jovem.

— É, sim — respondeu o pai com um raro sorriso.

Edson jamais conseguiu dizer a Aihara o quanto se orgulha dele.

* * *

— Dona Helena Taliberti? — perguntou a mulher do outro lado da linha telefônica.

— Sim, sou eu.

— Aqui é do IML de Belo Horizonte.

— Ai, não — respondeu Helena num impulso, sem querer escutar.

— Nós sentimos muito, mas identificamos aqui uma pessoa chamada Luiz Taliberti.

— É o meu filho, é o meu filho — murmurou Helena, em prantos.

A notícia da localização e da identificação do corpo de Luiz, recebida pela mãe dele na terça-feira, dia 29 de janeiro, revirou Helena do avesso. Ela não sabia o que fazer, tinha vontade de sair correndo, de gritar, de se calar. Por um momento, desejou não existir. Parecia estar presa num pesadelo. Queria muito acordar e descobrir que tudo aquilo era mentira. Se Luiz estava morto, Camila também estaria. Sem os dois filhos, a vida de Helena acabava nela mesma, não haveria futuro nem descendentes. Ela não os veria formar uma família, não beijaria os netos. Não veria o rostinho de Lorenzo, que também devia estar sepultado em algum lugar daquela maldita lama, dentro da barriga de Fernanda. Não teria para quem construir mais nada. Ficaria órfã de filhos? Não existem palavras no dicionário para definir a mãe que perde um filho.

Helena estava destruída. Descobriu, da maneira mais dura, que não existia remédio para aquele tipo de dor.

— Precisamos que a senhora venha liberar o corpo — disse a funcionária do IML.

Helena foi. Era o seu filho. E, via de regra, mães não abandonam os filhos. Cabia a ela o dever de estar ao lado dele até o final. Por isso, ela e o marido viajaram de Brumadinho até a capital, a fim de cuidar das formalidades para a liberação do corpo de Luiz.

— O que a senhora é dele? — quis saber a atendente do IML.

— Como assim? Ele é meu filho.

— Mas o sobrenome da senhora é diferente do dele — justificou-se a funcionária sem saber que Helena era separada de Adriano Ribeiro da Silva, pai de Luiz.

— Você acha que eu estou aqui à toa, meu bem? Vocês me chamaram para reconhecer meu filho. Acha que estou aqui porque quero? Você está duvidando que eu seja a mãe?

Desconcertada, a servidora chamou outro funcionário. Compreendia a agressividade daquela mulher, mas não sabia como lidar com a situação. Quando as divergências de sobrenome foram esclarecidas, o corpo do arquiteto foi levado até o casal em uma maca. Luiz estava dentro de um saco plástico preto grosso identificado por uma etiqueta que tinha um código de barras impresso.

— Nós não aconselhamos que a senhora veja seu filho assim. É melhor que guarde na memória a lembrança de como ele era — avisou um servidor do IML.

Helena aceitou o conselho. Vagner, não. O padrasto, que o criou como se fosse seu, queria ter certeza de que era o seu menino que estava ali. Então pediu que abrissem o saco enquanto Helena se afastava. O engenheiro sabia que o filho do coração trazia uma tatuagem muito característica na perna: um cubo mágico. Precisava encontrá-la. Era como se quisesse se convencer da realidade de tudo aquilo. Quando o zíper foi aberto, Vagner identificou o que procurava. O desenho era uma réplica da escultura que ficava em Maroubra, uma das praias da Austrália, país onde o arquiteto se realizou não só profissionalmente, mas onde conheceu a esposa, Fernanda.

Agora eles teriam que pensar em como enterrar Luiz. Helena não tinha coragem de levá-lo para São Paulo e deixar para trás Camila e a nora, que continuavam desaparecidas. Precisava descobrir o que fazer com o corpo do filho.

* * *

Naquela terça-feira, dia 29, Edson Albanez passou o dia todo no terreno em que outrora ficava sua chácara, acompanhando a busca por Sirlei. Havia quatro dias estava hospedado na casa do cunhado sem a mínima ideia de que rumo tomar. A prioridade, naquele momento, era a localização da esposa. Para apoiar o pai, os filhos do engenheiro geológico — Pedro, 33 anos, e Juliano, 25 — viajaram até Brumadinho. Chegaram à cidade com calças e camisas novas para ele, emocionando Edson com esse gesto simples, mas cheio de amor. Os dois foram rocha para o pai.

Eram 16h40, quando ele se despediu dos bombeiros que continuavam as buscas em seu terreno. Meia hora depois, recebeu um telefonema.

— Doutor Edson?

— Diga, tenente.

— O senhor pode descrever as roupas que a sua esposa estava usando no dia em que desapareceu?

— Ela estava com uma calça jeans e camiseta.

— A descrição coincide com a do corpo que acabamos de achar...

Edson não soube o que dizer, e o bombeiro então completou a informação:

— Tem outra coisa... Ela está com a cachorrinha nos braços.

Foi quando o engenheiro começou a chorar. O tenente havia cumprido a promessa que lhe fizera no sábado: permaneceu na chácara até encontrar o corpo da secretária municipal em meio aos escombros. Quando os azulejos cinza-claros da área de serviço foram descobertos, Sirlei e Bibi também foram encontradas.

* * *

Dois dias depois da localização de Luiz, Helena e Vagner se deslocaram para o Parque Renascer, em Contagem, onde o corpo do jovem seria cremado. Foi a decisão que tomaram. Tratava-se de um local rodeado de verde, de onde se avistavam montanhas e em cuja entrada havia a reprodução de uma frase do escritor mineiro Fernando Sabino, morto em 2004. "De tudo ficaram três coisas. A certeza de que estamos começando. A certeza de que é preciso continuar. A certeza de que podemos ser interrompidos antes de terminar..."

Helena e Vagner não sabiam como se despedir de Luiz e dos sonhos dele. No mesmo dia em que o jovem foi cremado, o corpo da irmã dele foi localizado em Brumadinho. Camila estava a 1,5 quilômetro da pousada Nova Estância, próxima do corpo do pai, Adriano, encontrado no mesmo dia. Com apenas dois dias de diferença, Helena cremaria o corpo de seus dois filhos. "Eles se amavam tanto que só podiam ter morrido juntos", pensou. Ao fazer o caminho de volta para o Parque Renascer, ela se lembrou do dia em que levara a filha ao cirurgião plástico, na capital paulista, para que fosse sua modelo.

— Doutor, eu quero um nariz igual ao dela — pediu a mãe apontando para o da filha.

A jovem advogada riu, convencida de seu charme. O médico também. Ele nunca tinha tido uma paciente que levasse a seu consultório uma pessoa com quem desejasse se parecer. As candidatas a rinoplastia costumavam levar consigo fotografias de atrizes. Helena levou Camila e conseguiu ficar com o nariz igual ao dela. Helena também se lembrou da semana de cumplicidade que passara com a filha na França. Pensou ainda nos cabelos macios e cheirosos da menina sensível que queria se encontrar na carreira em ascensão e no amor. Como desejava enfiar o nariz no cabelo de Camila da mesma forma que fazia todas as manhãs nas quais tinha a chance de acordar ao lado dela. Helena nunca conseguiu entender como a filha era capaz de amanhecer sempre tão cheirosa.

Mergulhada em suas recordações, Helena teve uma surpresa ao pisar no crematório. Dezenas de amigos e parentes de São Paulo estavam lá para abraçá-la. Familiares de Vagner também. Naquele momento, constatou que não estava sozinha. E ficou feliz por Camila, já que a filha adorava as dez melhores amigas de infância da mãe. E todas compareceram naquela difícil despedida.

Mesmo começando a viver a espiral do luto, que Helena comparava a um pau de sebo (nele sempre se escorrega antes de se chegar ao topo, por isso é necessário recomeçar a subida), ela e o marido permaneceram em Brumadinho até o dia 13 de fevereiro, à espera de que o corpo da nora fosse encontrado. No entanto, ele só seria localizado no dia 15 e identificado no dia 16. Com uma missa marcada em São Paulo para homenagear Luiz e Camila, Helena embarcou levando as cinzas dos filhos.

No dia 14 de fevereiro, ao entrar na Paróquia São Luís Gonzaga, onde Luiz havia sido batizado, a mãe dele viu que aquela dor não era só sua. Mais de setecentas pessoas, entre elas os pais e a irmã de Fernanda, esperavam por ela na igreja da avenida Paulista. Eram amigos que haviam estudado com Luiz e Camila, parentes dela e de Vagner e até desconhecidos, sensibilizados por aquela perda. Pela primeira vez, Helena vislumbrou algum aconchego. Desde que recebera a confirmação da morte dos filhos, ela procurava, em vão, palavras para descrever o que sentia. Acabou percebendo que, em alguns momentos, só o silêncio seria capaz de compreendê-la.

* * *

Quando o celular de Gustavo tocou, às 11 horas do dia 1º de fevereiro, uma sexta-feira, e o nome do marido de Izabela apareceu na tela, o piloto teve uma sensação estranha. Paulo tinha sido a última pessoa a falar com Izabela, pouco antes do rompimento da barragem.

— Gu... encontraram... — avisou Paulo ao irmão da engenheira, desaparecida havia sete dias.

Gustavo sabia que nada que dissesse naquela manhã amenizaria o coração dilacerado de Paulo, nem tampouco o seu próprio. Se, por um lado, sentiu-se aliviado com a confirmação do paradeiro da irmã, por outro, a certeza de sua morte abria um buraco em seu peito. Difícil imaginar a vida sem Izabela, a irmã que também era sua grande amiga. Gustavo precisaria aprender a lidar com isso. A consternação afetara não só o piloto e seus parentes, mas Governador Valadares inteira, a cidade de 281 mil habitantes que se vestiu de luto.

Na véspera da identificação de Izabela, quinta-feira, uma missa realizada na cidade em homenagem à jovem havia lotado a catedral de Santo Antônio, igreja em que ela havia se casado. O padre Francisco Vidal, que celebrara o matrimônio da filha de Mércia e Helvécio, presidira também a cerimônia de luto. Emocionado, Gustavo agradeceu a presença de tanta gente e, em nome da família, falou do significado daquele momento:

— Nesta igreja a gente nasceu, foi batizado, nos casamos e, agora, morremos. Apesar do tamanho dessa dor, a fé nos acompanhou em todos os momentos da nossa vida.

No enterro, realizado no dia 4, outra mostra de solidariedade por parte da cidade: o Corpo de Bombeiros de Valadares transportou o caixão de Izabela em carro aberto da corporação. O cortejo até o Cemitério Santo Antônio trafegou pelos lugares onde a engenheira cresceu — passou pela porta da casa de sua tia Nancy, na avenida Afonso Pena, onde antes moravam os avós maternos, e pela porta do Colégio Ibituruna, na rua Israel Pinheiro, onde ela cursara parte do ensino fundamental e todo o ensino médio. Naquela segunda-feira, a mais triste que Valadares havia visto, mesmo quem não era parente de Izabela foi tocado.

— Seu Helvécio, meu nome é Jair Alves Pinheiro. Sou o ex-comandante do 6º Batalhão da Polícia Militar. O senhor não me conhece. Eu só queria te dar um abraço — disse, emocionado, o militar.

* * *

Paloma só conseguiu enterrar Heitor no dia 26 de fevereiro. O filho que ela ainda amamentava quando a barragem se rompeu precisou ser identificado por meio de DNA. Dezenove dias antes de sepultar seu único filho, a viúva de Robson, que recebera alta no hospital, havia participado do funeral da irmã Pâmela, adolescente que sofreu escalpelamento com a violência do tsunami de lama. Agora seria a vez de dizer adeus ao seu bebê.

Paloma nem sequer conseguia chorar. Heitor tinha partido antes de completar 2 anos. O menino ainda não falava quando os rejeitos de minério invadiram a casa no momento em que ele brincava no chão da sala junto da tia, por isso, ao enterrá-lo, Paloma se deu conta de que nunca fora chamada de mãe. A maternidade havia sido arrancada dela e também seu direito de construir memória. Sem o som da voz do filho para lembrar, era como se ela tivesse nascido surda.

14.
DE VOLTA PRA CASA

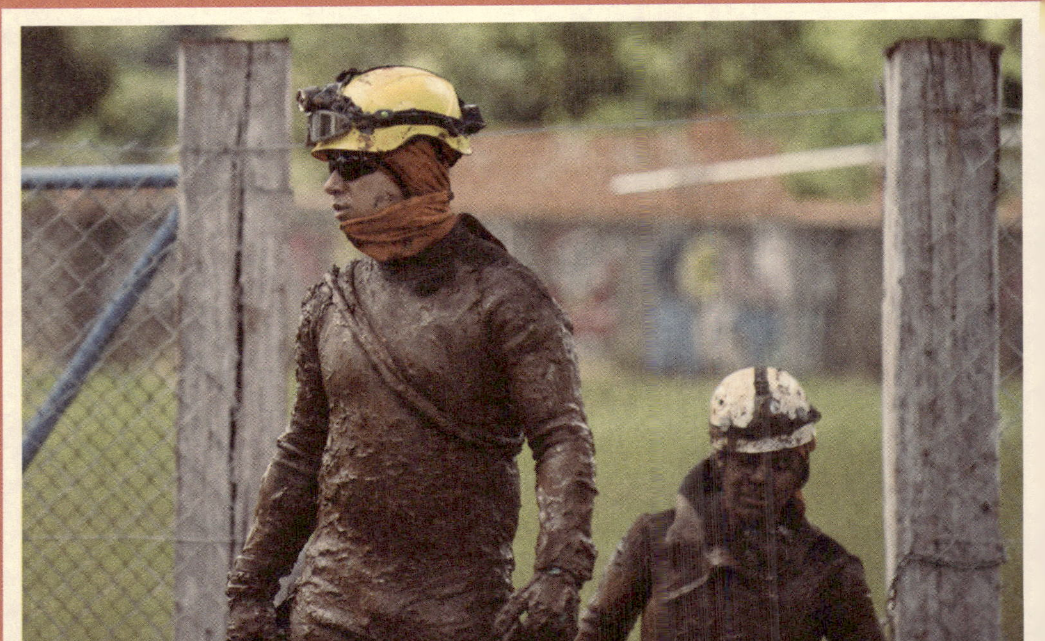

Quando o Corpo de Bombeiros de Minas Gerais saindo da lama foi chamado para atender à ocorrência em Brumadinho, ninguém previa que a corporação enfrentaria ali a operação de resgate mais longa da história do Brasil. Vinte e sete dias de buscas depois, em 20 de fevereiro de 2019, uma quarta-feira, 179 mortes haviam sido confirmadas e 134 pessoas ainda eram consideradas desaparecidas, embora o termo "desaparecido" nunca tenha sido aceito pelos familiares das vítimas. Para eles, todos sabia m muito bem onde seus parentes estavam: em algum lugar embaixo de toda aquela lama. Sá faltava resgatá-los. Não era fácil. Dos 12 milhões de metros cúbicos de rejeitos de minério guardados no reservatório, mais de 10 milhões haviam soterrado tudo o que simbolizava vida: seres humanos, flora, fauna, plantações, córregos, rios. Por isso, ao longo de mais de dois anos e meio de atividades, foram adotadas oito estratégias distintas de salvamento.

    Os corpos que surgiram na superfície da mancha de rejeitos poucos dias depois do rompimento da B1 foram logo recolhidos. Agora seria preciso garantir a retirada das vítimas que estavam nas profundezas do mar de destroços.

Nessa fase da operação, as buscas por segmentos corpóreos se concentravam nos locais com maior acúmulo de rejeitos, caso do Terminal de Carga Ferroviário, onde a lama chegara a 15 metros de altura, a contar do terreno original. O objetivo era reconstruir os acessos com o uso de maquinário pesado para escavações — tais como escavadeiras convencionais, de braço longo e anfíbias, pás carregadeiras, retroescavadeiras, caminhões e desencarceradores. Em um mesmo dia, 130 máquinas chegaram a ser usadas. Em seguida foram adotados os mapas multicritérios, que permitem a análise da combinação de vários dados relacionados aos locais de encontros de corpos, registro de últimos sinais de rádio e celulares e análise da profundidade e altitude da região. Só depois foram iniciadas as chamadas buscas em extensão, por meio de escavações de até três metros de profundidade. Noventa e dois por cento dos segmentos corpóreos encontrados seriam localizados nessa profundidade e somente oito por cento em profundidades ainda maiores.

Como o governador Zema prometera publicamente que a operação seria mantida até o resgate da última vítima, o que significava que não havia prazo para o término das atividades, a Vale montou a Base Bravo, uma estrutura dentro da Mina do Feijão que garantisse as condições de trabalho dos bombeiros. A Base Bravo tinha alojamento e refeitório, espaço para alocar a equipe de atenção à saúde, laboratório para a realização de exames regulares dos militares devido à toxicidade dos rejeitos, tendas de descontaminação, abrigo para os equipamentos com tecnologia de última geração e uma área para o trabalho de inteligência, com local de reuniões.

Até aquele 20 de fevereiro, nenhum militar havia se ferido com gravidade na zona quente. Os casos mais recorrentes envolviam assaduras, dermatites, desidratação, inflamações. Como os bombeiros não queriam ser afastados do resgate, era comum que ocultassem os pequenos cortes que sofriam. Se houvesse necessidade de sutura, porém, a dispensa seria obrigatória por causa do risco de infecção. Mas um acidente com quatro bombeiros, atacados por um enxame de abelhas, alteraria o planejamento do dia, que incluía a transferência do Posto Avançado de Feijão, montado provisoriamente na igreja da comunidade, para a Base Bravo, que ocuparia o lugar do antigo clube de recreação Santa Bárbara. Devido à mudança, os medicamentos, as macas e os equipamentos do ambulatório do Posto Avançado já estavam encaixotados. Em estado grave, com mais de cem picadas cada um, dois bombeiros foram atendidos no chão da igreja pela biomédica Mara Martins e o médico Sérgio França Lara. Coube a eles estabilizar os militares antes que fossem conduzidos de aeronave para o Hospital João XXIII, onde dariam entrada ainda com risco de morte.

Sargento do 3º Batalhão de Bombeiros de Belo Horizonte, Mara chegara a Brumadinho no segundo dia de buscas e não saíra mais de lá. Deixara o filho de 7 anos e o marido na capital e viajara para a Mina do Feijão no próprio carro com uma pequena maleta de remédios e material de curativo para auxiliar a tropa. Entrando na zona rural do município, improvisara um ambulatório na casa paroquial, pois só posteriormente seria erguido um hospital de campanha na região. A ida de Mara para Feijão resultaria na formação de uma equipe de saúde multidisciplinar responsável por cuidar de quem estava cuidando dos atingidos.

Junto com médicos e enfermeiros militares, a biomédica participaria da implantação de um protocolo de saúde que incluía a administração de profilaxia contra a leptospirose e outras doenças e a prescrição de antibióticos aos bombeiros durante as escalas na zona quente. Por questões de segurança e de saúde, cada bombeiro só poderia integrar a equipe de resgate por, no máximo, 21 dias alternados em três semanas de sete dias. Além da coleta periódica de sangue e urina a que eram submetidos, os bombeiros também deveriam ser acompanhados posteriormente por pelo menos três anos, para avaliação das funções renais e hepáticas e controle das taxas do sangue.

Exatamente no dia em que a B1 se rompeu, em 25 de janeiro, Mara havia solicitado transferência para o interior de Minas. Aos 45 anos, catorze deles passados no Núcleo de Atenção Integral à Saúde (Nais) do Corpo de Bombeiros Militar de Minas Gerais, em Belo Horizonte, ela estava se sentindo subutilizada na função que ocupava. Quando o pedido foi deferido, Mara já havia alugado uma casa no povoado de Casa Branca. Desde então, somou mais de 4 mil atendimentos de socorristas. Mudou sua rotina doméstica para se dedicar à operação. Do filho, que ela passou a ver somente nos fins de semana, quando o marido o levava até ela, ouviu a frase que deu mais sentido ao seu esforço:

— Mamãe, quando eu crescer, quero ser bombeiro de Brumadinho.

* * *

Entre os bombeiros há uma brincadeira: os que se acidentam em serviço e não morrem comumente viram alvo de gozação pelos colegas. Foi o caso dos dois militares atacados por abelhas. O acidente, que exigiu dois dias de internação, acabou virando uma espécie de lenda. E, a cada mudança de efetivo, o número de picadas só aumentava nas narrativas feitas pelos colegas — que nem história de pescador. A troca de bombeiros era frequente, já que toda semana novos grupos entravam nas buscas. Não à toa havia um *briefing* diário de segurança coordenado pelos oficiais antes do início das atividades.

Filho de um sargento de infantaria, o tenente-coronel Eduardo Ângelo Gomes da Silva, comandante do Bemad, cresceu ouvindo o pai dizer que "o óbvio deveria ser dito". O filho não só tomou para si a máxima paterna, como a aperfeiçoou. "O óbvio deveria ser dito, e dito muitas vezes", afirmava. Assim, toda vez que assumia o turno de serviço em Brumadinho, ele repassava com a tropa os pontos de atenção para a realização das tarefas, entre os quais a proibição de se fazer registro de imagens na zona quente. As vítimas deveriam ser preservadas. Com quase dois meses de operação, o coronel já tinha rascunhado diversas anotações em seu "Caderno de Obviedades".

— É obvio que o cara não deve circular nu fora do seu alojamento? — perguntava didaticamente, a título de exemplo. — Parece que sim, não é? Mas se fosse óbvio, alguns militares não teriam feito isso. Então, estou falando pra vocês: não pode andar nu fora do alojamento.

Com uma rotina perigosa e exaustiva, os bombeiros aproveitavam esses raros momentos de descontração para rir de si mesmos. Já o tenente Filipe Rocha não conseguia mais sorrir. Apaixonado pela profissão que exercia desde os 20 anos, época em que foi aprovado no Curso de Formação de Oficiais (CFO), na capital, ele completara 28 em uma situação muito diferente da que havia imaginado para si. Primeiro bombeiro a chegar por terra a Brumadinho após o rompimento da B1, junto com o primeiro-sargento Márcio Lourenço Santana — os dois salvaram seis pessoas —, o homem alçado ao posto de herói experimentava as próprias dores.

Ainda era cadete quando acompanhou uma ocorrência de corte de árvore com risco iminente de queda sobre a casa de uma idosa em Santa Luzia, região metropolitana de Belo Horizonte. A mulher, extremamente simples e pobre, tinha ficado tão agradecida pela ação dos bombeiros que, enquanto eles terminavam a retirada dos galhos maiores, ela foi à padaria comprar refrigerante e sanduíche de mortadela para oferecer à equipe. Rocha sabia que ela não tinha dinheiro sobrando para aquilo e deduziu que usara suas economias para agradecer, à moda mineira, a atenção. Ali o bombeiro em formação entendeu o caráter social da profissão que abraçara: atender pessoas exigia humanidade. E ele não queria perder a dele.

De uns tempos para cá, no entanto, sentia-se diferente. Não conseguia levar para os relacionamentos pessoais a mesma empatia que sentia por desconhecidos nos eventos em que atuava como socorrista. Como explicar para os colegas de farda que o tenente mais alegre do 2º Batalhão tinha sido tomado por uma tristeza indefinível? Escondeu de todos o diagnóstico de depressão que recebera no fim de 2018. Se pudesse, esconderia até de si mesmo. Por preconceito e um certo machismo, relutou em pedir ajuda profissional. Só o fez depois que os amores da sua vida — a mãe, o pai e a irmã — reconheceram nele uma irritação que o afastava dos mais próximos. Por causa do alerta dos familiares, o bombeiro iniciou um tratamento terapêutico em janeiro de 2019, mas o assunto ainda era tabu em seu meio. Por isso, preferia não comentar as dificuldades pelas quais passava.

Além da depressão, enfrentava um drama familiar. Sentia-se impotente por não ter conseguido impedir que os pais fossem desalojados da fazenda que compraram no município de Itatiaiuçu com as economias de uma vida inteira. Catorze dias após a destruição da Mina do Feijão, uma parte do município precisou ser evacuada devido à ameaça de rompimento da barragem Serra Azul, pertencente à ArcelorMittal, uma das maiores produtoras de aço do mundo. Às pressas, de madrugada, a família foi retirada da fazenda, distante apenas 9 quilômetros da barragem, e hospedada em um hotel de Itaúna, onde permaneceu por três meses. Depois todos foram realocados pela empresa em uma nova propriedade, não podendo retornar ao lugar que elegeram para morar após a aposentadoria. Embora o soterramento do sonho de seus pais fosse doloroso para Rocha e ele estivesse encarando os próprios fantasmas, o militar acreditava que resgatar os mortos era uma maneira de consolar os vivos. E estava ali, em Brumadinho, para isso.

* * *

Desde que se familiarizara com a operação, Rocha sentia-se especialmente comovido com o desaparecimento do engenheiro Daniel Abdalla, de 27 anos — um ano mais novo que ele. Quando a B1 estourou, Daniel dirigia uma Duster e estava acompanhado de três colegas: a engenheira de produção civil Eliane, grávida de cinco meses; o analista de planejamento Cláudio Leandro Rodrigues Martins; e o engenheiro Cristiano Jorge Dias. Eliane tinha terminado o almoço, naquele 25 de janeiro, e voltava a pé para o escritório da Reframax quando Daniel lhe deu carona, para poupar a gestante do esforço da caminhada sob sol a pino. Mas, ao passar pela estrada abaixo do reservatório, o veículo foi surpreendido pela onda de rejeitos.

Rocha integrava a equipe de bombeiros mais próxima do local em que a Duster havia sido vista pela última vez. Ele coordenava a Frente 5, como era chamada a turma de profissionais saídos do norte do estado. Ali na zona quente, eles construíram uma história de amizade com os socorristas da capital. Era 2 de abril, uma terça-feira. A operação entrava no 69º dia e 217 mortes já haviam sido confirmadas. Mas 53 pessoas ainda precisavam ser encontradas, entre elas os passageiros da Duster. Procurar um veículo na lama era como tentar localizar uma agulha em um palheiro. Contudo, ninguém queria desistir.

Perto do horário do almoço, Rocha foi chamado no rádio pelo segundo-sargento William Pereira, 42 anos, que estava na parte central da pera ferroviária:

— Chefe, eu tropecei em um objeto aqui perto do talude. Veja se ele já está plotado na listagem dos materiais que foram encontrados.

— Como é esse objeto? — perguntou o tenente.

— É parecido com um cano.

Rocha abriu o aplicativo criado pela corporação para lançar a localização de todos os objetos colhidos na área de buscas e não viu nenhuma imagem que se assemelhasse à descrição do sargento nas coordenadas apontadas por ele. O tenente, então, dirigiu-se imediatamente para a área onde o segundo-sargento estava, perto da pilha de minério que alcançara a caminhonete de Sebastião e Elias — salvos por Rocha e Santana no dia do rompimento. Depois de fotografar o objeto encravado na terra, Rocha enviou a imagem por WhatsApp para a avaliação de seus superiores e de funcionários da Vale que acompanhavam a operação. Era preciso definir se havia indícios suficientes para deslocar até lá as máquinas que trabalhavam em outra frente.

— Como ninguém conseguiu identificar o que é, vamos ter que escavar — decidiu Rocha, avisando a equipe: — E como não dá para cavar no braço, óbvio, vou ter que trazer a máquina pra cá.

Na noite anterior, duas máquinas importantes haviam quebrado. De modo que deslocar um equipamento para outro ponto implicava alterar a logística traçada e investir horas preciosas em algo duvidoso. Ciente do peso de sua decisão, o tenente pediu baixinho:

— Meu Deus, me ajude. Estou tirando de lugar a máquina principal das buscas.

O deslocamento da máquina ocorreu na hora do almoço. Nas duas horas seguintes, seu operador retirou a terra do entorno do cano. Um buraco de 1,5 metro de profundidade foi aberto e os bombeiros acharam lá dentro um cano vermelho. O tenente fotografou e mandou a imagem para o capitão Cristiano Antônio Soares, 38 anos, avaliar. Minutos depois, recebeu a resposta:

— Rocha, esse cano se parece com o do sistema de instalação de hidrantes que a Reframax estava implantando.

— Poxa — disse Rocha —, se é da Reframax, foi deslocado lá do prédio de ITM para cá. Então aqui virou um ponto de busca, porque no ITM havia vítimas a serem encontradas, inclusive as pessoas que estavam na Duster. Vamos manter a máquina aqui.

Rocha intuiu que haveria algo debaixo de toda aquela lama, mas não compartilhou o sentimento com ninguém. O trabalho continuou por mais 30 minutos e, de repente, a escavadeira bateu em outra peça. Uma mola de suspensão foi puxada para a superfície. O apito foi acionado. Rocha, que coordenava mais uma frente de trabalho na mina e estava a alguns metros dali, ouviu um grito ao longe.

— Tenente, tenente, olha — mostrou o cabo Pablo Eugênio Vieira de Sousa, 32 anos, balançando a peça no ar.

Rocha estremeceu. Os bombeiros já haviam encontrado molas do sistema do trilho de trem e até dos amortecedores de vagão de carga soterrados pela avalanche, mas aquela era diferente.

— Gente do céu, isso é uma mola de um 4×4 — gritou Rocha, enquanto corria na direção do colega que portava o equipamento e, ao mesmo tempo, chamava o condutor de outra máquina. — Venha para cá!

— Achamos uma mola — avisou o tenente pelo rádio.

A escavadeira continuou retirando terra do local. Em nova investida, uma roda foi içada. Rocha pegou seu cantil e usou a água para limpar a calota, onde então apareceu o símbolo da Renault.

— É a Duster. Meu Deus! Capitão, capitão — chamou o tenente pelo rádio. — Achamos a Duster aqui. Precisamos de prioridade. Mandem os cães de busca para cá.

Antes mesmo que chegasse a dupla tutor e cão, conhecida como "binômio", um cheiro forte invadiu a área, anunciando a existência de vítimas ali. Era fim de tarde, horário em que a operação se encerrava por motivo de segurança, mas a comoção era tão intensa que o trabalho se estendeu até a noite com iluminação fornecida por geradores.

De longe, Josiane, irmã de Eliane, acompanhava a intensa movimentação. Ela sabia que Eliane estava dentro da Duster na hora do rompimento porque fora vista por colegas de trabalho entrando no carro. Josiane também era funcionária da Vale, mas estava afastada do emprego desde o rompimento da barragem por problemas de saúde desencadeados após o episódio. O perímetro estava protegido pela polícia e somente pessoas ligadas à operação podiam transitar pela área. Mas a engenheira, que tinha sido avisada da movimentação, conseguiu entrar escondida na mina com a ajuda de Romero, o chefe de Eliane que acompanhava as buscas desde o primeiro dia.

— Josiane, eles vão me prender por sua causa — alertara ele, preocupado com a transgressão das regras.

— Se te prenderem, você fala que eu te obriguei a me trazer aqui.

Josiane permaneceu abaixada entre os carros. Horas depois, a presença dela seria revelada pelos latidos dos cães de salvamento e um supervisor da multinacional determinou sua saída.

— Josiane, infelizmente não posso deixar você aqui. Você já sabe que acharam a Duster.

Ela não conseguia responder. Apenas chorava.

— Vamos torcer para que sua irmã esteja dentro do carro — disse o homem, penalizado, encaminhando-a para a Base Bravo.

* * *

A cada nova investida da escavadeira, segmentos corpóreos eram localizados e apresentavam um grau surpreendente de preservação. Horas depois, um Iphone acabou sendo achado e Rocha levou-o até Romero.

— É o telefone do Daniel... — confirmou o gestor de produção da Reframax. — Ele era o único na equipe que tinha esse modelo mais novo.

O grupo foi tomado de emoção.

Dias depois, os bombeiros conseguiriam resgatar no chip daquele aparelho a tocante mensagem que o engenheiro recebera naquele 25 de janeiro de 2019. "Dani, Deus abençoe o seu dia", escrevera o odontologista Carlos Fernando Abdalla, seu pai, seis horas antes do rompimento da barragem. "O seu também", desejara o filho. Apesar da vontade dos militares de continuar as buscas, as escavações foram interrompidas quando os bombeiros descobriram que a Duster estava debaixo de um vagão de trem, a cerca de 5 metros de profundidade. Para remover o vagão precisariam de um maquinário maior.

No fim da tarde, por volta do mesmo horário em que partes do carro finalmente foram avistadas em meio à lama da Mina do Feijão, Carlos Fernando Abdalla — que ainda não sabia do achado — sofreu um mal súbito no meio da rua, em Belo Horizonte. Com 60 anos, o pai de Daniel teve a impressão de estar sofrendo um infarto. Ao entrar em casa, no bairro de Lurdes, encontrou a esposa, Raquel Guimarães Almeida, 58 anos, na sala. Comentou com ela sobre o aperto no peito, mas nem houve tempo de aprofundarem o assunto. Em minutos, o dono da Reframax, Renato Vieira Ribeiro de Souza, casado com Ruth, a irmã de Raquel, bateu na porta, trazendo a notícia:

— Encontraram o carro do Daniel e alguns objetos dele.

Católicos, os pais do engenheiro sentiram uma certa sensação de alívio. Acreditavam que o espírito do filho já tinha sido acolhido, mas era preciso enterrá-lo para dar sequência ao ciclo do luto. Comovido, o pai do jovem se lembrou da última vez em que falou ao celular com seu caçula, que estava hospedado em Brumadinho. Foi numa chamada de vídeo, feita por Daniel na véspera do rompimento da barragem, quando pai e filho combinaram a compra de um cachorro para presentear Raquel no aniversário dela, que seria comemorado três dias depois. A surpresa estava sendo mantida em segredo. Antes de encerrar a ligação, Raquel também falou com o filho. Na despedida, Carlos Fernando sentiu algo diferente. Não sabia explicar bem o que era.

— Raquel, você notou como o Daniel está bonito? Eu nunca o vi tão iluminado quanto hoje — comentou ele com a mulher depois de desligarem a videochamada.

* * *

Já era tarde da noite no alojamento da Base Bravo e Rocha não conseguia dormir. Desejava que o dia clareasse logo para retomar as buscas envolvendo a Duster. E não entendia por quê, afinal, estava tão afeiçoado a tudo aquilo.

Ao amanhecer a equipe do tenente se apresentou no Terminal de Carga Ferroviário. Com corpos no local, uma boa parte do trabalho precisou ser feita manualmente, com pá. Horas depois, retirado o vagão, a Duster finalmente foi removida, toda destruída. O veículo estava a pouco mais de 1 quilômetro do ponto em que fora alcançado pelos rejeitos e dentro dele havia dois corpos. Um terceiro foi encontrado fora do carro. Ainda faltava um quarto corpo.

Apesar de diversos objetos pessoais terem sido localizados ali, como carteiras, documentos e celulares, a iden-

Equipe liderada pelo tenente Rocha durante a escavação para localização do carro onde estavam quatro funcionários da Reframax

tificação definitiva das vítimas só seria possível após o envio dos segmentos para o IML.

* * *

Eram 19 horas do dia 3 de abril, uma quarta-feira, quando o telefone de Josiane tocou em Brumadinho.

— Boa noite, aqui é do IML. Estamos ligando para avisar que identificamos o corpo de Eliane de Oliveira Melo.

Josiane esperava por esse momento havia mais de dois meses. Se, por um lado, a notícia era uma forma de consolo, por outro, destruía sua esperança de que a irmã fosse encontrada viva em algum lugar.

— Vocês olharam o bebê? — perguntou, ansiosa. — A Maria Elisa estava lá com ela?

Desconcertada, a profissional foi sincera:

— Olha, eu não me atentei para isso. Te ligo em dois minutos.

Pouco depois, o telefone chamou novamente. Era a assistente social do IML.

— Fique tranquila. Todo mundo aqui sabia que sua irmã estava grávida, então, não mexeram nela enquanto não passasse por exames de imagem. A neném está inteira.

Para Josiane, essa resposta era importante. Era a garantia de que a irmã não ficara sozinha em nenhum momento, porque esteve sepultada na lama junto com a filha.

Dos que estavam na Duster, Eliane foi a primeira a ser sepultada. Daniel só seria enterrado no dia 7 de junho no Parque da Colina, em Belo Horizonte. A identificação dele e do engenheiro Cristiano Jorge Dias precisou ser realizada por meio de DNA, um processo mais demorado. Foi identificado também no IML o analista de planejamento Cláudio Leandro Rodrigues Martins. Dos 59 colaboradores da Reframax que trabalhavam na Mina do Córrego do Feijão, 37 morreram.

Após o encontro da Duster, o tenente Rocha permaneceu na mina até o dia 9, quando folgaria. Mas um colega do seu batalhão que tinha prova na faculdade pediu que fizesse uma troca com ele na escala. Assim, o militar permaneceu na operação por mais um dia. Naquela quarta-feira, 10 de abril, ele estava trabalhando na zona quente quando foi chamado pelo rádio por um superior na Base

Raquel e Fernando com o filho, o engenheiro Daniel

Bravo. "Gente do céu", pensou, receoso, "tomara que não seja alguma advertência. O que será que eu fiz de errado?". Conforme Rocha foi se aproximando do local onde deveria se apresentar, notou uma movimentação atípica.

— Vem aqui — chamou o major Alysson Alexandre Tiago Malta.

Rocha sentiu um frio na barriga. "Gente do céu, o trem é grave", imaginou, enquanto seguia o oficial. Finalmente o major parou em frente a uma família, apresentando-o:

— Olha, esse aqui é o Rocha.

O que será que estava acontecendo ali?

— Esses são os pais de Daniel — explicou Malta. — Aquela ali é a Bruna, irmã mais velha dele. Toda a família veio de Belo Horizonte até aqui para agradecer à equipe que encontrou o Daniel.

Rocha desabou. Tentou dizer que fez apenas o seu trabalho, mas não segurou as lágrimas ao ser abraçado por Carlos Fernando e Raquel.

— Meu Deus, a sua fisionomia lembra muito a do nosso filho — comentou Raquel, chorando.

— Vocês são anjos na Terra — completou Carlos Fernando. — Quando chegamos aqui, sentimos que Deus estava presente.

Tenente Filipe Rocha com Elias Nunes, funcionário da Vale que ele resgatou do mar de lama

Rocha foi inundado por imenso bem-estar. Havia tempos não se sentia assim. No fim do encontro, recebeu uma carta de agradecimento do casal de quem, mais tarde, acabou se transformando em uma espécie de filho do coração. "Para os heróis que trabalharam incessantemente nas buscas dos desaparecidos em Brumadinho, nosso profundo respeito e gratidão eterna", dizia um trecho do texto.

Naquele dia, quando o tenente Rocha chegou ao Parque Riachuelo, em Belo Horizonte, onde morava com a família, foi direto falar com o pai, o homem que professava o espiritismo e era o seu exemplo de bondade.

— E aí, vocês acharam alguma coisa lá? — perguntou Lucas Rocha ao ver o filho.

— Pai, foi o senhor quem mandou os espíritos irem lá e mostrarem pra gente onde estava aquele carro, não é? Eu estava perdido. Um colega tropeçou no cano e achamos aquelas pessoas. O senhor não imagina como foi. Alguém fez a gente achar esse trem.

— Eu sabia — disse ele, sorrindo.

— Desde aquele dia, pai, eu fiz as pazes comigo — contou o tenente.

Lucas Rocha olhou-o com ternura. Estava feliz de ver o homem que o filho havia se tornado.

15.
EU ME RECUSO

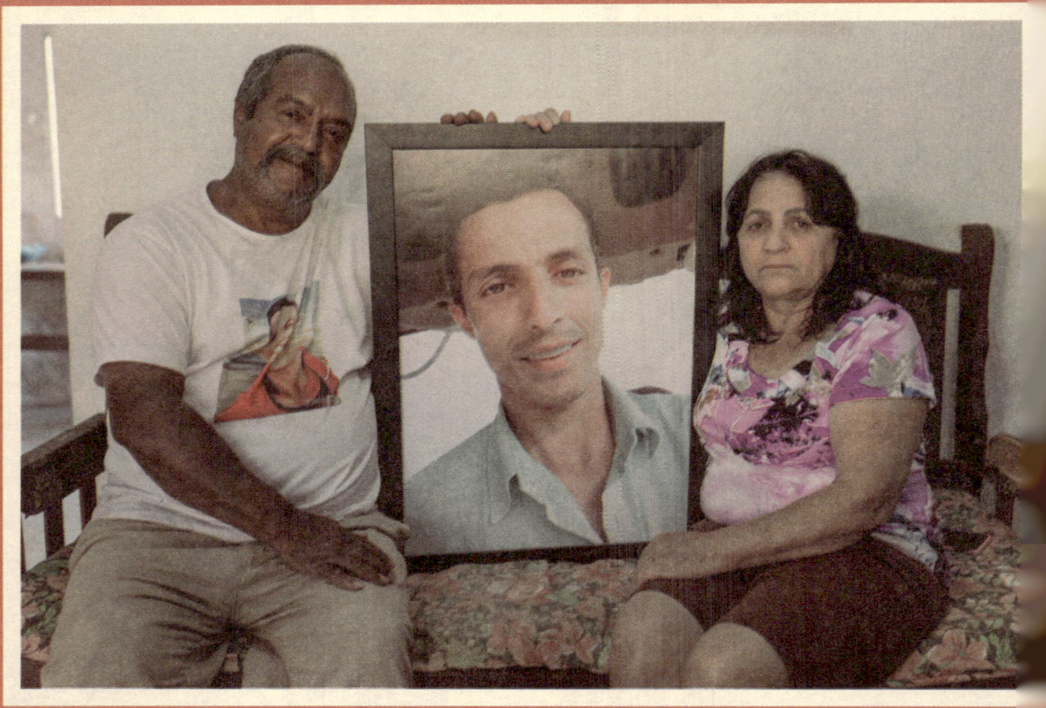

Às vésperas do Dia das Mães, o telefone tocou na casa simples do bairro José Henrique, em Brumadinho. Era uma sexta-feira, 10 de maio de 2019. Desde que Vagner Nascimento da Silva, de 39 anos, saíra de moto para trabalhar na manhã de 25 de janeiro seus pais aguardavam por notícias. O operador de motoniveladora e carregadeira da Mina do Córrego do Feijão foi visto pela última vez no prédio da medicina do trabalho, onde tinha consulta agendada com a médica Marcelle Porto Cangussu. Ele já havia recebido o Atestado de Saúde Ocupacional, que o liberava para a função que exercia, quando a mancha de rejeitos o encontrou. O documento, localizado depois pelos bombeiros, confirmaria a realização do exame clínico periódico do empregado da Vale. O papel, assinado pela médica minutos antes do rompimento da barragem, estava rasgado e sujo de barro.

    Ironicamente, o atestado com o nome e o número da matrícula do funcionário alertava para os riscos ocupacionais aos quais ele estaria submetido por dirigir máquinas de grande porte para nivelamento de pista dentro da mineradora. "Vibração de Corpo Inteiro" era o problema potencial apontado por Marcelle, que, como os outros funcionários da Vale, não tinha a mínima ideia do risco real que todos ali corriam nos prédios abaixo da B1.

A falta de informações sobre o filho paralisara a vida da família. Seus pais, Alderico Rodrigues da Silva, 60 anos, e Arlete de Souza Silva, 56, buscavam desesperadamente uma resposta, mas não a encontravam. Sentiam-se em meio a um turbilhão sem data para terminar. E, apesar de terem o couro duro, pois a vida deles sempre fora de muita luta, nada que já tivessem enfrentado se comparava à perda do filho, que nascera no dia de Natal.

Para casar-se com Arlete, Alderico precisou "roubá-la". Filha de uma diarista e um trabalhador braçal analfabetos, os pais dela não concordavam que a menina de 15 anos namorasse um rapaz cinco anos mais velho. Alderico bem que tentou formalizar o pedido, mas, diante da intransigência do futuro sogro, o jovem de 20 anos propôs a Arlete:

— Se você quiser passar a vida trabalhando ao meu lado, vambora.

Ela topou e os dois se casaram no Vale do Jatobá, em Belo Horizonte. O pai ficou de mal com a adolescente e não voltou atrás nem quando soube do nascimento do neto. Arlete foi mãe aos 17 anos. Catorze anos depois de dar à luz Vagner, ela e Alderico passaram a sonhar com um segundo filho. Arlete, porém, fazia questão que fosse uma menina e foi conversar com o marido. Alderico ficou apertado diante da exigência da mulher e resolveu ensinar a ela um "truque" que ajudaria a definir o sexo do bebê.

— É só olhar pra Lua — avisou.

Mas qual seria a Lua certa para conseguir ser mãe de menina?

— E eu lá vou saber? — respondeu Alderico, divertindo-se.

Fato é que Arlete deu à luz Daiane e a família ficou completa. Quando Vagner concluiu o ensino médio, empregou-se como motorista em uma empresa terceirizada. Apaixonado por carros desde criança, tinha 7 anos quando importunou a mãe até ela fazer sua vontade: pedir um volante de presente em um ferro-velho qualquer. Ela foi com o garoto e ele saiu de lá com o seu primeiro acessório de carro. Seu desejo era dirigir veículos de grande porte. E ele conseguiu. Após ser contratado pela Vale, Vagner casou-se, tornou-se pai aos 23 anos e estava terminando a construção da casa própria, ao lado da dos pais, quando o colapso da barragem interrompeu seus projetos.

Todos os dias, antes de sair de casa bem cedo, às 5h30, Vaguinho se despedia de Alderico. Naquele 25 de janeiro, o operador brincou com o pai ao passar pelo portão, em direção à rua:

— Ô véio, tô indo mexer o doce.

O pai permaneceria à porta de casa até o início da noite. Mas Vaguinho não apareceu. Por isso, quando a assistente social do IML telefonou para a família dele 105 dias após a última vez que Vagner fora visto, seus pais acreditaram que o tormento chegaria ao fim. Arlete atendeu e ouviu do outro lado da linha:

— Este telefone pertence a dona Arlete?
— Sim — respondeu ela.
— A senhora está acompanhada neste momento?
— Sim — balbuciou a mulher.
— Pode pegar uma caneta e um papel?
— Ahã — disse Arlete, pedindo à filha que anotasse o número que a assistente social passaria a ela e ela repassaria à filha.

Era um número de protocolo de nove dígitos referente à identificação do corpo. Em seguida, recebeu a mensagem que Arlete intuíra que viria:

— Foi identificado o familiar da senhora, Vagner Nascimento da Silva.

Arlete sentiu o baque, mas já tinha a pergunta pronta na ponta da língua:

— Mas o corpo dele está inteiro?
— Infelizmente, não.
— O que vocês acharam dele?
— A perna direita, que estava ligada à ponta da coluna. Um pedaço do intestino e outro da pélvis. O reconhecimento se deu por DNA.

— E como eu vou enterrar apenas uma perna do meu filho? — questionou Arlete.

Não havia resposta. Além do membro do jovem, a calça que ele usava também fora encontrada. Dentro do bolso estava o exame médico de rotina que ele tinha feito naquela sexta-feira, considerando-o apto para o trabalho. O papel estava incrivelmente conservado, a ponto de poder ser lido.

Testemunha de Jeová, Arlete se recusou a buscar o corpo de Vagner no IML. Já Daiane fez questão de ir a Belo Horizonte para ver de perto o que restara do irmão, apesar de ter recebido recomendações em contrário. Quando a lona preta foi aberta, ela pôde visualizar a coxa de Vaguinho, a canela — quebrada em várias partes — e um dedão. O pouco que restara estava destroçado.

Após a descrição da filha, Arlete tomou a difícil decisão de esperar que os bombeiros encontrassem outras partes para enterrá-lo, o que tornou sua perda ainda mais dolorosa.

— Nossa vida se resumiu a fazer soma de segmentos de corpos — confidenciaria a um parente consternado com o drama da família.

* * *

O IML, que realizou a identificação de 69 vítimas por impressão digital uma semana após o rompimento da barragem, conseguiu fazer 118 novas identificações em fevereiro e mais trinta em março, somando 217 vítimas identificadas cientificamente 64 dias após a tragédia, o que correspondia a 80% do total. Depois disso, porém, o processo de identificação tornou-se mais trabalhoso ainda, em função da grande segmentação dos corpos, e passou a exigir técnicas avançadas de necropapiloscopia.

Com a pele dos cadáveres já se desprendendo, era necessário, em alguns casos, que o papiloscopista usasse água quente para destacar o tecido e "calçá-lo" na própria mão — tal qual uma luva epidérmica — a fim de tentar o reconhecimento por meio da leitura biométrica. Vestir a pele de outra pessoa não era apenas um processo delicado, era também simbólico. Permitia que os legistas se

Equipe do IML de Belo Horizonte posa ao lado de policiais da Polícia Civil e da Polícia Federal de Brasília que viajaram para a capital mineira, onde trabalharam no apoio à identificação das vítimas de Brumadinho

colocassem, literalmente, no lugar do outro. Uma aula e tanto de prática médica, mas, principalmente, de empatia.

Além da luva epidérmica, foram usadas resinas para a criação de moldes da impressão digital, fotografias ultra-ampliadas para a comparação das linhas cutâneas das digitais e até a reconstrução destas por meio de reidratações feitas com silicone, com o objetivo de devolver a curvatura do dedo e garantir que o exame pudesse ser efetivado.

O médico-legista João Batista Rodrigues criou um banco de dados *ante-mortem* com o tipo de calçado e o número usado por cada vítima no dia do tsunami de lama. Até os modelos de uniformes adotados de acordo com a função desempenhada na Vale foram recriados para ajudar no trabalho. Eventuais tatuagens ou outros sinais característicos das vítimas também integravam seu levantamento. Além disso, a partir de um único raio X odontológico da vítima fornecido pelas famílias, a equipe de João Batista buscou novas chapas nas clínicas correspondentes.

Apesar de todo o empenho do IML, a reidentificação de casos passou a ser uma realidade. Quando novos segmentos de uma mesma vítima eram encontrados pelos bombeiros — houve até quinze identificações de uma só pessoa —, o processo era tão doloroso para os parentes que o Instituto Médico Legal optou por deixar para as famílias a difícil decisão de ser ou não avisada a cada fragmento localizado. Noventa e nove por cento dos familiares não quiseram receber uma nova comunicação.

A perna de Vaguinho é um dos duzentos segmentos corpóreos que aguardam uma destinação. Eles estão sendo mantidos em um caminhão frigorífico que permanece no IML. A ideia é que sejam levados para uma área do memorial que está sendo construído com recursos da Vale na região do Córrego do Feijão.

* * *

Arlete ainda se recusa a enterrar somente um pedaço do filho. Permanece à espera de que o restante seja encontrado. Para além dessa dor, ela também viveu, como outros familiares de vítimas, o esgarçamento das relações sociais na cidade, em virtude dos valores distribuídos pela Vale a título de indenizações. Arlete trabalhava em uma loja de conveniência e era obrigada a ouvir todo tipo de comentário ofensivo. É que três dias após o rompimento da barragem, a Vale anunciou a doação de R$ 100 mil para as famílias das pessoas cujos nomes constavam da relação de desaparecidos elaborada pela Defesa Civil e da lista de vítimas fatais. Em seguida, anunciou a doação de R$ 50 mil para as famílias cujas residências estavam situadas total ou parcialmente nas Zonas de Autossalvamento (ZAS) da B1. Outros R$ 15 mil foram encaminhados para os que exerciam atividades produtivas ou comerciais dentro das ZAS e, por isso, tiveram reduzida a sua renda. Um levantamento da Associação Estadual de Defesa Ambiental e Social apontou 38 grupos socioeconômicos que tiveram a renda comprometida em decorrência da tragédia. O setor de turismo, por exemplo, foi um dos mais afetados.

Em 20 de março de 2019, um mês depois da assinatura de um Termo de Acordo Preliminar com órgãos da justiça, a Vale passou a depositar, mensalmente, ao longo de um ano, pagamentos emergenciais a cerca de 100 mil pessoas como forma de reparação pelos danos coletivos causados pelo rompimento da barragem.

Atraídos pelos valores, indivíduos que nem sequer residiam no município viajaram para lá, a fim de aplicar golpes na empresa e na população. As tentativas de fraude resultaram na instauração de inquérito pela Polícia Civil e na prisão de dez pessoas por estelionato, formação de quadrilha, falsidade ideológica e falsificação de documentos públicos e particulares.

Mas a decisão de realizar, por critérios geográficos, o depósito de um salário mínimo por adulto, meio salário mínimo por adolescente e um quarto do salário por criança a todos os moradores do município e aos residentes até 1 quilômetro da calha do rio Paraopeba — de Brumadinho a Pompéu, na represa de Retiro Baixo —, dividiu as famílias que perderam entes queridos. Isso porque o auxílio mensal assegurou repasses a todos, inclusive pessoas capazes de se manterem sem o benefício, como empresários da cidade e membros do poder público. Assim, o depósito que visava garantir a autossuficiência das famílias resultou em distorções diversas. O número de pessoas que se declararam moradoras de Brumadinho, por exemplo, superou em muito o apontado pelo IBGE. Em 2020, a população do município era estimada em 40.666 habitantes. A Vale, no entanto, realizou pagamentos emergenciais mensais para mais de 50 mil pessoas no período.

Considerando o salário mínimo de 2019, fixado em R$ 998, uma família formada por pai, mãe e dois filhos (um menor e outro adolescente) recebeu, em média, da Vale, R$ 2.744,50 mensais por doze meses. E o benefício se manteve depois disso. Após a mobilização dos atingidos, o pagamento emergencial se estendeu até 25 de outubro de 2020, seguido de novas prorrogações e repactuações, como a redução do valor pela metade para os que não se encaixassem no critério original: morar nas comunidades diretamente afetadas pelo rompimento da barragem e participar de programas de reparação.

A luta pela permanência do auxílio gerou uma guerra de interesses. De um lado, movimentos sociais que se apresentavam como representantes dos atingidos criticavam a Vale pelo poder de decidir, apontar e aprovar quem seriam as vítimas ditas "legítimas" da tragédia que ela mesma causara. De outro, havia um clamor pela adoção de novos critérios na transferência desses recursos. Em meio a esse turbilhão, estavam pessoas como Arlete, que, além de sofrerem pela perda de seus amores, sofriam com a falta de empatia dos que se tornaram codependentes do pagamento emergencial oferecido pela empresa.

— É, Mário, há males que vêm para bem. A barragem estourou, mas todos nós vamos ter dinheiro no bolso — disse um cliente ao dono da loja na qual Arlete trabalhava.

A funcionária não se conteve:

— O senhor perdeu alguém lá?

— Eu, não.

— Pois eu perdi meu filho. Até hoje ele está enterrado no meio daquela lama — disparou Arlete, magoada.

— A senhora me desculpe, dona Arlete.

— Desculpa não resolve o que você pensa. Eu preferia não ter ouvido isso — lamentou a mulher, que pediu demissão por não conseguir lidar com situações como aquela.

***

Fora o auxílio emergencial, houve uma espécie de indústria de indenizações, o que estimulou um clima de especulação e desconfiança generalizada no município. Mais de 50% das ações que tramitaram — e ainda tramitam — no Poder Judiciário estadual em Brumadinho são em desfavor da Vale por danos materiais e morais relacionados ao rompimento da B1. Entre as causas estão a perda de parentes, de amigos, da atividade econômica, a perda e a desvalorização de imóveis, a devastação da lavoura, a falta de água potável, a restrição do direito de ir e vir de moradores da zona rural e o acometimento de danos psicológicos.

Para dar uma resposta jurídica aos reais afetados pelo rompimento da barragem e construir uma história diferente da causada pelo rompimento da Mina do Fundão em Mariana, cuja maioria dos atingidos esperam até hoje por reparação, a Defensoria Pública de Minas Gerais firmou, em 5 de abril de 2019, um Termo de Compromisso com a mineradora. O instrumento fixou um piso indenizatório (e não um teto) para a reparação civil das pessoas vitimadas pela catástrofe, incluindo-se: os que tiveram seu imóvel ou outros bens patrimoniais avultados pela lama de rejeitos; os que tiveram seus imóveis isolados ou removidos; os possuidores de imóvel na área atingida; os que tiveram sua atividade produtiva inviabilizada; os que tiveram prejuízos econômicos; os que tiveram dano em razão de morte ou desaparecimento de parente próximo; e os que alegaram não ter condições emocionais de continuar a residir nas áreas afetadas.

Os acordos extrajudiciais realizados por defensores públicos através do Núcleo Estratégico de Proteção aos Vulneráveis em Situação de Crise — criado após o desastre de Mariana — conseguiram, de fato, dar celeridade às negociações e ao recebimento dos valores referentes aos danos individuais, patrimoniais e morais ou por núcleo familiar. Mas ainda há os que dizem ter direitos e que não se sentiram contemplados. Até agosto de 2021, 513 acordos mediados pela Defensoria já tinham sido homologados, beneficiando 908 pessoas e movimentando mais de R$ 201 milhões. A indenização média por acordo foi de R$ 478.466,70, chegando a R$ 221 mil por beneficiário. Para resguardar a intimidade das famílias, a Defensoria Pública optou por não divulgar os nomes das pessoas e os valores envolvidos.

* * *

Os moradores da região de Brumadinho sofreram também com a ruptura dos laços sociais, já que mais de quinhentas pessoas foram retiradas do seu lugar de origem e acomodadas, pela Vale, em ambientes nos quais não se reconheciam, como pousadas, hotéis ou casas alugadas. Na construção de soluções que visassem à pacificação social, a Defensoria buscou garantir que os atingidos pudessem recomeçar a vida com dignidade. Se forem somados os acordos mediados pela Defensoria e os conduzidos por advogados não só em Brumadinho, mas também nas regiões onde foi necessária a evacuação das casas, devido a risco de rompimento de outras barragens, a Vale pagou mais de R$ 2 bilhões, entre indenizações cíveis e trabalhistas.

Até 20 de outubro de 2021, a Vale firmou acordos cíveis que envolveram 8.956 pessoas. Na esfera trabalhista, fechou 1,4 mil acordos, favorecendo 2,4 mil pessoas. Em caso de morte de funcionário da multinacional, pais, cônjuges ou companheiros e filhos de trabalhadores falecidos receberam, individualmente, R$ 500 mil, acrescidos de um seguro adicional por acidente de trabalho no valor de R$ 200 mil. Para os irmãos das vítimas, o valor foi de R$ 150 mil. Foi previsto também o pagamento de dano material ao núcleo de dependentes no valor de R$ 800 mil, além do pagamento de plano de saúde vitalício para os cônjuges ou companheiros e os filhos dependentes até completarem 25 anos.

Fora isso, em junho de 2021, a Justiça do Trabalho condenou a Vale a pagar R$ 1 milhão por danos morais a cada empregado da mineradora que perdeu a vida no rompimento da barragem. Os valores deverão ser destinados aos espólios das vítimas e aos herdeiros. A multinacional entrou com recurso contra essa decisão.

***

Morador do Parque da Cachoeira, um dos bairros de Brumadinho mais prejudicados pelo rompimento da B1, Eomar Aparecido de Souza, 52 anos, diz que se sente dividido em relação ao dinheiro que a Vale deposita mensalmente em sua conta, a título de reparação. Acostumado a enterrar defunto desde os 15 anos, o coveiro considera-se afetado pela tragédia desde que começou a sepultar moradores cujo crescimento acompanhara, caso de Cleosane e João. Outras vítimas, como Jonatas e Marcileia, tinham praticamente a idade dele. Sem contar a tristeza de assistir ao enterro da mesma pessoa mais de uma vez, com a descoberta de novos segmentos. Ele sabia de três casos.

Depois do rompimento, o homem que nasceu no terreno comprado pela Ferteco e só teve três anos de estudo também testemunhou um colega abandonar a profissão por não conseguir mais dormir. Primeiro, o sujeito passou a sorrir sem graça, depois mudou a forma de se comportar. Por fim, teve as "ideias abaladas", após ser contagiado pelo luto alheio. Isso ele também viu. Por isso, quando o dinheiro da mineradora é depositado no banco, ele divide a dor que sente com a esposa:

— Mulher, nós recebemos um salário cada um por causa da tragédia. O que nós estamos fazendo?

Como diz precisar do dinheiro, ele aceita o pagamento emergencial, mas pensa quase sempre: "Morreu muita gente pra esse dinheiro chegar na nossa mão." Daí empregar o recurso para ter mais qualidade de vida. No seu caso, o auxílio está sendo usado na lenta reforma da cozinha e na realização de seu maior sonho: ter um fogão a lenha para chamar de seu. Sua casa fica a 700 metros da mancha de lama, onde, por sorte, os destroços não chegaram. Como recebeu resposta negativa a seu pedido de indenização, ele ingressou com uma ação na Justiça contra a multinacional, ainda em tramitação.

Com mais medo dos vivos que dos mortos, Eomar aprendeu a respeitar quem partiu. É o próprio coveiro quem faz os túmulos de sua família; foi ele também quem exumou o corpo do pai e o da irmã. Hoje, seu maior desejo é que sua mãe, a mulher guerreira que pariu sete filhos e morreu em seus braços, um dia apareça para ele. Enquanto isso não acontece, ele segue lidando com a própria consciência e com a memória de quem se foi.

16. TRAGÉDIA ANUNCIADA

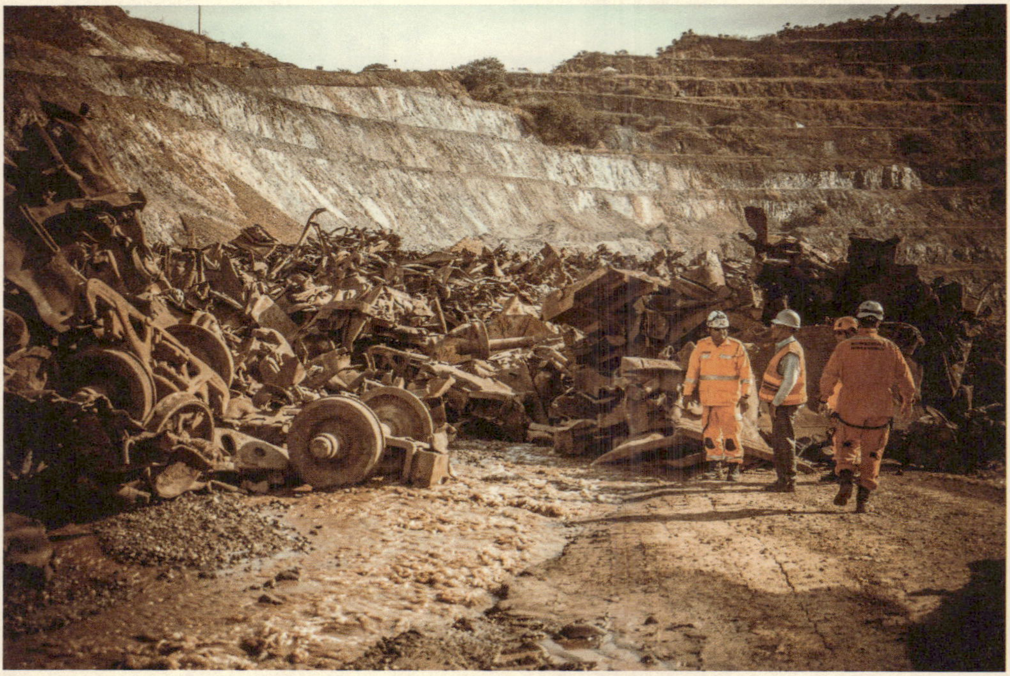

O comandante do avião King Air c90, o capitão da Polícia Militar de Minas Gerais Luís Fernando Silvestre, sabia que a pista principal de pouso e decolagem do aeroporto de Congonhas, em São Paulo, só abriria às 6 horas. Mas naquela madrugada de 29 de janeiro de 2019, uma terça-feira, a torre foi avisada pelo rádio que a aeronave precisava pousar, a fim de que as autoridades a bordo pudessem dar andamento a uma operação prioritária para o estado mineiro. Com a pista aberta em caráter excepcional, um representante do Grupo de Atuação Especial de Combate ao Crime Organizado (Gaeco) do Ministério Público de Minas, acompanhado de homens do Batalhão de Operações Policiais Especiais (Bope), desembarcou na capital paulista, onde a equipe se dividiu. Parte dela seguiu para o bairro Jardim Vila Mariana, onde morava André Jum Yassuda, e outra para o bairro Jardim Novo Mundo, endereço de Makoto Namba. Ambos eram engenheiros e trabalhavam para a empresa alemã Tüv Süd, uma das maiores organizações de serviços técnicos do mundo. A Tüv Süd foi a responsável pela emissão, em 1º de setembro de 2018, do último laudo de estabilidade da Barragem 1 da Mina do Córrego do Feijão, isto é, menos de cinco meses antes do colapso de sua estrutura.

— Seu André Jum Yassuda? É a polícia. A gente tem mandado de busca e apreensão — informou o delegado da Polícia Civil de São Paulo, que dava apoio ao promotor de Minas Gerais Luiz Felipe Cheib para o cumprimento do mandado judicial.

Passaram-se 10 minutos e a porta principal do imóvel continuava fechada.

— Se não abrir, a gente vai arrombar — avisou o policial.

Finalmente, a porta foi destrancada e aberta por uma mulher que se apresentou como empregada doméstica. Ao entrar na sala do confortável apartamento, o grupo encontrou André Jum Yassuda, consultor técnico da Tüv Süd, sentado no sofá. Ele estava abraçado a uma mochila. Ao ver os policiais, saiu correndo para o interior do apartamento. Cheib o seguiu e, quando ele fez menção de entrar num banheiro, o promotor colocou o pé entre a porta e o batente do cômodo, impedindo que Yassuda se trancasse ali dentro.

Levado de volta para a sala, o engenheiro continuou abraçado à mochila.

— Fique calmo, estamos aqui para buscar informações — afirmou o delegado, cuja equipe andou por toda a casa recolhendo documentos, celulares, pen-drives e computadores.

Saindo do imóvel preso, Yassuda foi levado para o aeroporto do Campo de Marte. Dentro do avião, que seguia para Belo Horizonte, ele viu que o colega Makoto Namba, coordenador da Tüv Süd, havia sido igualmente detido. Impedidos de conversar durante o trajeto, eles permaneceram em silêncio. Yassuda, porém, continuou com a mochila em seus braços sem soltá-la nem por um instante. Não adiantaria; ela também seria apreendida.

Ao desembarcarem na Pampulha, os investigados foram levados para a Procuradoria-Geral de Justiça, no bairro de Lurdes, para onde o geólogo da Vale César Augusto Paulino Grandchamp, preso em Belo Horizonte em outro braço da operação, já tinha sido levado. Outros dois funcionários da multinacional foram detidos na capital mineira, mas os investigadores não encontraram provas da ligação deles com o evento do dia 25 de janeiro de 2019. A medida cautelar de busca, apreensão e prisão temporária dessas cinco pessoas havia sido deferida pela juíza da comarca de Brumadinho, Perla Saliba Brito, às 21h40 do domingo seguinte ao rompimento da B1, ou seja, no dia 27. A magistrada, de plantão naquela data, atendera a um requerimento formulado no dia anterior pelo Ministério Público estadual.

* * *

Quando os materiais apreendidos na ação desencadeada na madrugada de terça-feira começaram a ser analisados pela força-tarefa coordenada, em Belo Horizonte, pelo promotor de Justiça William Garcia Pinto Coelho, 40 anos, um documento, em especial, chamou a atenção da equipe: uma folha de papel A4 achada dentro da mochila de Yassuda. Nela havia cópias de fragmentos de conversas trocadas por e-mail entre alguns funcionários da Tüv Süd no Brasil. A empresa tinha, então, seis contratos com a Vale. Em um deles, relacionado à elaboração de projetos e à revisão periódica de segurança nas barragens, o valor fixado superava R$ 10 milhões.

Nas mensagens impressas por Yassuda, ficou claro para os investigadores que as conversas giravam em torno da segurança da B1 da Mina do Córrego do Feijão e da pressão exercida pela Vale sobre a empresa em relação à declaração da estabilidade de uma barragem em risco. Pior: havia entre eles a dúvida sobre ceder ou não às investidas da gigante da mineração. Se a Vale não conseguisse a declaração de estabilidade da B1, as atividades da mina teriam de ser paralisadas, uma opção que parecia não fazer parte dos planos da multinacional.

Um núcleo criminal reservado para a força-tarefa foi, então, montado na rua Ouro Preto, na capital mineira. A Procuradoria-Geral de Justiça disponibilizara dois andares de um de seus prédios para trabalhos de inteligência e investigação. A fim de manter e documentar todos os materiais recolhidos durante as operações — conhecidos na prática penal como "cadeia de custódia" —, os técnicos realizaram cópias forenses dos computadores e celulares apreendidos, gerando códigos hash que asseguravam a integridade do conteúdo. A partir daí, uma equipe interdisciplinar da força-tarefa passou a analisar tudo o que foi rastreado, entre e-mails, mensagens de texto, apresentações, relatórios e estudos produzidos e circulados nas duas empresas.

De imediato, os técnicos constataram que o Fator de Segurança (FS) da B1 já vinha sendo discutido internamente pelos funcionários da Tüv Süd e apontado como abaixo do mínimo aceitável. "As análises não drenadas ainda não estão passando", avisara o especialista da empresa alemã Marlísio Oliveira Cecílio Junior, por e-mail. Marlísio se referia a um FS inferior a 1,3, enquanto o internacionalmente recomendado era um fator igual ou maior do que esse. Em sua mensagem, ele pontuava que, mesmo diante de um FS baixo, discutiria internamente "possíveis soluções" sobre o assunto. "Ainda tenho esperança", afirmava.

Entre o volume de material analisado pelo grupo, formado por cinco promotores, três delegados da Polícia Civil e dez policiais militares, além de um geólogo e outros especialistas, esse documento representou o fio da meada para o início das investigações. Embasaria ainda uma segunda fase da operação, com a realização de novas buscas e apreensões e o cumprimento de treze prisões temporárias no total. Ora, se o FS da B1 estava abaixo do mínimo aceitável e o laudo de estabilidade fora emitido mesmo assim, a hipótese de acidente começava a ser descartada. Qual teria sido, então, o caminho tomado a partir daquelas conversas? Era o que a força-tarefa precisava descobrir.

— Pessoal, procurem toda a sequência dessa troca de mensagens nos computadores do grupo da Tüv Süd. Precisamos achar os e-mails corporativos — alertou, perplexo, o promotor William, recém-operado após ter rompido os ligamentos do joelho. — É muito grave perceber que, oito meses antes do ocorrido na Mina do Córrego do

Feijão, as pessoas estivessem discutindo internamente a falsificação de documentos e a assunção de risco proibido.

Com mestrado internacional na área de anticorrupção e especialização em investigações de crimes corporativos, William trabalhava havia quinze anos na Promotoria. Filho de um mineiro com uma capixaba, ele nasceu no Rio de Janeiro, mas retornou às origens familiares após ser aprovado no concurso do Ministério Público de 2004 e se mudar para Minas. Ele e o órgão que representava estavam mobilizados com a apuração do caso e o levantamento de dados que poderiam levar a uma possível responsabilização na esfera criminal das duas empresas e também de funcionários de ambas.

* * *

Ao seguir o caminho apontado pelos documentos apreendidos, a força-tarefa traçou uma linha do tempo. Em 13 de maio de 2018, o engenheiro Makoto Namba enviou um e-mail para o consultor técnico Arsênio Negro Júnior, da Tüv Süd, em que abordava, abertamente, os riscos de a subsidiária brasileira da empresa atestar a estabilidade da B1: "O Marlísio está terminando os estudos de liquefação da Barragem 1 do Córrego do Feijão, mas tudo indica que não passará, ou seja, o Fator de Segurança para a seção de maior altura será inferior ao mínimo de 1,3. Dessa maneira, a rigor, não podemos assinar a Declaração de Estabilidade da barragem que tem, como consequência, a paralisação imediata de todas as atividades da Mina do Córrego do Feijão. [...] Amanhã à tarde, teremos reunião com a Vale, onde estarão presentes a Marilene, o César Grandchamp, que irão nos questionar se vamos assinar ou não. A primeira resposta que será dada é que os estudos ainda serão auditados por Leandro Moura, portanto, os resultados mostrados não serão definitivos. O próprio estudo do Marlísio ainda não é definitivo. Mas, como sempre, a Vale irá jogar contra a parede e perguntar: e se não passar, irão assinar ou não? Para isso, teremos que ter a resposta da Corporação com base nas nossas posições técnicas. Não para amanhã, mas precisamos discutir internamente com urgência."

Um dia depois, uma nova e intensa troca interna de mensagens entre os funcionários da empresa alemã foi realizada, quando então Arsênio Negro Júnior escreveu um texto com conteúdo surpreendente. Segundo o técnico, a definição da questão com a equipe da Tüv Süd era importante, "sob risco de a Vale usar o 'Contrato As is' como *blackmail*". A expressão em inglês *blackmail* é utilizada para se referir a chantagem. Arsênio Negro Júnior parecia temeroso de que uma negativa da consultora alemã sobre a declaração de estabilidade da barragem — nesse caso, a apresentação do documento nas esferas de fiscalização estaduais e federais seria obrigatória por lei — colocasse em risco a assinatura de novos contratos com a mineradora. O contrato com o valor mais alto, ainda por assinar, tinha sido orçado em mais de r$ 10 milhões. Mas, ao contrário do que Arsênio imaginava, o contrato foi assinado pela multinacional já no dia seguinte, mesmo diante da indefinição sobre a declaração de estabilidade da b1.

Em novo e-mail interno, enviado em 15 de maio de 2018, o funcionário Vinicius Wedekin, também da Tüv Süd, mostrava-se preocupado com a postura da Vale e não parecia disposto a ceder. "[...] Como fica a credibilidade dos resultados? Sempre que não passar, a Vale vai envolver uma outra empresa até ter um resultado benéfico para ela?" A incômoda questão apontada por Vinícius tinha fundamento. Um mês antes daquela troca de e-mails, ocorrera uma ruptura no consórcio formado pela Tüv Süd e a Potamos, empresa brasileira de consultoria e projetos especializada em recursos hídricos, geotecnia e meio ambiente. As duas tinham celebrado contrato com a Vale em fevereiro de 2017 para fazer a gestão de riscos de treze barragens e diques da divisão de minérios ferrosos. Com a divergência em relação aos critérios adotados para o levantamento dos fatores de segurança da b1, a equipe técnica da Potamos seria afastada em abril de 2018, deixando de acompanhar diretamente os estudos de liquefação na Mina do Córrego do Feijão.

***

Fato é que, desde o fim de 2017, a Potamos se tornou uma pedra no sapato da Vale. As divergências começaram quando a empresa de consultoria identificou problemas estruturais na B1, como a falta de informações históricas a respeito do reservatório. Isso colocava em xeque as medições feitas anteriormente, que poderiam ter levado à assinatura de declarações de estabilidade com base em dados incorretos.

Essa preocupação havia sido levantada publicamente em um evento organizado pela Vale no dia 16 de novembro de 2017. Naquela manhã, a equipe técnica da Potamos, representada pela engenheira civil graduada pela Escola Politécnica da Universidade de São Paulo (USP) Maria Regina Moretti, participou de um Painel Internacional de Especialistas no Hotel Caesar Business Belvedere, em Belo Horizonte, para alguns convidados. Na presença de renomados consultores nacionais e internacionais contratados pela Vale, Maria Regina apresentou conclusões preocupantes relacionadas ao baixo FS da B1.

De acordo com o estudo da Potamos, o FS da barragem estava em 1,06, ou seja, muito inferior ao mínimo de 1,30 previsto na norma brasileira e recomendado por práticas internacionais. A própria Vale reconhecia, em análises anteriores relacionadas à barragem, o fator de 1,30 como o limite de risco tolerável. Dessa forma, ficava evidente que não seria possível atestar a estabilidade da maior barragem de rejeitos da Mina do Córrego do Feijão.

Por causa do impasse sobre o FS da B1, especialistas da Potamos e da Tüv Süd se reuniram com funcionários da mineradora, ainda em dezembro de 2017, na Mina de Águas Claras, na Região Metropolitana de Belo Horizonte, a fim de recomendar medidas para melhorar a segurança da B1. A Potamos sugeriu a instalação de uma Berma de Estabilização, espécie de aterro a ser construído na frente do maciço da barragem para reforçar o barramento. Já a empresa alemã propôs a instalação de drenos horizontais profundos. Por meio desse sistema, a água do interior da barragem seria retirada, minimizando a pressão, o que, em tese, melhoraria a estabilidade do reservatório.

No dia 11 de dezembro de 2017, Arsênio Negro Júnior e Makoto Namba trocaram mensagens por WhatsApp com impressões sobre os primeiros encontros que começavam a acontecer na Mina de Águas Claras. No diálogo eles se queixavam da mineradora. "[...] Querem apenas que atestemos", escreveu o consultor técnico da Tüv Süd ao se referir aos funcionários da multinacional, entre eles, Washington Pirete da Silva, engenheiro especialista da Vale.

No dia 19 de janeiro de 2018, um ano e seis dias antes do rompimento da B1, a Potamos encaminhou à multinacional uma nota técnica com alternativas para o reforço da segurança do reservatório frente ao risco de liquefação, fenômeno decorrente de algum gatilho — por exemplo, o aumento da pressão da água —, levando o rejeito minerário a perder a resistência e passar do estado sólido para o liquefeito. No relatório, seis ideias foram apresentadas para aumentar a segurança da B1. Preocupada, a equipe da Potamos pediu, na nota técnica, que intervenções urgentes fossem tomadas: "A Potamos recomenda fortemente que se estude mais profundamente a proposta de retaludamento da barragem no âmbito da lavra da barragem, na medida em que se trata apenas de uma priorização de escavação e representa um ganho importante de segurança, ainda que por si só não leve a barragem a uma situação de atendimento a critérios consagrados de segurança."

* * *

Em 29 de janeiro de 2019, quatro dias após o rompimento da barragem, o país acompanhou, estupefato, a divulgação das primeiras notícias da operação desencadeada pelo Ministério Público. Naquela terça-feira, cinco pessoas foram presas, simultaneamente, em Minas Gerais e São Paulo, por um grupo de agentes do Gaeco. Mesmo com os engenheiros de São Paulo — André Jum Yassuda e Makoto Namba — tendo optado, inicialmente, por se manterem em silêncio durante as oitivas, o material apreendido levou a novas e importantes apreensões.

Os advogados dos investigados impetraram *habeas corpus* em favor de seus clientes no Tribunal de Justiça de Minas Gerais (TJMG), mas todos foram liminarmente negados.

A partir daí, uma guerra jurídica começou a ser travada. O desembargador relator do TJMG, Marcílio Eustáquio dos Santos, manteve a decisão da juíza de primeira instância, Perla Saliba Brito. O Superior Tribunal de Justiça (STJ), porém, determinou, por meio de decisão liminar, a soltura de Makoto e Yassuda uma semana após a prisão de ambos, decisão que alcançou os três funcionários da Vale presos, entre eles o geólogo César Augusto Paulino Grandchamp.

Ainda assim, o ritmo das investigações conduzidas pelo Gaeco continuou acelerado devido à descoberta de novas mensagens trocadas entre Makoto Namba, da empresa alemã, e o engenheiro Felipe Figueiredo Rocha, da Vale. Pelo WhatsApp, no dia 30 de maio de 2018, Makoto adiantou para Felipe o resultado final das medições do FS de 1,09 para liquefação, o que ainda era considerado abaixo do aceitável. "Queria ter passado valores melhores, mas foi o que deu", escreveu Makoto para Felipe. No mesmo dia, a gerente da Vale Marilene Lopes de Assis Araújo acionou pelo aplicativo de mensagens o gerente executivo da empresa, Alexandre de Paula Campanha, e avisou: "Teremos a Declaração de Estabilidade, mas o FS (Fator de Segurança) são os acima mencionados. A empresa fez muito esforço, mas não deu para ser diferente."

Assim, emitiu-se um Laudo Técnico de Segurança da Barragem a ser usado, posteriormente, para subsidiar a Declaração de Condição de Estabilidade da B1 perante a Fundação Estadual do Meio Ambiente (Feam). Nele, a Tüv Süd afirmava que o FS para liquefação em condição não drenada era maior do que 1,05. A fim de dar credibilidade ao trabalho e assegurar que, mesmo abaixo do internacionalmente praticado, aquele FS poderia ser aceitável, os representantes no Brasil da certificadora alemã citaram um artigo científico publicado três anos antes em um jornal de Engenharia Geotécnica e Geoambiental da Universidade de Oregon, nos Estados Unidos, para defender o parâmetro. "Os resultados mostrados por aqueles autores indicam que um Fator de Segurança superior a 1,05 cobre um possível erro de método de cálculo utilizado." Estava finalmente aberto o caminho para a emissão de um documento de declaração de estabilidade da B1 baseado em critérios perigosos.

Apesar de adotar parâmetro de segurança inferior para a B1, as emissões de Declaração de Condição de Estabilidade feitas pela empresa alemã para outras cinco barragens de rejeitos de mineração da Vale, naquele mesmo período, utilizaram o FS de 1,3 como valor mínimo para condição não drenada. Significa que, para a avaliação de outras barragens de minério, a própria Tüv Süd usava medidas diferentes das adotadas para a B1. Outra questão que inspirou desconfiança no próprio ambiente de certificação foi a existência de um claro conflito de interesses, pois a Tüv Süd, empresa que realizava a auditoria externa das barragens da Vale, também era contratada pela multinacional para fazer a consultoria interna da gestão de segurança dos reservatórios.

* * *

Dando continuidade às investigações, a força-tarefa coordenada pelo Ministério Público estadual encontrou anotações manuscritas importantes no escritório do gerente executivo de Governança e Geotecnia da Vale, Alexandre de Paula Campanha, dentro da Mina de Águas Claras.

— Pessoal, olha isso aqui — mostrou o promotor William, indicando o documento.

A reação do grupo foi de incredulidade ao descobrir que em junho de 2018, sete meses antes do colapso da B1, havia circulado entre empregados da multinacional uma planilha denominada "Top 10 — Probabilidade", na qual constava um ranking de dez barragens da empresa em situação de risco acima do aceitável. A B1 ocupava a oitava posição, com probabilidade de rompimento por erosão interna. A consequência financeira de seu rompimento, com alerta, era estimada pela Vale em R$ 6,5 bilhões. Somando as consequências financeiras em caso de rompimento das dez barragens, a Vale estava ciente de que poderia gastar quase R$ 100 bilhões em ações de reparação.

A planilha com as "Top 10" foi apresentada no Painel de Especialistas, encontro nacional realizado pela em-

Promotor do Ministério Público Estadual William Garcia (primeiro à direita) durante os trabalhos de investigação sobre o desastre. Ao lado dele estão os promotores Francisco Chaves Generoso e Paula Ayres Lima

presa entre os dias 18 e 20 de junho de 2018, no Hotel Max Savassi, um quatro estrelas de Belo Horizonte. O encontro interno tratou, entre outros temas, das análises de liquefação na Barragem Sul Superior e na B1. Nas folhas de papel em posse de Alexandre de Paula Campanha, estavam manuscritas as frases: "fazer um bom planejamento p/ B1. Tomar cuidado". E ainda: "Definimos FS (fator de segurança) maior ou igual 1,3."

Agora a força-tarefa precisava chegar a outros nomes da empresa que tinham ciência da existência do risco de rompimento da B1. Após o promotor William conseguir a lista de participantes do evento, os pontos começaram a ser ligados. As evidências recolhidas na primeira operação embasaram a segunda, ocorrida em 15 de fevereiro de 2019. Naquela sexta-feira, treze pessoas haviam sido presas temporariamente em três estados brasileiros: Minas Gerais, Rio de Janeiro e São Paulo. Desse total, cinco já haviam sido presas na primeira operação.

Da Vale, além de Alexandre de Paula Campanha, foram presos o gerente executivo Joaquim Pedro de Toledo, os gerentes Renzo Albieri Guimarães Carvalho e Marilene Lopes de Assis Araújo. Ainda, os engenheiros Cristina Heloíza da Silva Malheiros e Felipe Figueiredo Rocha, além de mais dois técnicos. Na ocasião, foram cumpridos catorze mandados de busca e apreensão nos escritórios da Vale e nas residências dos investigados.

As prisões foram mantidas pela 7ª Câmara Criminal do Tribunal de Justiça de Minas Gerais. Contudo, em uma queda de braço jurídica entre o TJMG e o STJ, prevaleceu a determinação de soltura dos presos treze dias após a prisão. Além de dois técnicos, Alexandre de Paula Campanha, Felipe Figueiredo Rocha, Joaquim Pedro de Toledo e Renzo Albieri Guimarães Carvalho deixaram a Penitenciária Nelson Hungria, em Contagem. Cristina Heloíza da Silva Malheiros e Marilene Lopes de Assis Araújo foram liberadas do Complexo Penitenciário Feminino Estevão Pinto, no bairro Horto, na Região Leste da capital.

* * *

Àquela altura, as investigações se aproximavam da diretoria executiva da multinacional. Fabio Schvartsman, diretor-presidente da Vale havia cerca de dois anos, acabou sendo afastado do comando da empresa no início de março de 2019, após recomendação encaminhada pela força-tarefa ao Conselho de Administração da mineradora. Antes de perder o cargo, em abril, Fabio defendeu a multinacional em audiência pública na Câmara dos Deputados, no dia 14 de fevereiro de 2019. Em sua fala, ele disse que a Vale era uma "joia brasileira" e que não poderia ser condenada por causa de um acidente que aconteceu em uma barragem sua, por maior que tenha sido a tragédia.

Essa, aliás, era a imagem que Schvartsman tentava passar publicamente: a de que se tratava de uma mineradora voltada para a sustentabilidade ambiental, social e econômica. Oito meses e meio antes do desmoronamento da B1, ele declarou, em evento realizado pelo banco Itaú, em São Paulo, que as barragens de rejeitos da Vale estavam em "impressionante estado de qualidade". Dois meses depois, um ranking mantido internamente pela mineradora apontou que dez barragens da multinacional estavam em situação de risco acima do limite do aceitável, entre elas a B1.

* * *

Fato é que, a partir de todas as informações levantadas pela força-tarefa, foi possível resgatar os capítulos que antecederam o maior desastre humanitário do Brasil. De novembro de 2017 até o fatídico 25 de janeiro de 2019, a barragem deu indiscutíveis sinais de alerta. Todos, porém, foram tratados apenas em âmbito interno. Os acionistas da mineradora, o poder público e a sociedade não tiveram acesso às informações sobre os riscos reais relacionados à B1.

O Ministério Público descobriu que um desses sinais foi registrado em 11 de junho de 2018, época em que a empresa Alphageos, contratada pela Vale, implantava drenos horizontais profundos na B1, conforme recomendação da Tüv Süd. A intervenção visava aumentar a segurança do reservatório e, até aquela data, catorze drenos tinham sido colocados. A perfuração do décimo quinto, no entanto, iniciada às 8h20, foi interrompida às 14 horas, após os responsáveis pelo procedimento notarem um vazamento de lama e um certo aumento da pressão sobre o solo. A suspeita era de que teria ocorrido o que os especialistas denominam *piping*, uma espécie de fraturamento hidráulico decorrente da passagem sem controle de água pelo maciço, carregando partículas de solo e gerando erosão interna a tal ponto que pode provocar o colapso da estrutura. Diante do problema, uma equipe ligada à gestão de Geotecnia da Vale foi a campo inspecionar o reservatório, entre eles, César Grandchamp, Cristina Malheiros, Renzo Albieri e o gerente de mina Alano Reis Teixeira. A Alphageos, então, recebeu orientação para "fechar" o furo, mas o fluxo de água com sedimentos continuou a vazar durante a noite, exigindo medidas emergenciais de madrugada.

Com quase 35 anos de trabalho na área, o auxiliar técnico operacional Olavo Henrique Coelho foi chamado às pressas em casa para ajudar a solucionar a questão. Empregado da antiga Ferteco, ele foi mantido no emprego após a Vale negociar a compra da área, em 2001. Aos 63 anos,

Olavo era considerado um "patrimônio" da Mina do Feijão. Seu filho, Fernando Henrique Barbosa Coelho, 35 anos, responsável pela manutenção do setor de beneficiamento e carregamento de minério, estava cumprindo seu turno de trabalho na empresa quando ouviu pelo rádio a ordem para que fossem buscar seu pai.

— Deve ser coisa séria para chamarem o pai a essa hora — comentou com um colega que trabalhava com ele no prédio de ITM àquela hora.

Funcionários de vários setores seriam mobilizados naquela noite. Apesar dos esforços, o vazamento continuou nos dias que se seguiram. O ajudante-geral Antônio França Filho, da terceirizada Reframax, estava entre os recrutados para trabalhar na colocação de sacos de areia e brita, transportados por carrinhos de mão, a fim de tentar conter o vazamento no reservatório. O imbróglio foi reportado pela engenheira Cristina Malheiros por mensagem de WhatsApp para uma amiga da Vale. "Reza... deu ruim lá de novo", escreveu Cristina. "Não estou brincando", repetiu, "a água está passando por cima da sacaria de areia que fizemos. Reza, amiga." Preocupado com a saúde da barragem, Olavo chamou o filho mais velho para uma conversa séria:

— Fica beirando a barragem, não, porque isso aqui está igual a uma bomba: vai estourar a qualquer hora. Não tem mais jeito. Acabou.

Trabalhando na Vale havia dezoito anos, Fernando, incrédulo, ouviu o que o pai dizia. Desde aquela conversa, ele passou a trabalhar com certa desconfiança, mas jamais imaginou que o dia 25 de janeiro de 2019 chegaria. O próprio Olavo, subordinado do técnico de mina Gleison, não seguiria o conselho dado ao filho.

— Gleison, cadê o pai? — perguntou Fernando por telefone, desesperado, ao receber em casa a notícia do rompimento da B1.

Gleison parecia atordoado.

— Fernando, seu pai estava na linha e desceu pro almoço. Não vem para cá, não, pois está um caos — advertiu.

O corpo de Olavo só seria encontrado oito dias depois. O homem apaixonado pela mineração e por pescaria não conseguiu escapar do tsunami de lama, deixando esposa, três filhos e duas netas.

* * *

A forma como a Vale lidou com o incidente ocasionado durante a perfuração dos drenos horizontais profundos, em junho de 2018, levou Renzo Albieri a escrever e enviar um e-mail para o gerente de Geotecnia da empresa, Ricardo Leão. Na mensagem ele disse, textualmente, que se fosse necessário o acionamento do PAEBM, a Vale não estaria preparada. O PAEBM é um conjunto de procedimentos cujo objetivo é identificar e classificar situações que possam colocar em risco a integridade de uma barragem, estabelecendo as ações necessárias para sanar as situações de emergência e desencadear fluxos de comunicação com os agentes envolvidos. Pelo documento, sempre que forem detectadas anomalias na estrutura de uma barragem, estas devem ser classificadas conforme escalas de risco e nível de emergência por uma equipe de geotecnia.

O *piping* era um fato importante a ser considerado na classificação dos níveis de emergência 1, 2 ou 3. No papel, esses níveis resultam na obrigatoriedade de a empresa acionar órgãos ambientais e outros agentes externos, além de mobilizar equipes de emergência. Esses níveis também preveem, se necessário, o acionamento de sinais sonoros que preparem as pessoas para uma possível evacuação da mina. O incidente de junho foi avaliado pela equipe da Vale como uma situação com potencial comprometimento da segurança. E, apesar de ter sido um evento "não controlado" por três dias, o que o incluiria no nível de emergência 2, implicando evacuação das pessoas que estivessem nas Zonas de Autossalvamento, a equipe da multinacional manteve a ocorrência em nível 1.

Outros problemas foram detectados ao longo daquele ano pelo radar interferométrico instalado na B1. Nos dez meses em que ficou em operação, o equipamento captou deformações no talude do reservatório, algumas alcançando mais de 100 metros quadrados. No primeiro alerta sobre o assunto, o funcionário da gerência de Geotecnia

Operacional da Vale, Tércio Costa, que cuidava do monitoramento do radar, foi surpreendido pela resposta de César Grandchamp.

— Vamos com calma que o andor é de barro — disse Granchamp fazendo uma menção equivocada ao ditado popular "devagar com o andor que o santo é de barro".

Em 18 de janeiro de 2019, apenas uma semana antes do rompimento, um novo e-mail, enviado por Tércio, indicou que as leituras do radar assinalavam movimentos atípicos. O termo "atenção", em letras maiúsculas, acompanhava a mensagem. No texto, eram citadas deformações em novas áreas do talude ainda maiores do que as anteriores, alcançando 15 mil metros quadrados na área 17, o que equivalia a dois campos e meio de futebol, e movimentações com grandezas atípicas também nas áreas 4, 14, 15 e 16.

No dia 25 de janeiro de 2019, às 12 horas, 28 minutos e 24 segundos, 314 trabalhadores que estavam dentro da Mina do Córrego do Feijão foram pegos de surpresa pelo colapso da estrutura. Duzentos e quarenta e oito pessoas morreram no exato momento em que foram alcançadas pelo mar de lama. Desse total, 127 eram empregadas da Vale e três estagiavam na multinacional. Outras 118 vítimas trabalhavam em empresas que prestavam serviço para a mineradora. Além disso, oito moradores da comunidade do Córrego do Feijão e outras catorze pessoas que estavam na pousada Nova Estância morreram. Entre os 270 mortos, havia duas mulheres grávidas, elevando para 272 o número de vidas perdidas. Três anos após o crime imputado à Vale, cinco pessoas ainda não foram encontradas.

Tudo aconteceu conforme previsto nos Mapas de Inundação traçados pela Vale no PAEBM aprovado nove meses antes do rompimento. O documento já esclarecia que, em caso de rompimento da B1, toda a área operacional da mina seria atingida. A linha férrea Ramal Córrego do Feijão, pertencente à MRS, também. Na sequência, o povoado do Córrego do Feijão e o bairro Parque da Cachoeira submergiriam. Pelo estudo de *dam break*, ou seja, de ruptura hipotética, o tempo de chegada da inundação em estruturas que estivessem a menos de 2 quilômetros da barragem — os escritórios da mineradora ficavam a 1.371 metros de distância da barragem — seria de 1 minuto. A comunidade do Córrego do Feijão ficava a 2,04 quilômetros dali. A Vale sabia que não haveria tempo suficiente para fuga.

* * *

Em 10 de dezembro de 2019, dia da reunião de fechamento da denúncia que seria apresentada pelo Ministério Público à Justiça, a esposa de William deu entrada no Hospital Mater Dei, em Belo Horizonte, para dar à luz o terceiro filho do casal. Manoela nasceu às 10 horas. Ao meio-dia, o promotor já estava na sala reservada para a força-tarefa, onde tinha sido marcada uma reunião com a equipe de perícia.

Quase um ano após o início das investigações, o Ministério Público de Minas Gerais concluiu, em 21 de janeiro de 2020, que o rompimento da B1 ocorreu "pelo modo de falha liquefação". E ofereceu denúncia por homicídio qualificado contra os seguintes funcionários da Vale: Fabio Schvartsman; Silmar Magalhães Silva; Lucio Flavo Gallon Cavalli; Joaquim Pedro de Toledo; Alexandre de Paula Campanha; Renzo Albieri Guimarães Carvalho; Marilene Christina Oliveira Lopes de Assis Araújo; César Augusto Paulino Grandchamp; Cristina Heloíza da Silva Malheiros; Washington Pirete da Silva; Felipe Figueiredo Rocha. Foram oferecidas denúncias também contra os seguintes funcionários da Tüv Süd: Chris-Peter Meier; Arsênio Negro Júnior; André Jum Yassuda; Makoto Namba; e Marlísio Oliveira Cecílio Júnior. Todos foram indiciados ainda por crimes contra a flora e a fauna. As empresas Vale e Tüv Süd foram indiciadas por crimes contra a fauna e a flora e por crime de poluição.

A denúncia oferecida pelo Ministério Público estadual foi recebida pela 2ª Vara Criminal da Comarca de Brumadinho no dia 14 de fevereiro de 2020, mas o resultado da investigação foi criticado pelo advogado de defesa da Vale: "É absolutamente impensável uma acusação que imputa dolo de forma verticalizada, desde os primeiros níveis operacionais até o presidente da companhia, como se todos, agindo com vontade única, atuassem direcionados a deliberadamente fazerem ou deixarem a barragem se romper, ocasionando, preponderantemente, a trágica morte de seus próprios colegas de empresa e pessoas no entorno."

Os autos, com 18.688 páginas, foram digitalizados e, junto com os DVDs do caso e as USBs Flash Drives, atingiram cerca de 5 *terabytes* de dados digitais. Antes que a sentença fosse proferida, no entanto, os familiares das vítimas e o próprio Ministério Público foi surpreendido com a decisão de federalização do caso.

Na prática, um ano e oito meses após o acolhimento da denúncia, a Sexta Turma do Superior Tribunal de Justiça (STJ) anulou o ato de recebimento da mesma pela Justiça Estadual, além de outras manifestações decisórias praticadas em atendimento aos recursos apresentados pelas defesas de Fabio Schvartsman e do engenheiro Felipe Figueiredo Rocha, ambos ex-funcionários da Vale. Em sua decisão, os ministros justificam que os fatos narrados não são de competência da Justiça Estadual e sim da Justiça Federal. O caso será analisado pela 9ª Vara Federal de Minas Gerais, que poderá acatar a denúncia do Ministério Público ou rejeitá-la. O Ministério Público também pode recorrer contra a decisão do STJ. Com a federalização do caso, os investigados deixam de ser réus. Pelo menos, por enquanto.

* * *

Além das investigações conduzidas no Brasil, a Tüv Süd responde a processo na Alemanha movido pela prefeitura de Brumadinho e por parentes da engenheira Izabela Barroso Câmara Pinto, que trabalhava na Vale. Dois irmãos dela, o piloto Gustavo Barroso e Marcelo Barroso, além do viúvo, Paulo Ricardo Rocha Pinto, estiveram em Munique, no dia 28 de setembro de 2021, para participar da primeira audiência de instrução do caso, que tramita na esfera cível. O veredito da Corte de Munique será conhecido no primeiro semestre de 2022. Só agora, com o andamento do processo, o rompimento da B1 ganhou repercussão na imprensa alemã. Com mais de 25 mil funcionários ao redor do mundo, a Tüv Süd é considerada na Alemanha uma referência nacional em auditorias, inspeções, certificações e consultorias. Um inquérito criminal conduzido pelo Ministério Público de Munique apura se a empresa e os funcionários alemães, entre eles o gestor Chris-Peter Meier — já denunciado pelo Ministério Público brasileiro —, cometeram crime de homicídio, negligência e corrupção.

* * *

No Brasil, a Polícia Federal examinou seis hipóteses de gatilho para que a ruptura por liquefação na B1 ocorresse, entre elas, o incidente durante a instalação dos drenos horizontais profundos. Em fevereiro de 2021, um laudo pericial assinado pelo perito criminal federal Leonardo Mesquita atestou que os gatilhos para o rompimento da barragem teriam sido as perfurações verticais realizadas na estrutura pela Fugro, contratada pela Vale para o serviço.

No início de outubro daquele ano, um estudo conduzido pela Universidade Politécnica da Catalunha, na Espanha, chegaria à conclusão semelhante. O trabalho, realizado pelo Centro Internacional de Métodos Numéricos em Engenharia (CIMNE) por meio de um termo de cooperação entre a Vale e o Ministério Público Federal, sinaliza que a perfuração realizada na B1 no dia do rompimento foi o principal detonador da liquefação. Para a Vale, o estudo conclui que "não houve nenhum indicativo prévio à ruptura da estrutura, que se deu de forma abrupta". A multinacional defende ainda que, se não fosse essa perfuração, "que se destinava à instalação de equipamentos mais sofisticados para leitura do nível de água no interior da barragem e à coleta de amostras", a barragem inativa permaneceria estável, conforme simulações matemáticas realizadas para um período de cem anos.

O perito criminal da PF Leonardo Mesquita, porém, destaca em sua análise que, se a B1 estivesse em condições seguras, as perfurações não teriam sido suficientes para provocar o rompimento. "Já era conhecido que a B1 não atendia aos critérios mínimos de aceitação com relação à segurança estrutural pelo projeto, legislação e boas práticas de engenharia."

No dia 26 de novembro de 2021, às 19h38, o relatório de 204 páginas sobre a investigação — um resumo das 25 mil páginas do inquérito — foi lançado pela Polícia Federal no sistema da Justiça Federal. Relatado pelo delegado Cristiano Campidelli, o inquérito manteve o indiciamento por homicídio duplamente qualificado das 16 pessoas já denunciadas pelo Ministério Público Estadual e ainda incluiu outros três nomes: Gerd Peter Poppinga, o segundo homem na hierarquia da Vale na época do rompimento da barragem, o engenheiro Artur Bastos Ribeiro — integrante da gerência de geotecnia da multinacional —, além da engenheira Andrea Leal Loureiro Dornas, também da gerência de geotecnia da Vale e gestora do contrato com a Fugro.

Segundo o delegado, a Fugro não foi informada, em momento algum, dos riscos de fazer a perfuração na seção de maior altura da barragem, considerada a mais perigosa por ter o menor fator de segurança, 1,09, bem abaixo do mínimo aceitável. Antes de a Fugro ser contratada, outra empresa, a Alphageos, havia se recusado a perfurar a B1 com o uso de água, em função do risco de utilização de fluidos no maciço. "Além de ter dispensado duas empresas que se negaram a dar a Declaração de Estabilidade para aquela barragem, a Vale dispensou outra que não quis fazer a perfuração usando água. Além disso, a multinacional fez três declarações de estabilidade falsa da barragem — duas perante a Agência Nacional de Mineração e uma perante a Fundação Estadual do Meio Ambiente. Tudo deixa claro que o objetivo era não parar (a mina). A empresa também sabia que as sirenes nunca estiveram operantes — embora o alerta sonoro seja exigido por lei desde 2010 —, e que a lama chegaria à área administrativa em menos de um minuto. Em resumo: "a Vale teve muita chance de não errar", apontou o delegado Campidelli.

* * *

Contratado para a realização das perfurações verticais pela Fugro, o sondador Lieuzo dos Santos e outros quatro funcionários da empresa não tinham a mínima ideia de que estavam em cima de uma bomba-relógio. "Eu vi no jornal.

Disseram que o serviço que eu estava fazendo lá foi uma das causas do gatilho. Mas nós éramos mandados. Como eles deixaram acontecer isso e matarem todos os meus amigos? Eles sabiam [do risco] e nos deixaram trabalhar lá", lamenta Lieuzo, único sobrevivente dos cinco que trabalhavam no penúltimo degrau do maciço no instante do rompimento. O sondador do interior de São Paulo foi arrastado por quase 1 quilômetro.

Já o mineiro Miraceibel Rosa, auxiliar de sondagem da equipe, teve somente os dois pés identificados em 13 de novembro de 2019, mais de nove meses após a tragédia. Elis Marina Costa, a técnica de segurança do trabalho que estava com noivado marcado, levou ainda mais tempo para ser encontrada: quase dez meses. O encarregado de obras Noel Borges de Oliveira teria a identidade confirmada apenas no fim de dezembro daquele ano. Olímpio Gomes Pinto, morador da cidade mineira de Caeté, continua desaparecido.

As cinco "joias", como as vítimas não encontradas são chamadas pelas famílias, pelos bombeiros e por todos os agentes envolvidos no processo de reparação, continuam perdidas em meio ao lamaçal que sepultou o futuro. No sentido figurado, seres humanos podem ser comparados a joias. Empresas, não.

17.
O QUE VALE
É O LUCRO

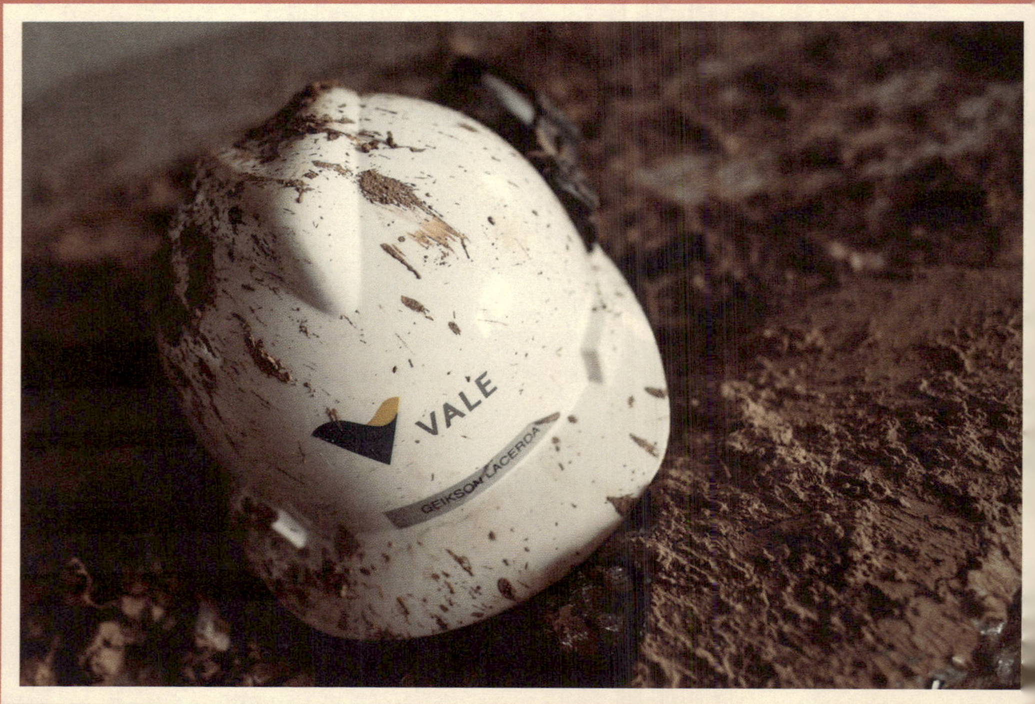
VALE
GEIKSON LACERDA

À frente da Secretaria-Geral do Governo de Minas Gerais, Mateus Simões de Almeida deixou a sala de mediação do Tribunal de Justiça do estado pisando duro. Era fim de tarde do dia 21 de janeiro de 2021, uma quinta-feira, e a audiência com representantes da Vale se arrastava sem entendimento desde as 14 horas. Às vésperas de completar dois anos do rompimento da B1 na Mina Córrego do Feijão, Mateus acabara de dar um ultimato à gigante da mineração. Havia meses o secretário-geral conduzia tratativas para fechar um acordo bilionário com a empresa tendo em vista a necessidade de adoção de medidas de reparação pela devastação provocada após o vazamento dos rejeitos da mina.

— Nós estamos saindo da última audiência de mediação do processo com a Vale — declarou Mateus em entrevista coletiva, ainda dentro do prédio, após a fracassada rodada de negociações. — E é a última, porque não haverá uma nova audiência. Foi definido que, no dia 1º de fevereiro, o processo volta à primeira instância para ser sentenciado pelo juiz Elton Pupo Nogueira [da 2ª Vara da Fazenda Pública e Autarquias da Comarca de Belo Horizonte] pela falta de possibilidade de acordo. Foi dado o prazo de uma semana à Vale para que ela possa apresentar uma nova proposta de valor. É o momento de a Vale assumir a sua responsabilidade, agir com dignidade e reparar os danos que foram causados aos mineiros, ou demonstrar o seu antagonismo com Minas Gerais e a sua posição de inimiga dos mineiros. Nós não vamos nos lançar em um leilão para definir o valor desse acordo.

Os termos do acordo judicial, estipulado em R$ 54 bilhões, haviam sido costurados a várias mãos entre a Advocacia-Geral do Estado de Minas Gerais, as secretarias de Saúde, de Planejamento e Gestão, de Meio Ambiente e Desenvolvimento Sustentável, além do Ministério Público Estadual, do Ministério Público Federal e da Defensoria Pública. O acordo buscava atender às demandas das comunidades atingidas por meio da implantação de um programa que incluísse: transferência de renda no lugar do pagamento emergencial; projetos para a bacia do Paraopeba; reparação socioambiental; compensação socioambiental dos danos; fortalecimento do serviço público; projetos de segurança hídrica. O programa levaria em conta o desconto dos valores discriminados pela Vale como despesas já realizadas para o ressarcimento dos prejuízos.

Apesar de haver muita coisa em jogo, Mateus Simões tirava da manga naquele dia a sua última e ousada cartada: não ceder quanto ao valor proposto pela mineradora. Na prática, ele sabia que a judicialização do processo seria ruim para todos os envolvidos, principalmente para Minas Gerais, duramente afetada pelo desastre, mas ele contava com o respaldo do governador, Romeu Zema. Durante toda a tarde daquele dia, Mateus e as demais autoridades de Minas tinham defendido que os projetos apresentados por eles somavam um valor mínimo suficiente para garantir a recomposição dos estragos causados à população atingida. Mas a multinacional não acatara e propusera, por meio de seus representantes, a metade do que fora pedido:

— Nós oferecemos 50% do que vocês estão pedindo, descontando os R$ 10 bilhões que já gastamos ao longo desse período.

Os desastres e a cotação das ações da Vale

Preço da ação

Eventos marcados: Mariana, Brumadinho, Acordo assinado

- Preços na época do acordo
- Preços na época de Brumadinho
- Preços na época de Mariana

Eixo Y: 0 a 120
Eixo X: 1.1.2000, 1.1.2002, 1.1.2004, 1.1.2006, 1.1.2008, 1.1.2010, 1.1.2012, 1.1.2014, 1.1.2016, 1.1.2018, 1.1.2020, 5.11.2021

Fonte - IBOVESPA

Receita líquida e Lucro líquido - R$ milhões

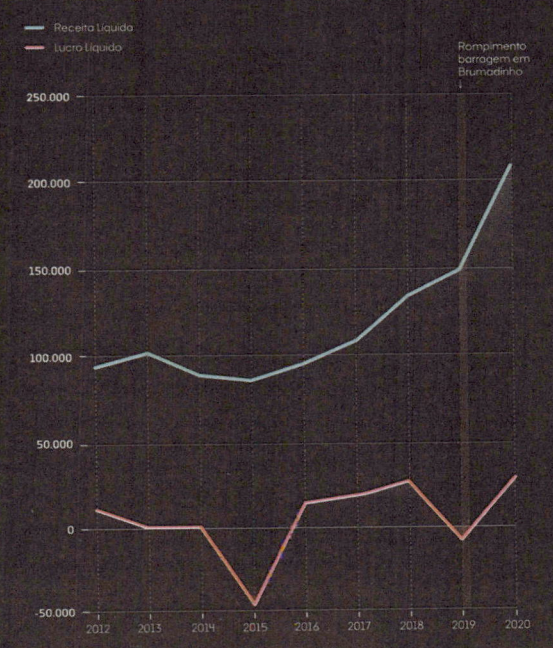

— Receita Líquida
— Lucro Líquido

Rompimento barragem em Brumadinho

Eixo Y: -50.000 a 250.000
Eixo X: 2012, 2013, 2014, 2015, 2016, 2017, 2018, 2019, 2020

Gráficos mostram que ações da Vale se recuperaram após as tragédias de Mariana e Brumadinho e que a companhia cresceu, apesar dos desastres

— Olha, me desculpe — respondera Mateus indignado —, mas eu não estou discutindo o valor, eu estou discutindo apenas os projetos necessários para que essa reparação aconteça. Me explica como vamos executar os projetos que precisam ser realizados com o dinheiro que você está me oferecendo? Não se trata de um número mágico, mas de projetos estruturais que precisam ser atendidos para que haja uma reparação socioeconômica e ambiental.

E foi aí que ele estabeleceu um prazo-limite para a mineradora, que já vinha sofrendo um forte desgaste em sua imagem desde as sabatinas que se seguiram ao pós-rompimento, com a realização das Comissões Parlamentares de Inquérito da Assembleia Estadual de Minas Gerais, da Câmara dos Deputados e do Senado Federal. Juntas, as três cpis geraram mais de 3 mil páginas de levantamentos e apontamentos sobre a responsabilidade da multinacional frente à ruína causada, além de recomendações a diversos órgãos e instâncias relacionados às esferas criminais e civil.

Em meio à entrevista coletiva concedida por Mateus ainda no prédio do tribunal, ele subiu o tom:

— Eu me frustro, na verdade, com a irresponsabilidade demonstrada por alguns que pretendem empreender e acham que isso pode acontecer ao custo de vidas e ao custo de toda uma estrutura econômica e social. Mas eu tenho certeza de que a justiça ainda assim prevalecerá, porque eu tenho repetido que este acordo será celebrado como o maior da história do Brasil, ou a condenação chegará como a maior condenação da história do Brasil. [...] Para nós, não é admissível que o número apresentado pela Vale não permita que as escolas sejam reconstruídas, que as delegacias sejam refeitas, que a polícia se reestruture, que os hospitais possam prestar um serviço de melhor qualidade, que a segurança hídrica seja garantida, que o esgoto seja reconstruído, que a água seja tratada e que o meio ambiente seja, efetivamente, restaurado. Nós não vamos aceitar um valor como se uma migalha fosse lançada. [...] Se não for suficiente, não será aceito. Nós não estamos aqui para pedir uma ajuda para a Vale — quero chamar a atenção para isso. E me incomoda muito o tom que a Vale anda usando, como se tivesse dado um presente aos mineiros. Ela é o nosso algoz. Ela é a criminosa nesse processo.

O secretário se referia à destruição em massa que mais esse despejo de minério de ferro em solo mineiro provocara. Além das perdas humanas, do comprometimento de toda a identidade cultural da comunidade do Feijão, do prejuízo econômico para diversas atividades, como agricultura, pesca e turismo, e dos danos psicológicos, a enxurrada de lama e de materiais tóxicos devastara o território, alcançando o rio Paraopeba e alterando o equilíbrio do seu ecossistema. Junto com o aniquilamento florestal, a onda de rejeitos exterminara animais terrestres, domésticos e silvestres.

O balanço das operações de salvamento de animais terrestres e aquáticos apontara que, até o dia 15 de julho de 2019, cerca de seis meses depois do rompimento, haviam sido localizadas 206 carcaças de animais silvestres terrestres e 305 de animais domésticos, sendo que 25 não puderam sequer ser identificadas. Também foram recolhidas mais de 2,8 mil carcaças de peixes. No trecho compreendido entre a B1 e a foz do ribeirão Ferro-Carvão, foram registrados mais de 14 mil casos de prejuízos à fauna, conforme dados do Laudo da Polícia Federal nº 1.639/19.

Em relação à flora, o rompimento teria causado a deterioração de 269 hectares, área equivalente a 269 campos de futebol — em boa parte da zona de inundação ainda havia remanescentes de vegetação nativa. Para além de todo o rastro de destruição, está a possível contaminação do solo ao longo do tempo, já que os rejeitos de mineração apresentam potencial tóxico. Se for considerado que os mais de 10 milhões de metros cúbicos de rejeitos lançados no meio ambiente se somaram a cerca de 600 mil metros cúbicos de água, pode-se dizer que o desastre permanece em curso.

* * *

O estratégico desabafo de Mateus Simões à imprensa deu resultado. Uma semana depois, a Vale pediu uma audiência para apresentar uma contraproposta. Ainda que o termo "leilão" tenha sido rejeitado pelo secretário-geral, o martelo foi batido em r$ 37,7 bilhões. Desse valor, r$ 26,7 bilhões seriam empregados para a composição dos danos materiais provocados em Brumadinho e em municípios adjacentes — o minério de ferro da b1 percorrera mais de 300 quilômetros. O restante, r$ 11 bilhões, seriam pagos a título de danos morais, o que equivaleria a onze vezes mais do que o valor da maior condenação já aplicada no Brasil. Além disso, uma das cláusulas do acordo previa que houvesse um valor-limite para a recomposição ambiental, que deveria ser feita ao longo de, no mínimo, oito anos, cabendo à Vale arcar com todos os custos dessa reparação.

Do valor acordado, r$ 5 bilhões da empresa já estavam bloqueados desde janeiro de 2019, por meio de medida cautelar. Na ação civil pública movida pelo Ministério Público de Minas Gerais, que resultou em um documento de 188 páginas assinado em 29 de abril de 2019, a curadora de Direitos Humanos de Brumadinho, Ana Tereza Ribeiro Salles Giacomini, de 35 anos, detalhara, junto com outros dois promotores, os danos sociais, morais e econômicos causados à coletividade pela mineradora. Em outra ação socioambiental, mais r$ 5 bilhões da multinacional foram bloqueados.

Quando a força-tarefa foi criada pelo Ministério Público, logo após o acontecimento, Ana Tereza trabalhava na Promotoria Criminal de Santa Luzia, município pertencente à Região Metropolitana de Belo Horizonte. Dois dias depois do rompimento, ela recebeu um telefonema do procurador-geral de Justiça Antônio Sérgio Tonet.

— Em que posso ajudar? — quis saber a promotora, que, naquele dia, estava em Juiz de Fora, em um compromisso familiar.

— Eu preciso que você vá para Brumadinho.

Ana Tereza não pensou duas vezes. Apesar de ter dois filhos pequenos — o mais novo tinha pouco mais de 1 ano —, ela aceitou a vaga na 1ª Promotoria de Justiça de Brumadinho. A partir daquele momento, enfrentaria uma dura rotina: tomaria café com os filhos de manhã e, em seguida, viajaria para Brumadinho, só regressando para seu apartamento no bairro Luxemburgo, região centro-sul da capital, tarde da noite, às vezes de madrugada, após um dia intenso de trabalho.

Ao pisar em Brumadinho, ela encontrou uma cidade em sofrimento profundo. Tudo precisava ser reconstruído, inclusive a confiança daquelas pessoas de que as instituições públicas seriam capazes de representá-las. Percebeu que o desastre era apenas a parte mais visível da tragédia e, apesar de experiente, teve certeza de que jamais tinha visto nada parecido.

Do dia para a noite, Brumadinho mergulhara em uma guerra sem armas. Além do luto na cidade inteira, havia a destruição de pontes e estradas, com comprometimento da mobilidade urbana. Havia também um fluxo migratório da zona rural para a urbana que incentivava um *boom* imobiliário inédito para uma cidade do interior. Havia ainda dor em abundância, perceptível, por exemplo, nos desenhos que ocupavam as paredes das salas de aula das escolas, que voltaram a funcionar em uma tentativa desesperada da prefeitura de retomar a rotina.

— Olha, é a minha vó — disse uma criança ao entregar à promotora um desenho de helicóptero transportando um corpo pelos ares; a avó era uma das vítimas do rompimento.

Na sequência das perdas, havia meninos e meninas sendo atendidos nos serviços de saúde com quadros graves de automutilação. Também pedidos de guarda de crianças para serem decididos e, acima de tudo, a necessidade de oferecer escuta aos que precisavam aprender a lidar com as perdas e com a fúria desencadeada por tamanha violência. Em poucos meses, o sos Brumadinho — um canal de informação criado pelo Ministério Público estadual — atendera 7 mil pessoas.

Diante de tantas viúvas e mães afetadas pela morte de entes queridos, a promotora resolveu criar um grupo com as mulheres da comunidade. Assim, deu vida ao projeto Nós Por Todas, com rodas de conversas mensais para que elas pudessem se reconhecer como coletividade e se sentir acolhidas. Aliás, foi por causa desse trabalho na comunidade que Ana Tereza optou por permanecer em Brumadinho. "Quem não vive para servir não serve para viver" — a frase da ex-secretária de Desenvolvimento Social do município, Sirlei de Brito, uma das vítimas da tragédia, passou a ecoar em sua cabeça depois que a promotora teve contato com o trabalho social que ela havia realizado e com a história de muitas outras vítimas. A mulher que ela não chegara a conhecer a tocara tão profundamente que ela resolveu continuar a participar do processo de reconstrução de Brumadinho por mais de dois anos. Eram tantas demandas emergenciais em uma cidade transformada em canteiro de obras, que Ana Tereza se viu dividida entre voltar para perto do marido e dos filhos ou prosseguir.

Quando, finalmente, encerrou o ciclo de trabalho na comarca e voltou para casa, no dia 19 de fevereiro de 2021, Ana Tereza já não estava sozinha: levava consigo um vira-lata nascido no Córrego do Feijão. A mãe e a ninhada tinham sido encontradas embaixo da telha de uma casa, abandonada às pressas pelos proprietários. Como as vacas, as galinhas, os perus e outros animais domésticos, também os cães foram levados para a Fazenda Abrigo de Fauna, um espaço criado pela Vale, após assinatura de um Termo de Ajustamento de Conduta com o Ministério Público, para acolher os animais das pessoas que estavam em moradia provisória. Foi lá que ela e os filhos, Francisco, já com 5 anos, e Leonardo com 3, conheceram Lupi, nome que deram ao filhote que hoje mora com eles em Belo Horizonte.

De Brumadinho, Ana Tereza levou ainda uma imagem de Nossa Senhora, presente de um dos atingidos, o colar com uma medalha de São Bento — que ganhou dos servidores com os quais trabalhou — e inúmeras mensagens de agradecimento. Levou, ainda, um sentimento de respeito pelo luto e pela luta dos familiares das vítimas. Ela mesma estava modificada, nem se lembrava mais da pessoa que pisara naquele chão dois anos antes. A dor do outro a transformara.

* * *

Vegetação foi destruída pelos rejeitos de minério

Apesar de sua dimensão, o maior desastre humanitário do Brasil não reverberou no mercado financeiro. As tragédias de Mariana e Brumadinho até resultaram em queda temporária das ações da Vale, mas de lá para cá a empresa cresceu. Por maior que seja o desastre, o que parece pesar no cálculo das ações é a capacidade de a empresa gerar lucro. As ações da Vale encerraram 2019 — ano em que 272 vidas foram perdidas após o colapso da B1 —, valendo R$ 2 a mais do que no início do ano. Parece pouco, mas, no cômputo total, foram R$ 26 milhões a mais no valor da empresa. E aquele havia sido um ano de prejuízo.

Embora a Vale tenha sofrido perdas nos anos dos desastres de Mariana e Brumadinho, sua receita líquida continuou aumentando. Entre o fim de 2016 e o fim de 2020, como os minérios seguiram valorizados em dólar no mercado externo, a receita líquida da companhia mais que dobrou, chegando a R$ 208 bilhões. Na prática, tudo depende da valorização do metal. Em 2018, a China pagava US$ 50 por tonelada de minério de ferro exportado de Minas Gerais. No começo de 2021, a tonelada custava US$ 114. Nessa aritmética, os danos aos indivíduos ou ao meio ambiente contam menos do que a promessa de permanecer dando lucros para os acionistas.

Em 2021, após a assinatura do acordo judicial entre a empresa e Minas Gerais, a Vale anunciou que distribuiria R$ 21,8 bilhões de dividendos aos acionistas. Ou seja, além da valorização das ações, eles receberiam um bônus pelos lucros registrados no segundo semestre de 2020. Como resultado, as ações subiram 27% entre a assinatura do acordo e o dia 11 de maio, quando os valores foram avaliados.

São raros os casos no mundo de desastres da magnitude do ocorrido em Brumadinho que tenham recebido punições severas. O maior, em termos de pagamento de multas e indenizações, é o do vazamento de petróleo da plataforma Deepwater Horizon, da British Petroleum (BP), no Golfo do México, em 2010. Além de o caso ter gerado a maior multa corporativa já cobrada de que se tem notícia — de US$ 20,8 bilhões —, as ações da BP caíram bastante desde então, nunca mais atingindo o patamar anterior ao da catástrofe ecológica.

Em dois anos, antes mesmo de ser multada, a BP deixou de ser a segunda maior empresa de petróleo do planeta e passou a ser a quarta. Em 2013, ocupava a quinta posição entre as petroleiras. Com a Vale, a trajetória foi oposta. Antes da tragédia de Brumadinho, a multinacional oscilava entre a segunda e a terceira posições no ranking das maiores empresas do país. Em 2021, já era a primeira na lista das companhias com maior valor de mercado do Brasil. Em 30 de agosto de 2021, estava avaliada em R$ 528,7 bilhões — 42% a mais que a Petrobras. E continuou assim até novembro, quando variações internacionais nos preços do petróleo e do minério a colocaram atrás da Petrobras, com a diferença de apenas R$ 1,3 bilhão entre as duas.

O Relatório do Comitê Independente de Assessoramento Extraordinário de Apoio e Reparação da Vale S.A., criado pela mineradora e coordenado por especialistas externos, apresentou em 19 de fevereiro de 2020 uma análise crítica dos trabalhos de reparação realizados pela companhia. De forma geral, o comitê reconheceu os "esforços significativos" empregados pela Vale desde o rompimento da barragem. Segundo o comitê, a multinacional teria assumido compromisso frente a quase 90% de todas as recomendações e demandas recebidas desde 25 de janeiro de 2019. O relatório destaca ainda que, no mesmo dia da ocorrência, a Vale criou um Comitê de Resposta Imediata e de Ajuda Humanitária para coordenar as ações de apoio emergencial, elaborando um plano preliminar de compensação, recuperação e reparação. Nas primeiras semanas, informa o texto, esse comitê atuou por meio de apoio ao resgate das vítimas, pagamentos emergenciais e ações em campo.

O documento aponta que a Vale beneficiou diretamente mais de 470 pessoas com doações de R$ 100 mil a familiares de vítimas fatais, R$ 50 mil a proprietários de imóveis localizados na Zona de Autossalvamento e R$ 15 mil para proprietários de imóveis cujas atividades produtivas ou comerciais foram afetadas. Garantiu, por meio de um Termo de Acordo Preliminar, o pagamento de indenizações emergenciais a 107 mil pessoas residentes em Brumadinho e nos dezessete municípios existentes na faixa de 1 quilômetro ao longo do rio Paraopeba, além do pagamento de indenizações individuais mediadas pela Defensoria Pública do estado e de acordos homologados na Justiça do Trabalho.

Segundo o relatório, a mineradora promoveu obras de infraestrutura, incluindo a revitalização do Paraopeba, com a contenção e dragagem de rejeito, e implementou estações de tratamento e monitoramento da água. Patrocinou também ações de melhoria na infraestrutura urbana, na reativação econômica e no desenvolvimento do turismo local. Fora isso, alterou sua estrutura organizacional com a substituição do seu diretor-presidente e a criação de uma Diretoria Especial de Reparação e Desenvolvimento para coordenar ações de restabelecimento socioeconômico e ambiental nos municípios impactados. O comitê destacou o fato de a companhia ter pedido desculpas à população.

Apesar de todo o dinheiro gasto até agora, a multinacional não conseguiu dar resposta para a questão mais pungente gerada pelo rompimento da B1 em 25 de janeiro de 2019: a perda de vidas humanas. Não existe reparação para a morte.

18.
DESTOCA
HUMANA

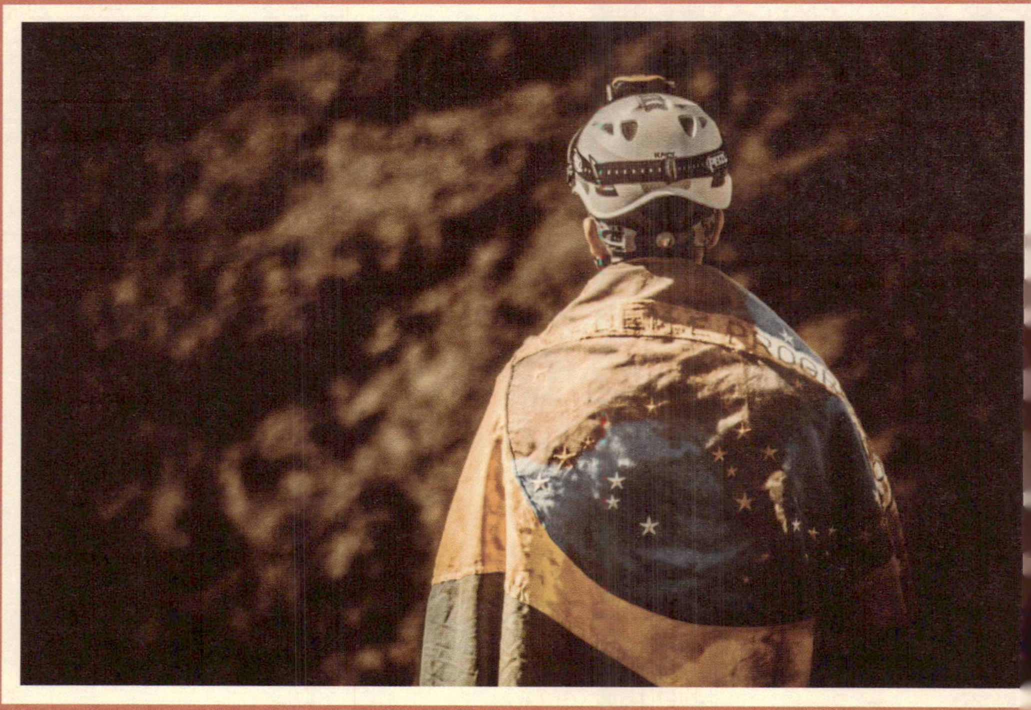

Diante da Grande Pirâmide de Gizé, o engenheiro elétrico Saulo Júnior Rodrigues e Silva, de 32 anos, mostrou-se mais surpreso do que todos ali.
— São as pirâmides do Egito? — perguntou, perplexo.
— Claro, Saulo, onde você acha que está? — brincou um dos vinte colegas da excursão.
— Eu estou no Egito?
 A maioria daquelas pessoas não se conhecia antes da viagem, mas todos perceberam, espantados, que Saulo falava a sério — a impressão era de que apenas naquele instante ele, de fato, tinha tomado ciência do lugar em que se encontrava. O pacote turístico de doze dias para o país mediterrâneo fora comprado em um momento de desespero, aleatoriamente, em uma agência de Portugal especializada em organizar turnês por Egito, Jordânia, Israel e outros países do Oriente Médio, em geral para grupos. O engenheiro, porém, estava sozinho naquele passeio, mais do que qualquer um ali poderia imaginar. Com bilhete para Dubai agendado para o dia 17 de setembro de 2019, Saulo só queria fugir de tudo, de preferência para o mais longe possível.

Ao se apresentar para os membros da excursão — todos brasileiros —, ele não conseguiu esconder que era de Minas Gerais, afinal, o seu sotaque o denunciava.

— De qual cidade? — perguntou Valéria, moradora do Rio de Janeiro.

— Sou de Belo Horizonte — Saulo apressou-se em mencionar a capital, para evitar especulações.

O jovem ocultara seu verdadeiro lugar de origem. Morador de Brumadinho, não queria que ninguém soubesse disso. Se pudesse, trocaria seu local de nascimento. Desde o dia 25 de janeiro de 2019, ser brumadinhense se tornara, para ele, sinônimo de indignação e dor. O rompimento da B1 tirara de Saulo quem ele mais amava: sua mulher, com quem estava casado havia quase dez anos. Natália Fernanda da Silva Andrade tinha 32 anos. Os dois se conheceram na adolescência, na igreja evangélica que frequentavam. Ele foi o primeiro namorado dela. Ela foi o primeiro amor dele. Um dia, após o culto de sábado, os dois se olharam diferente. Aos 22 anos, Saulo levou a bela menina de cabelos longos e sorriso tímido ao altar. A neta do maestro da banda da cidade faria uma revolução na vida dele, sobretudo depois que decidiram sonhar juntos.

Sem dinheiro, os dois se ajudaram. Natália se formou em Administração um ano após o casamento; ele demorou um pouco mais para concluir o curso de Engenharia.

Saulo ao lado da esposa, Natália

Mas o acesso ao ensino superior garantiu emprego para ambos na área da mineração. Ela começou estagiando na Vale e logo foi efetivada. Ele saiu da multinacional em 2015, em busca de novos projetos. Combinaram que, não importava o que acontecesse, construiriam juntos a casa própria. Na verdade, o prédio próprio. É que o imóvel de quarto, sala, cozinha e banheiro se expandira para três andares de apartamentos e virara moradia de três famílias.

Foi uma suadeira danada pagar cada prego do empreendimento. As finanças eram administradas por Natália, durona com os gastos. Precisavam de um teto confortável e se dedicavam ao ideal de ter um. Quando tudo ficou prontinho, eles foram morar na cobertura. Em uma manhã, após seu ritual de beleza, ela se despediu de "Lindo", como chamava o marido, e foi para a Vale, onde ocupava o cargo de analista de infraestrutura. Natália, porém, não voltaria mais para casa.

Depois de almoçar no refeitório da empresa, a jovem retornou ao escritório-modelo que havia acabado de montar e que seria uma espécie de piloto para a implantação de ambientes mais modernos na Mina do Córrego do Feijão. Após saber do rompimento da B1 naquela sexta-feira trágica, Saulo tinha esperança de que Natália retornaria para Brumadinho em algum ônibus da empresa, afinal, duas pessoas lhe disseram que ela se salvara. Ele esperou na praça da entrada da cidade até o anoitecer, mas a esposa não desembarcou. Oito dias depois, o corpo dela seria encontrado a meio quilômetro do prédio administrativo. Foi aí que tudo virou de cabeça para baixo na vida dele. Em luto, o fotógrafo Lázaro Eustáquio de Andrade, 67 anos, e Maria Aparecida Ferreira Andrade, 53, os pais de Natália, foram morar temporariamente com o genro por conta de uma reforma na casa deles já programada antes da morte da filha. O imóvel ficou cheio de gente, mas Saulo se sentia completamente sozinho. Tal qual no Egito.

Todas as noites, quando fechava a porta do quarto, ele se deparava com a maquiagem de Natália na pia do banheiro. Precisava aceitar a realidade, mas não conseguia e não mexia em nada que era dela. Como se ela fosse voltar.

Ao longo de 2019, tudo permaneceu igual ao dia em que ela saíra de casa pela última vez. Até o perfume da jovem continuava exalando pelos cômodos. Abalado, ele quis ir embora. Sair de Brumadinho era o mínimo que poderia fazer. Mas, por mais que tentasse ser outra pessoa, não poderia fugir de si mesmo nem do que sentia.

Ao se ver longe do Brasil, decidiu não falar sobre sua vida com ninguém. Não queria, em nenhuma hipótese, provocar o sentimento de pena nos outros. Os colegas de viagem se divertiam com a mineirice do engenheiro e os choques culturais que ele expressava em relação à alimentação naquela parte do mundo, sobretudo no Egito, onde o cominho era fartamente usado como tempero. Achavam que Saulo sentia falta dos pratos mineiros; não sabiam que o engenheiro sofria com a falta do sabor que Natália dava à sua vida.

O grupo da excursão percebeu, no entanto, que ele precisava de acolhimento. E foi o que deram a ele, criando vínculos afetivos que perduram até hoje. A fuga para o Egito talvez tenha ajudado o marido de Natália a se reconectar com a potência da vida. Aos poucos, ele tenta se reconhecer, já que nada nele permaneceu como antes. Perdeu muito peso e, durante um bom tempo, tomou medicamentos para depressão. Com a perda do amor de uma vida ele perdeu também a sensação de pertencimento. Saulo, que adorava ser de Brumadinho, não quer mais manter ligação emocional com a cidade. Hoje ele sonha com um outro lugar no mundo para recomeçar. Recentemente, mudou-se para Dubai, onde passará por uma temporada de estudos.

***

Perder a conexão com o seu chão talvez seja uma das heranças mais brutais deixadas pelo rompimento da barragem. A ruptura da B1 promoveu não só a destoca das árvores, mas das pessoas, gente que se viu arrancada da própria terra com o tronco e a raiz. O engenheiro geológico Edson Albanez não quer mais pertencer a lugar nenhum. Se pudesse, seria nômade, morando cada ano em uma cidade. Como Saulo, ele enfrenta a difícil jornada de construir uma nova vida na qual foi obrigado a viver. Ao ser expulso da que escolhera, ele precisava descobrir quem ainda era.

Quase cinco décadas depois de sair de Jaboticabal, na Região Metropolitana de Ribeirão Preto, no interior paulista, Edson voltou para a casa da mãe. Tinha 65 anos, mas precisava do colo de dona Mirtes, de 86. Ela era a referência dele, o espelho no qual ainda conseguia se enxergar. Mais fortalecido, encontrou um imóvel para morar sozinho e, pouco depois, viu a única coisa que lhe restara de Minas Gerais ser roubada: a mochila onde guardava sua lupa binocular, usada para a análise de rochas e minerais. Assim, sem Sirlei, sem a chácara, sem as lembranças materiais do passado — não ficara uma foto sequer da infância dos filhos —, só lhe cabia tentar sobreviver a uma tragédia para a qual ainda é preciso encontrar palavras.

* * *

Na casa dos pais do engenheiro Daniel Abdalla, em Belo Horizonte, e dos pais da engenheira Izabela, em Governador Valadares, também há um grande esforço de busca de um novo sentido para a existência. Raquel e Carlos Fernando, pais de Daniel, canalizaram sua energia na criação do Instituto Amigos do Dani, que realiza ações sociais para crianças de até 6 anos em situação de vulnerabilidade em Minas, no Rio de Janeiro e no Espírito Santo. Mércia e Helvécio, pais de Izabela, destinaram toda a indenização doada a eles pelo genro, Paulo Ricardo Rocha Pinto, para melhorar os espaços de um lar de idosos onde a filha nasceu, além de manterem outras ações sociais onde moram. Helvécio chegou a investir dinheiro pessoal na reforma do bazar de uma das entidades que passou a ajudar. Os Barrosos não fizeram acordo indenizatório com a Vale e estão lutando na Justiça brasileira contra a multinacional e na Justiça alemã contra a Tüv Süd.

Quando a família foi procurada para receber atendimento psicológico oferecido pela Vale, Gustavo, irmão de Izabela, não se conteve:

— Oh, eu aceito, desde que a Vale ligue para os meus pais e peça desculpas, diga que lamenta o que aconteceu.

Família de Izabela hoje. Na foto, os pais, Mércia e Helvécio, além dos irmãos Ricardo, Gustavo e Marcelo (da esquerda para a direita)

Eu só quero isso. Se ligarem para os meus pais e falarem assim: "Seu Helvécio, dona Mércia, a gente lamenta pela perda de vocês", eu aceito tudo o que vocês mandarem.

Gustavo até hoje espera o telefone tocar.

* * *

Na esteira das mudanças impostas pelo minério de ferro que avermelhou a terra e matou tudo que respirava sobre ela, é possível encontrar a economista Helena Taliberti. A mãe de Camila e Luiz tem de lidar com o pesadelo diário de acordar sem os filhos. A imposição de uma rotina de ausências — do que nunca mais poderá ser dito ou compartilhado, do que não será vivido nem repetido — é mais do que dolorosa. É perversa, porque esse vazio não pode ser preenchido por ninguém. Helena precisou de tempo até para dar um destino às cinzas de Luiz e de Camila, cremados em Contagem. Levou cinco meses para retirar da cômoda do quarto a urna em que ela as guardava. Não tinha forças, nem coragem, para se separar fisicamente do que restara deles.

Somente no dia 4 de julho de 2019 Helena sepultaria os filhos — de novo — no túmulo que a família Taliberti mantêm no Cemitério da Consolação, na capital paulista. Fez questão de colocá-los em uma gaveta com altura suficiente para que os restos mortais ficassem acima da terra, já que a barragem da Vale os enterrara vivos. Desde a despedida dos filhos, à qual compareceram todos os parentes, Helena vem tentando transformar a perda em um movimento de mudança. "Tentaram nos enterrar. Não sabiam que éramos sementes", repete todos os dias para si mesma.

Após a morte brutal dos filhos, da nora, do neto, do ex--marido e da companheira dele na pousada Nova Estância, Helena tenta encontrar novos significados para a sua vida. Se não pôde salvar os seus, tenta melhorar o mundo que os filhos deixaram. Inspirada pelo protagonismo deles, Helena e o marido, Vagner, criaram o Instituto Camila e Luiz Taliberti, uma iniciativa voluntária de amigos e familiares para transformar a história dos jovens em legado, por meio da realização de ações socioambientais. Fora a dor, a saudade, a indignação, Helena precisa lidar com o tratamento da leucemia. A doença foi diagnosticada tempos depois de o tsunami de lama de Brumadinho soterrar a vida que ela enxergava.

* * *

Helena Taliberti em uma das viagens que fez ao lado do filho Luiz

Paloma também viu a saúde sucumbir diante da perda de Heitor, Robson e Pâmela. Todos foram arrastados de dentro da casa em que moravam. Dos quatro, só ela sobreviveu. Não sem sequelas. Atualmente, enfrenta um câncer de mama agressivo e raro para uma jovem de 25 anos. Arlete e Alderico, pais de Vaguinho, também viram a saúde decair. Ele, que já tinha sido aposentado por invalidez bem antes da tragédia, teve o quadro agravado. Ela enfrenta o lúpus, uma doença inflamatória autoimune, e Daiane, filha deles, luta para não se entregar ao desânimo. De acordo com a Associação dos Familiares de Vítimas e Atingidos pelo Rompimento da Barragem Mina Córrego do Feijão (Avabrum), 60% dos irmãos e filhos mais velhos dos mortos na tragédia apresentam problemas de saúde até então inexistentes, como aumento da pressão arterial.

Nesse sentido, toda a cidade foi afetada pelo colapso da barragem. Um levantamento da Secretaria de Saúde mostra que o consumo de medicamentos em geral aumentou 31,4% se comparado com o do ano anterior ao do rompimento da B1. O salto na compra de antidepressivos, como a sertralina, foi de 103%. Se em 2018 o registro de venda mensal era de 10.807 caixas, em média, em 2021 a venda dobrou para 22.043 caixas. É como se a metade do município tivesse tomado, pelo menos, uma caixa de antidepressivo em algum período daquele ano.

Outra informação alarmante diz respeito ao número de tentativas de autoextermínio. Em 2019, os registros indicaram um aumento de 46% no número de casos em relação a 2018. Essa talvez seja a face mais visível do desastre, já que há sequelas que só serão conhecidas ao longo do tempo. Para descobrir como a população local está e apontar as principais demandas aos serviços de saúde no município, a Fiocruz iniciou, no segundo semestre de 2021, um estudo sobre as condições relacionadas à saúde após a passagem da avalanche. Os habitantes que concordaram em participar serão acompanhados durante quatro anos.

Para além dos danos físicos, há os invisíveis, os mais difíceis de lidar. Boa parte dos sobreviventes está afastada do emprego, como Josiane Melo. Ela não conseguiu voltar para a área onde sua irmã, grávida, foi soterrada ao lado de dezenas de colegas de trabalho. Aliás, todos para quem ela ligou naquele dia em busca de notícias da irmã — Cláudio José Dias Rezende, Dennis Augusto da Silva, Davyson Neves e Alexis Adriano da Silva — estavam mortos, inclusive seu chefe, Zilber Lage. Os que voltaram a atuar na multinacional, como Gleison, receberam uma plaquinha de reconhecimento "pela dedicação durante esses dias tristes para a nossa história" e a promessa de que a Vale "jamais esquecerá o comprometimento e a responsabilidade demonstrados".

* * *

Esquecer é um verbo agora inexistente no dicionário de Gleison. Diariamente ele se lembra das pessoas com quem esteve na manhã daquele dia 25 de janeiro: Caldeira, Lúcio, Diego, Izabela, Alaércio e Renildo, inclusive Cristiane, a colega que viajara a seu lado no ônibus que os deixou, de manhã, na Mina do Feijão e na Mina de Jangada. Todos morreram. Ela ainda não foi encontrada.

Quase três anos depois do ocorrido, o técnico de mina Gleison retorna à estrada da Santinha, um dos caminhos que fez para salvar a si mesmo e outras dez pessoas

"Varal" onde os funcionários da Vale que deram apoio aos bombeiros eram obrigados a deixar o crachá de identificação

Também não há como esquecer o "varal" improvisado na entrada da zona quente, uma área reconhecidamente de risco, onde os funcionários da multinacional que auxiliavam os bombeiros eram obrigados a deixar seus crachás pendurados antes de ali entrar. Por isso Gleison e muitos colegas assinaram um acordo para se desligarem da empresa. Ele conseguiu refazer-se profissionalmente e trabalha com aluguel de caminhões. Mas há os que ainda não se recolocaram no mercado de trabalho e estão vendo o dinheiro da indenização que receberam ir embora. É o caso do operador de máquina Claudiney Coutinho, que arriscou a vida para salvar a de Paloma e permaneceu por um bom tempo sem entrever seu futuro e o de sua família. Recentemente, ele comprou um caminhão e, aos poucos, vai ganhando clientes como autônomo.

Lieuzo, único sobrevivente da equipe da Fugro, também não voltou a trabalhar desde o rompimento da barragem. Continua em recuperação. Sente dores diárias nas pernas e vive sobressaltado, nervoso e inquieto com as lembranças do pior dia de sua vida. Tem dias que pensa na morte, pois acha que se tivesse falecido na mina, como seus colegas, sua família teria ficado ao menos amparada financeiramente. Seis meses após ter sido sugado para dentro da barragem, Lieuzo foi surpreendido com o corte abrupto do benefício que recebia do INSS. Na época, ele reaprendia a andar.

Antônio, o ex-ajudante-geral da Reframax, demorou para se recuperar da perfuração no pulmão. Um mês depois de ter sido resgatado em meio aos destroços enlameados, ele recebeu a visita dos dois desconhecidos que ajudaram a salvá-lo: Gilber e Leuder. Procurado em seu antigo endereço em Sarzedo, cidade onde ainda mora, Antônio se surpreendeu.

— Trouxemos uma coisa que te pertence — avisou Gilber, emocionado.

— Uai, o que seria? — perguntou aos novos amigos.

Gilber tinha guardado o isqueiro azul que Antônio carregava no bolso da camisa no instante em que despencou de 7 metros de altura, dentro do prédio de ITM. Se não tivessem encontrado aquele isqueiro, Gilber e Leuder

Antônio, ex-ajudante geral da Reframax, com o filho Davi na casa que comprou com o dinheiro da indenização da Vale

não teriam conseguido acender o maçarico usado para cortar parte das ferragens que impediam o funcionário da Reframax de respirar.

— Não acredito — disse Antônio, abrindo um sorriso agradecido com mais aquele gesto de carinho.

O tempo tinha amenizado quase todas as dores que o rompimento da B1 havia lhe causado, menos a de ter sido abandonado no prédio pelos companheiros de serviço. Não fosse a coragem de Gilber e Leuder e, depois, o esforço dos bombeiros Rocha e Santana, ele teria morrido lá mesmo. Foi no fim de 2019, durante um evento organizado em Belo Horizonte pelo sindicato da sua categoria, que Antônio ficou frente a frente com um dos homens que lhe negou ajuda.

Quando ele viu Antônio, teve uma crise de choro.

— Cara, por que você não foi lá me salvar? — perguntou Antônio.

O rapaz mal conseguia falar.

— Toninho, não foi culpa minha. Os funcionários da Vale não me deixaram ir lá. Eu nem tive coragem de falar isso com você. Disseram que havia o risco da outra barragem romper e me mandaram sair de lá o mais rápido possível. Até hoje eu tomo remédio para dormir por não ter ido te salvar. Eu fiquei com esse negócio na cabeça, vendo você naquela situação e eu sem poder ir lá. Você é capaz de me perdoar?

Àquela altura, Antônio também chorava. Pela primeira vez, ele se colocou no lugar daqueles que fugiram e percebeu o quanto aquela experiência os afetou.

— Perdoo, sim. Não esquenta mais sua cabeça com isso. Eu estou vivo — afirmou, abraçando o colega.

19.
CEMITÉRIO
DOS VIVOS

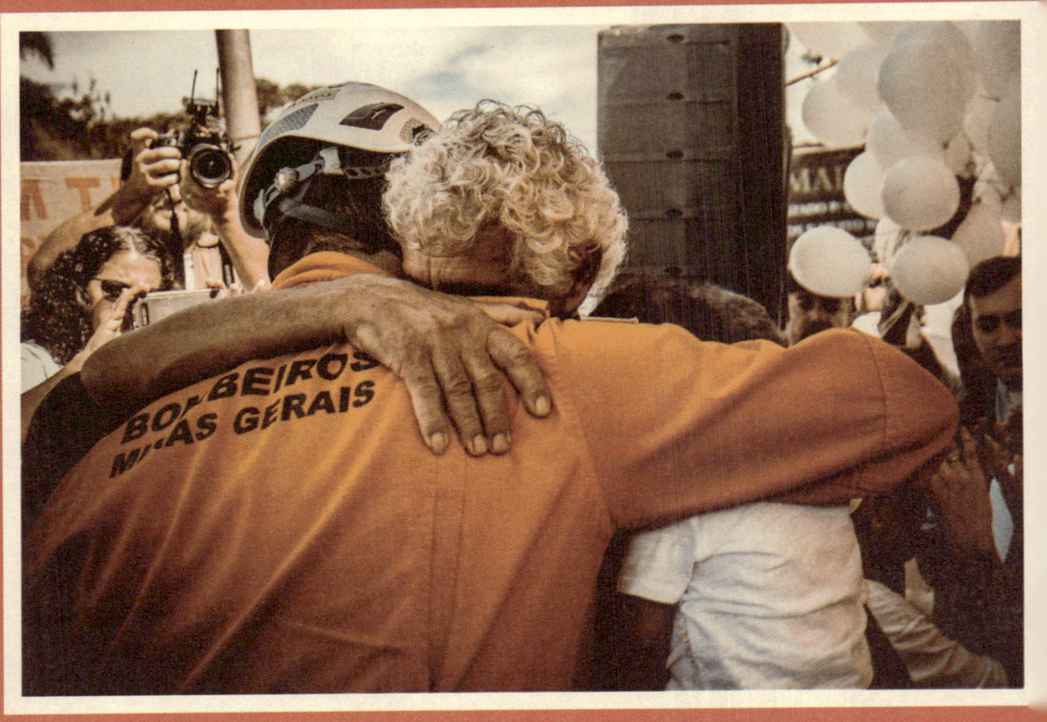
BOMBEIROS
MINAS GERAIS

O celular do médico-legista Ricardo Moreira Araújo tocou no meio da tarde de terça-feira, 24 de agosto de 2021 — dois anos e sete meses depois do rompimento da B1. Professor de Medicina na Faculdade de Ciências Médicas de Minas Gerais, ele estava dentro de sala. Somente quando terminou a aula retornou a ligação perdida, registrada em seu telefone como sendo de Ângela Romano, perita do IML que integrava a força-tarefa de Brumadinho. Soube então que a colega viajava de Belo Horizonte para o município por ter recebido a informação do Corpo de Bombeiros de que um corpo masculino havia sido encontrado no Córrego do Feijão por volta das 15h30.

Até aquele dia, dez funcionários da multinacional permaneciam desaparecidos: quatro homens e seis mulheres. Por isso a expectativa em torno da descoberta era enorme. O corpo fora visto durante a escavação de uma área conhecida como Remanso 1 direito, localizada próxima do antigo Centro de Materiais Descartados da Vale e um pouco antes da pousada Nova Estância. O local era uma das estações de busca definidas para a implantação da oitava estratégia da operação de resgate. Nessa fase, haveria a separação de materiais de mineração por meio de peneiração, método que, de início, causou polêmica entre os familiares, por considerarem que seria realizada uma espécie de garimpo de restos humanos. Tratava-se, porém, de mais um recurso utilizado pelos bombeiros nas ações de localização das vítimas com base em processos de referência.

O trabalho naquele dia consistia na remoção de escombros acumulados na área, como estruturas de fundação, concreto de laje e material de alvenaria. Quando a pá da máquina escavou a terra, um corpo que estava a 14 metros de profundidade foi trazido à superfície junto com o rejeito. O estado de conservação surpreendeu a equipe, não a ponto, contudo, de ser possível uma identificação visual. E mais: estava praticamente completo, circunstância rara naquele contexto — mais de novecentos segmentos corpóreos foram retirados da lama desde o dia da tragédia. Meses antes, os militares haviam encontrado naquela mesma rota um caminhão fora de estrada de 90 toneladas que fora arrastado por mais de 2 quilômetros.

Tão logo pisou na mina, Ângela Romano iniciou a perícia. Além da análise do corpo, precisava investigar a área, considerada cena de crime por ser local de encontro de cadáver. Esse trabalho, chamado na medicina legal de "fixação da prova", é um elemento importante para responder, por meio de dados técnicos, como a morte se deu. Naquelas condições, algumas particularidades chamaram a atenção de Ângela e por isso a perita, reservadamente, telefonara para o legista, que só devolveu a ligação após a aula.

— Ricardo, a minha impressão técnica é de que se trata de um corpo supostamente feminino.

— O quê? — surpreendeu-se Ricardo, que hoje trabalha com antropologia forense.

A informação que todos tinham até ali era de que se tratava de um corpo masculino, conforme a mídia já tinha divulgado. O legista, então, pediu detalhes das características reveladas no exame. Munido dessas informações, ele e os colegas poderiam acessar o banco *ante-mortem* do IML, que continha dados pessoais das 270 vítimas, e ajudar a perita remotamente, já estabelecendo alguns recortes na pesquisa. Assim, por volta das 19 horas, o IML finalizou uma lista de prováveis vítimas, elaborada a partir da identificação de detalhes como o uso de fio de contenção de aparelho na arcada dentária do cadáver. Das seis mulheres ainda não localizadas, três usavam aparelho, o que reduzia pela metade o campo da investigação. Também estavam sendo analisadas informações secundárias, como o tipo e o tamanho de uniforme da vítima.

Com esses dados na mão, Ricardo telefonou para a equipe de antropologia e odontologia do IML e solicitou o repasse dos raios X odontológicos fornecidos pelas famílias ao órgão em 2019. Tal providência permitiria a comparação com a arcada dentária da vítima por meio de novos exames de imagem quando o corpo chegasse a Belo Horizonte, o que só ocorreu à meia-noite. Mas, em vez de deixarem o trabalho para o dia seguinte, os técnicos do IML não foram para casa e deram continuidade ao processo de identificação madrugada adentro. Sabiam que os parentes das vítimas já haviam esperado tempo demais por notícias e fariam tudo que pudessem para garantir que mais uma família tivesse direito ao luto.

Ricardo, que preferira afastar-se da perícia técnica desde que desenvolvera uma ligação emocional com as famílias, acompanhou o processo a distância, do sofá de sua casa. Ao lado de Ruth, a vira-lata adotada havia seis anos, ele telefonou para o IML às 3 horas da manhã para saber do andamento dos trabalhos.

— Ricardo, confirmamos a identificação da Juliana Creizimar de Resende Silva. O laudo ainda não está pronto, porque estamos tratando das imagens — comunicou-lhe um dos peritos.

* * *

O médico-legista ficou profundamente emocionado. Havia 942 dias convivia com a dor das famílias que perderam seus amores na tragédia, em especial com o pai de Juliana, seu Geraldo Resende, de 63 anos. A filha dele tinha 33 e exercia a função de analista administrativa na Vale no Centro de Materiais Descartados da mineradora. Era casada com Dennis Augusto, que atuava no setor de engenharia. Ambos foram soterrados. O corpo dele foi encontrado poucos dias depois do rompimento da barragem. O dela, não. Por isso, o cotidiano da família fora mutilado.

Órfãos de pai e mãe, os filhos do casal, gêmeos de 10 meses de idade, passaram a ser criados pelos avós maternos. Dona Ambrosina, mãe de Juliana, assumiu a maternidade das crianças, enquanto seu Geraldo se dedicou a acompanhar a operação de resgate. A partir daí, ele se tornou presença constante na área de buscas, uma espécie de símbolo de resistência. Pequeno, frente à imensidão da lama de rejeitos, ele percorreu a mina centenas de vezes em busca da filha perdida. Em muitas dessas andanças, seus olhos azuis se fixavam no nada.

— Ju, o papai chegou — dizia em voz alta, como se quisesse mostrar a ela que não a deixaria sozinha em nenhum momento.

O amor e a simplicidade daquele pai católico, que frequentou a escola apenas até a terceira série do ensino fundamental, comoveram não apenas os bombeiros, mas também os representantes de cada órgão público que trabalhara — e ainda trabalha — com os afetados pela tragédia. Seu Geraldo impressionava a todos por sua sabedoria e força, pela capacidade enorme de mover o mundo até que a filha fosse achada. Enquanto isso, ele ia ao encontro dela. Questionado diversas vezes sobre a rotina dolorosa de visitar a zona quente diariamente, ele não se deixava intimidar:

— Se lá é o cemitério dela, então é lá que temos que ir — respondia sempre.

Cada ida ao Córrego do Feijão o modificava. Um dia, seu Geraldo percebeu que, ao contrário de Juliana, que tivera morte súbita, ele morria lentamente. Sentia-se preso ao próprio cemitério, só que dos vivos. Seu maior medo era que a esperança fosse sepultada, o que ele decidiu não permitir que acontecesse. Lutou com a energia que lhe restava para que a Vale permanecesse financiando a operação de resgate. Conseguiu com o governador de Minas a promessa de continuidade dos trabalhos e cobrou providências quando as buscas foram paralisadas por cinco meses devido ao avanço da pandemia de covid-19 no país. Geraldo era dor, mas soube também ser voz em prol do direito dos familiares de enterrar seus entes queridos com alguma dignidade. Lutou por todas as famílias. Não deixaria de lutar pela sua.

* * *

Técnica em enfermagem do trabalho, Josiana de Sousa Resende, a Jojo, irmã de Juliana, também era funcionária na Vale, mas estava de folga no dia em que Brumadinho foi coberta de barro. Gêmea de Fabiana, ela assumiu, ao lado do pai, a tarefa de buscar justiça para os atingidos. Assim, participou da fundação da entidade formada pelos parentes das vítimas, a Avabrum, presidida por ela até o fim do primeiro semestre de 2021. Como seus pais, seu Geraldo e dona Ambrosina, ela parou a vida para acompanhar a busca da irmã e ajudar a criar os sobrinhos.

Só os menininhos, como são chamados Antônio e Geraldo, hoje com 3 anos e 5 meses, conseguem arrancar sorrisos da família. Todos os dias, após escovarem os dentes, eles param diante do oratório que a avó mantém em casa em homenagem à filha e ao genro. Na "língua deles", os dois rezam diante da imagem de Nossa Senhora e do retrato dos pais biológicos que eles aprenderam a chamar de "Mamãe Juju" e "Papai Dennis". Na companhia dos avós, os gêmeos crescem felizes, como toda infância deveria ser.

— O "Gelaudo" é doido varrido — diverte-se Antônio ao apresentar o irmãozinho para as visitas.

Os dois ouvem as conversas que ocupam a casa em torno dos pais biológicos. Contudo, quanto mais o tempo passa, mais eles se reconhecem nos avós. É que Juliana e Dennis seguem presos a um porta-retratos porque não tiveram tempo de construir lembranças ao lado dos filhos, as únicas crianças da cidade que perderam tanto o pai quanto a mãe na avalanche de rejeitos. Privada de acompanhar o crescimento deles, Juliana não estava mais aqui quando ambos começaram a engatinhar.

*Seu Geraldo ao lado da esposa, Ambrosina,
e dos filhos Aleff, Fabiana e Jojo*

No dia em que morreu trabalhando, Juliana somava mais de dez anos de Vale. Dennis, mais de quinze. Juntos, eles lutavam para garantir que na casa da rua Brilhante não faltasse nada para os bebês. Ter gêmeos não era só uma probabilidade em uma família com diversos casos de nascimento gemelar, mas a concretização de um sonho. A filha de seu Geraldo e dona Ambrosina queria dois filhos de uma vez. Dois meninos. Afinal, o irmão caçula dela, Aleff, era o único rapaz em uma família com três irmãs (Juliana, Fabiana e Josiana). Desde que a gravidez fora confirmada, as atenções dos parentes se voltaram para Juliana e os bebês. Ela já planejava a festa de aniversário de 1 ano das crianças quando todos os projetos foram enterrados na mina.

Quinze dias após o desastre, Jojo foi chamada na Vale para retirar do estacionamento o carro Doblò que Juliana e Dennis haviam comprado para acomodar melhor os meninos. Era a primeira vez que Jojo e o pai viam a mina depois da queda da barragem. A técnica em enfermagem, que trabalhava com Marcelle Cangussu na medicina do trabalho, não reconheceu nada. Seu Geraldo desesperou-se e acabou passando mal. Ele, que tantas vezes tinha ido buscar as filhas após o expediente delas, agora voltava para casa sem Juliana.

Ao abrir o carro da irmã, Jojo encontrou bicos dos bebês, fraldas e o porta-óculos de Dennis. Procurou seus próprios documentos, que tinham ficado na bolsa da irmã, mas eles não estavam lá. A bolsa de Juliana com os documentos dela e os de Jojo seria encontrada pelos bombeiros no meio do barro. Nas fotos desses seus documentos, Juliana já não se parecia nem um pouco com a mulher que ingressara na Vale como motorista de caminhão — ela aprendeu a dirigir com o pai. Era outra mulher, que fora abrindo seu espaço profissional e galgando degraus na empresa. Seu Geraldo sentia um orgulho imenso dela. A filha, por seu lado, sempre valorizara o esforço que o pai e a mãe fizeram para garantir que ela tivesse acesso à educação. Foi com o trabalho no caminhão que eles pagaram os estudos de Juliana. Jamais desistiriam de zelar pela memória da filha, nem depois de morta.

* * *

Por conhecer de perto a saga da família de Juliana para lidar com aqueles dois anos e sete meses de espera, o médico-legista sabia do peso que a notícia da identificação dela teria. Mas, apesar de sua ansiedade, precisava aguardar a hora certa para a divulgação do encontro de mais uma "joia".

Na manhã de quarta-feira, Jojo e Natália Oliveira — irmã de outra funcionária da Vale desaparecida, Lecilda de Oliveira, 49 anos — telefonaram para o legista. Ambas queriam informações sobre o corpo achado na mina. Ricardo apenas confirmou que era feminino e que o laudo estava sendo preparado. O contato oficial do IML com a família só ocorreria, no entanto, às 14 horas. Seu Geraldo e Jojo estavam na Base Bravo quando a assistente social do IML ligou para Jojo e a avisou de que se tratava de Juliana. Imediatamente, a irmã telefonou para o médico-legista:

— Doutor Ricardo, será mesmo a nossa Ju? O senhor sabe que existem outras vítimas com aparelho de contenção...

Ao ouvir a confirmação, Jojo desatou a chorar. Era como se a irmã tivesse morrido naquele instante e ela ficou em choque. Agora precisava dar a notícia ao pai, que também teve uma crise de choro. Aliás, todos os bombeiros que estavam na operação choraram. O major Rafael Neves Cosendey aproximou-se dele. Por trás da farda, existia também um pai de gêmeas que entendia o tamanho da dor daquele homem.

— Seu Geraldo, eu tenho certeza de que a sua filha estará sempre com o senhor. Em todo esse tempo, o senhor foi um símbolo de força e dedicação para nós. Agora, espero que consiga descansar seu coração, porque a Juliana está em um lugar melhor.

Com as mãos no rosto do major, seu Geraldo agradeceu:

— Eu sempre confiei nos bombeiros. Muito obrigado.

Naquela mesma tarde, enquanto pai e filha voltavam para casa, o tenente Pedro Aihara fazia um comunicado à equipe de buscas:

— Senhores, é com muita honra, com muita emoção, com muita responsabilidade e com muita seriedade no nosso trabalho que a gente anuncia que foi confirmada a identidade de mais uma "joia", localizada graças à dedicação e ao empenho dos senhores. Das "joias" que restam desaparecidas, hoje, felizmente, a gente pode entregar a Juliana Creizimar de Resende Silva à sua família. Que isso possa significar um pouco de dignidade no processo de luto da sua família.

Em seguida, a foto de Juliana foi retirada da parede onde estão afixadas as imagens das, agora, cinco vítimas ainda não localizadas: Cristiane Antunes Campos; Maria de Lurdes da Costa Bueno; Nathália de Oliveira Porto Araújo; Olímpio Gomes Pinto e Tiago Tadeu Mendes Silva.

Naquela noite, quando seu Geraldo estacionou o carro na rua Turmalina, em Brumadinho, onde mora com a família, os menininhos Geraldo e Antônio saíram correndo em sua direção.

— Corre, Antônio! O papai chegou — disse o irmãozinho.

Recebido com festa diante do portão de casa, o avô chamado de pai emocionou-se por herdar um amor tão puro, embora carregasse no peito a dor lancinante de ocupar um lugar que não era originariamente seu. Desde que perdera Juliana, sentia-se como a folha de um ca-

Os gêmeos Antônio Augusto e Geraldo Augusto, órfãos de pai e mãe. Funcionários da Vale, Juliana e Dennis morreram trabalhando dentro da Mina do Córrego do Feijão

derno cujas histórias foram apagadas com borracha. Ali, diante dos netos transformados em filhos — os gêmeos simbolizavam todos os órfãos da barragem de Brumadinho —, seu Geraldo entendeu que precisaria encontrar novas expressões para definir o tempo e o lugar da memória. Só assim encontraria um significado possível para a palavra "futuro".

POSFÁCIO:
BRUMADINHO NUNCA MAIS?

Quando li, em um site de notícias, a primeira informação sobre o rompimento da Barragem 1 da Mina do Córrego do Feijão, naquela última sexta-feira de janeiro, eu estava dentro do ônibus que me levaria de Porto Alegre a Santa Maria. Naquele 25 de janeiro de 2019, um ano após lançar o livro *Todo dia a mesma noite*, desembarquei no Rio Grande do Sul, a fim de cumprir a promessa feita aos pais dos 242 jovens que morreram na boate Kiss: passar ao lado deles a data que marcaria os seis anos do incêndio, ocorrido em 27 de janeiro de 2013. Ali mesmo, dentro do ônibus, publiquei um post no Instagram referindo-me ao rompimento da B1: "A impunidade condena o Brasil a repetir tragédias. Até quando?"

Do Sul do Brasil emendei uma viagem de férias ao Nordeste, programada muitos meses antes. Foi em Pernambuco que recebi, pelas redes sociais, um pedido de ajuda para localizar Izabela Barroso Câmara Pinto, a engenheira da Vale que, naquele momento, era considerada desaparecida. Amigas e familiares dela tinham iniciado a campanha *#ondeestaabela* e me chamaram para, de alguma forma, atuar no caso. Na foto que me enviaram, Izabela usava um vestido de noiva. Quando a vi, fiquei impactada. Qual seria a história por trás daquela imagem? Me senti péssima e impotente por não poder fazer nada por ela. Daquele dia em diante, Izabela não me saiu mais da cabeça. Disse a mim mesma que se um dia fosse escrever alguma coisa sobre o desastre, a primeira família que procuraria seria a da engenheira.

No início de fevereiro, quando finalmente retornei a Juiz de Fora, em Minas Gerais, onde moro, propus ao jornal em que trabalhava havia 23 anos que fôssemos para Brumadinho. Na época, em plena crise financeira da mídia impressa, o veículo disse que não tinha recursos para me mandar para lá. Até o município soterrado eram apenas 277 quilômetros de distância. Como eu poderia ficar de braços cruzados?

Assistindo à minha angústia, meu marido me fez sair do estado de inércia.

— Vá para Brumadinho agora! Você precisa ir.

Ele sabia que eu jamais me perdoaria se não fosse. Marco me ajudou a custear a viagem. Tudo foi pago do nosso bolso. Contratou, às pressas, o motorista Mário Antônio Miguel Júnior, que sempre me acompanha em minhas andanças país afora, e ele me levou até lá, ficando a meu lado pelo tempo necessário. Mesmo sem conseguir reserva em hotel, fui para Brumadinho no dia 12 de fevereiro de 2019. Não havia quartos vagos em nenhum lugar. A rede hoteleira local esgotara sua capacidade, pois muitos atingidos foram levados pela Vale para as pousadas. Além disso, a cidade fora invadida por centenas de pessoas que trabalhavam nas buscas e na cobertura jornalística do caso. Exatamente por isso só consegui hospedagem em uma das suítes mais caras do município, na verdade um bangalô luxuoso no centro de um lago lindo. Para ter acesso ao quarto era preciso atravessar uma ponte. Seria paradisíaco se o motivo da minha ida até lá não fosse o colapso da B1.

Aliás, quem conseguiu fazer a reserva para mim foi Flávio Silva, pai de uma das vítimas da boate Kiss, Andrielle Righi da Silva, de 22 anos. Flávio seguira voluntariamente do Rio Grande do Sul para Minas ao lado da esposa, Ligiane, para estender a mão às famílias que perderam seus amores na tragédia mineira. Eles conheciam de perto a dor da ausência e a força da solidariedade, e queriam tentar oferecer aos afetados pelo rompimento da barragem algum conforto.

Sem a companhia de um fotógrafo e sem saber ao certo para onde ir, comecei a rodar a cidade de carro com o motorista. Mas era a primeira vez que eu não fazia a mínima ideia do rumo a tomar. Até que algumas pessoas que abordei na rua me indicaram um ponto de apoio montado ao lado da Paróquia São Judas Tadeu, no bairro Parque da Cachoeira, um dos mais castigados pelo tsunami de lama. Foi lá que conheci os primeiros personagens da matéria de página dupla que eu assinaria mais tarde no jornal, publicada em 16 de fevereiro de 2019 com a manchete: "População de Brumadinho luta para retomar rotina após o rompimento da barragem".

Na igreja fiz contato também com Sandra Maria da Costa, do Conselho da Pastoral, que havia se tornado moradora de uma rua fantasma. É que quinze imóveis da rua Augusta Diniz Murta tinham sido parcial ou totalmente destruídos pela lama, obrigando todos a deixarem a área, interditada pela polícia. A casa de Sandra ficava na parte mais alta da via e foi a única a se manter de pé, embora o terreno tivesse sofrido abalo. Com a ajuda de Sandra comecei a me inteirar do drama de uma cidade em transe. Mesmo tendo se passado dezoito dias da ruptura da B1, as pessoas ainda estavam em choque.

Isso ficou mais claro para mim quando tive acesso aos desenhos de crianças que perderam familiares, conhecidos ou a própria moradia no desastre. Acompanhadas pela ONG NaAção, de Belo Horizonte, entidade que se fixou em Brumadinho para dar apoio à população, meninos e meninas esboçaram em imagens todo o horror que presenciaram. Nos desenhos que fizeram tudo foi pintado de marrom. Até conhecidos personagens da TV, como Bob Esponja, mudaram de cor aos olhos infantis. Mesmo nos traços em que o colorido fora mantido, o verde da paisagem contrastava com os corpos tombados em meio a montanhas e florestas. E nas imagens nas quais a cor

Desenhos feitos pelas crianças afetadas pela tragédia mostram o trauma provocado pelo rompimento. Nas poucas ilustrações feitas em cor — a maioria das imagens foi pintada de marrom —, as expressões dos personagens eram de medo e perplexidade

marrom não imperava, os rostos desenhados pelas crianças carregavam expressões de medo e de perplexidade.

A dor simbolizada naqueles desenhos mexeu muito comigo. Aos poucos, fui descobrindo que o medo era um sentimento comum e alcançava não só as crianças, mas principalmente os adultos. As pessoas sentiam medo de tudo, inclusive de dar entrevistas. Muitas porque não estavam prontas, outras porque temiam perder o apoio da Vale caso falassem algo que imaginavam ser inapropriado. Lembro-me de ter perguntado a um casal que fora obrigado a deixar a rua Augusta Diniz Murta — eles haviam perdido o imóvel, o gado, as galinhas, os documentos —, como era acordar em um quarto de hotel dia após dia.

— A Vale é maravilhosa, minha filha — respondeu a mulher, acompanhada de uma psicóloga contratada pela multinacional.

Mais tarde, ela me confidenciaria estar sob o efeito de remédios em todo aquele período. Entendi então que as pessoas precisavam de mais tempo para processar internamente tamanha destruição.

* * *

No dia seguinte, decidi ir ao Córrego do Feijão, a comunidade localizada próxima da mina cuja barragem se rompera. Só consegui chegar na região das moradias após pegar carona numa ambulância do Samu. Na ocasião, a estrada que ligava o povoado da zona rural ao Centro da cidade estava interditada por causa dos rejeitos. A passagem disponível — por dentro da área da Vale — só era liberada para veículos autorizados. Os carros particulares, considerados não autorizados, precisavam dar a volta pela serra, aumentando em mais de 100 quilômetros um percurso de menos de 30. Vans foram disponibilizadas pela Vale em horários alternados para atender os trabalhadores da comunidade, mas o transporte era considerado insuficiente para suprir a demanda. Por isso, a "carona na ambulância" me pareceu a melhor forma — e talvez a única — de entrar em uma área que, na prática, era controlada pela multinacional.

Em Feijão conheci William Lopes Muniz, de 8 anos, e sua família. O avô do menino, que trabalhava na limpeza dos vagões no terminal ferroviário da Vale, ainda estava desaparecido e o corpo do tio já tinha sido encontrado. Ao entrar na casa dos Muniz, notei que o pequeno morador usava fones de ouvido.

— Que música você está ouvindo? — perguntei.
— Nenhuma — respondeu.

Os fones, tentou me explicar o garoto, tinham outra finalidade: abafar o barulho dos helicópteros que sobrevoavam a casa dele em busca de corpos. Para não ouvir, o menino usava o equipamento. Também tentava se distrair com jogos eletrônicos. Foi o jeito que encontrou para fugir, ao menos virtualmente, do Córrego do Feijão. Impossível não pensar em meu filho. William e Diego tinham a mesma idade. Senti vontade de pegá-lo em meu colo, mas me contive. Sabia que só poderia carregar o meu bloco de anotações.

No final daquele dia, quando cheguei ao bangalô do hotel, chorei. Pelo William, por Brumadinho e por Minas Gerais, que tem o minério na origem de seu nome. A riqueza do solo batizou o estado, mas também o condenou a se desenvolver sob a ameaça das tragédias. Coincidentemente, naquela noite, a editora da Intrínseca Renata Rodriguez me telefonou do Rio de Janeiro para falar sobre o novo livro que eu começava a preparar: *Os dois mundos de Isabel*. Contei a ela que estava em Brumadinho e ela não pensou duas vezes:

— As pessoas precisam ouvir essa história na sua voz.

Naquele minuto, nasceria o projeto de *Arrastados*, cujo processo de apuração foi bruscamente interrompido pela chegada da pandemia de covid-19. Quando percebi que o coronavírus tinha vindo para ficar, tive que tomar a difícil decisão de seguir ou não viajando para fazer as entrevistas e a apuração. Decidi prosseguir, não sem me adequar a uma série de regras de segurança impostas pela pandemia. Precisava me cuidar — tanto pela minha família quanto pelas pessoas em cujas casas eu entraria.

* * *

Conforme já havia decidido, comecei minha investigação em busca da família de Izabela, que localizei no município mineiro de Governador Valadares. De lá segui para São Paulo, depois voltei a Minas passando por Belo Horizonte e Ouro Preto. Perdi a conta do número de vezes que estive em Brumadinho. Sempre que retornava para Juiz de Fora, fazia o exame do PCR, para detectar se havia ou não a presença do coronavírus em meu organismo. Fiz mais de vinte RT-PCRS no período, fora os testes rápidos de farmácia. Todos, felizmente, deram negativo.

Em março de 2021, quando desenhava o esqueleto deste livro, meu irmão, Sandro, proprietário da Vagalume Filmes, e a família dele foram diagnosticados com covid. Dos três filhos dele, apenas a Gabrielle, de 15 anos, não adoeceu. Como todos eram saudáveis, inclusive o Sandro, achei que tudo ficaria bem em alguns dias. De fato, minha cunhada, Lívia, 49 anos, e meus dois sobrinhos, Bernardo, 10, e Estêvão, 20, apresentaram melhora uma semana depois. Sandro, não. Ele passou a ter dificuldade para respirar e a febre alta não cedia. Precisou ir para o hospital. Aos 49 anos, Sandro deu entrada na UTI. Meu irmão morreria oito dias depois. Como imaginar a vida sem ele? Naquele momento, passamos a fazer parte da estatística dos enlutados. Na época, o Brasil exibia a marca de 300 mil mortos, e o meu irmão, meu melhor amigo, era um deles. Não tínhamos ideia de que o país somaria mais de 600 mil vidas perdidas ainda naquele ano.

Com a perda dele, passei a entender melhor as fases do luto e até a compreender o que os personagens das minhas reportagens diziam sobre o impacto da ausência. Em *Arrastados*, há uma particularidade que meus livros anteriores não contêm: muitas histórias foram narradas por irmãos. No caso de Izabela, morta no rompimento da barragem, foi Gustavo, irmão dela, quem melhor a descreveu para mim. Juliana, a mãe de gêmeos que morreu soterrada, me fora apresentada pelos olhos da irmã Jojo. Já Josiane narrou a perda da irmã Eliane, a pessoa que mostrara a ela a parte mais bonita do mundo.

Um mês depois do desencarne do meu irmão Sandro — ele assinou comigo a produção do documentário *Holocausto brasileiro* para a HBO —, decidi que não ficaria paralisada pela dor. Exatamente por saber o quanto ele se importava com a memória do Brasil, percebi que escrever sobre o rompimento da B1 manteria vivo o nosso sonho de contar histórias para tentar tornar melhor o lugar em que vivemos. Assim, mergulhei tão fundo em Brumadinho que, seis meses depois de começar a escrita do livro, precisei ser resgatada pelo meu filho de 10 anos.

— Mãe, não sei o que está acontecendo com a gente. Sempre fomos tão ligados, e você está distante. Nossa conexão enfraqueceu.

A frase dele calou fundo em mim. Os filhos são bons para nos apontar o caminho da culpa. De qualquer forma, Diego sinalizou que era hora de eu voltar emocionalmente para casa.

* * *

Em geral, tragédias são seguidas de clamor popular por mudanças. Com Brumadinho não foi diferente. Em 25 de fevereiro de 2019, o governador de Minas Gerais, Romeu Zema, promulgou a Lei nº 23.291/19, que ficaria conhecida como "Mar de Lama Nunca Mais". A norma resultava de projeto apresentado pela Comissão Extraordinária das Barragens da Assembleia Legislativa de Minas Gerais. O texto final foi fruto de dois anos de audiências públicas realizadas entre 2015 e 2016 para debater e acompanhar as consequências sociais, ambientais e econômicas da atividade mineradora no estado, notadamente após o trágico rompimento de barragem ocorrido em Mariana, em novembro de 2015. A lei que instituiu a Política Estadual de Segurança de Barragens, finalmente aprovada em 2019 após a tragédia de Brumadinho, estabeleceu um novo marco regulatório para a matéria no estado.

Na prática, a norma endureceu as regras do setor. Entre os principais avanços, proibiu a acumulação ou a disposição de rejeitos e resíduos industriais ou de mineração em barragem sempre que houver melhor técnica disponível; proibiu a instalação ou a ampliação de barragem em caso de identificação de comunidade na região possivelmente afetada; bem como a operação de barragem que utilize o método de alteamento a montante, ainda uma realidade em 54 barragens em Minas.

Segundo a lei, empreendedores passaram a ter como obrigação a descaracterização dessas estruturas em três anos — a contar da data de publicação da lei. A descaracterização prevê que a barragem não receba mais rejeitos de mineração, mas, para estar completamente desativada é preciso que seja drenada. Contudo, perto do prazo de três anos expirar, apenas três das 54 barragens a montante existentes no estado conseguiram concluir sua descaracterização. Outras dezesseis estão em processo de descomissionamento, o que consiste em esvaziar as áreas que armazenam rejeito. O restante não tem data para atender à obrigação legal. Enquanto isso, empreendedores vêm pedindo a ampliação do tempo.

No dia 21 de outubro de 2021 — faltando menos de quatro meses para o prazo final estipulado em lei —, o deputado estadual Virgílio Guimarães (PT), da Assembleia Legislativa de Minas Gerais, protocolou um projeto de lei de sua autoria que altera os prazos de descaracterização das barragens construídas pelo método a montante no estado. A proposta sugere uma nova redação para alguns artigos da Lei Mar de Lama Nunca Mais. Propõe, por exemplo, que barragens com volume de até 30 milhões de metros cúbicos de rejeitos tenham até 15 de setembro de 2025 para se descaracterizar. Para as que armazenam volume superior, o prazo seria ainda mais extenso: 15 setembro de 2027, ou seja, cinco anos e meio a mais que o previsto inicialmente. Na justificativa do projeto de lei, o parlamentar explicou que a Agência Nacional de Mineração definiu novos prazos para a descaracterização das barragens por meio de resolução e admitiu, ainda, a possibilidade de nova prorrogação por razões técnicas de segurança.

O texto apresentado pelo deputado aponta também que a lei que instituiu a Política Nacional de Segurança de Barragens, em 2010, prorrogou o prazo de descaracterização das barragens alteadas a montante. "Nesse sentido, para a adequação à legislação federal e às medidas regulatórias estabelecidas pela Agência Nacional de Mineração, torna-se necessária a inclusão dos dispositivos apresentados neste projeto de lei, cumprindo o que determina o art. 1º da Lei nº 23.291, de 25 de fevereiro de 2019, no qual está previsto que a Política Estadual de Segurança de Barragens deve ser implementada de forma articulada com a Política Nacional de Segurança de Barragens", afirmou o deputado, que assina o texto como presidente da Comissão de Redação.

O projeto de lei tramitará inicialmente na Assembleia de Minas, onde passará, em primeiro turno, pelas comissões de Constituição e Justiça, de Minas e Energia e de Meio Ambiente. Depois, irá a plenário para votação em primeiro turno. Se aprovado, será novamente analisado em uma comissão de mérito, retornando ao plenário para votação em segundo turno. Se sancionado pelo governador, o projeto será transformado em lei.

* * *

Além da realidade de Minas Gerais, o Relatório de Segurança de Barragens de 2020, que reúne os dados mais recentes disponíveis sobre o assunto no Brasil, aponta um cenário ainda mais preocupante no país. Das 21.953 barragens cadastradas por 33 órgãos fiscalizadores no Sistema Nacional de Informações sobre Segurança de Barragens (Snisb), 60% não possuem informações suficientes para que se conclua se a barragem está ou não submetida à Política Nacional de Segurança de Barragens. Somente 10% das barragens cadastradas no Snisb se encontram relacionadas na faixa considerada "ótima", que se refere à quantidade de dados disponíveis sobre elas. Em 2020, ano em que a Política Nacional de Segurança de Barragens completou uma década, foram localizadas 122 barragens críticas em 23 estados.

Para a próxima década, diz o resumo executivo do relatório, os principais desafios são: ampliar o universo de barragens cadastradas e classificadas no Snisb; aumentar o protagonismo na atuação preventiva dos empreendedores de barragens de usos múltiplos — de forma a implementar as ações previstas na documentação de segurança de barragens; estruturar os órgãos de fiscalização, de proteção e de Defesa Civil nas três esferas de governo; e melhorar a comunicação da temática com a sociedade, com vistas a fomentar a cultura de segurança de barragens.

Fomentar a cultura de segurança de barragens é, de fato, uma tarefa urgente. Mas a construção de uma nova cultura exige o abandono de velhas práticas de poder. Em 2015, quando o país foi palco do maior desastre ambiental de sua história, o lema adotado pelo então diretor-presidente da Vale quando assumiu o cargo, dois anos depois, foi: "Mariana nunca mais." Três anos e dois meses após o rompimento da barragem de Fundão, que matou dezenove pessoas, a cidade de Brumadinho foi manchada de minério e 272 vidas foram perdidas. De lá para cá, alterações nas leis impuseram exigências novas aos empreendedores de barragens, sobretudo no setor de mineração. Mas se o desfecho da história se repetiu é porque o enredo continuou o mesmo.

Perguntei aos especialistas que entrevistei se o ciclo de tragédias se encerraria em Brumadinho. Ainda não há respostas para isso. Enquanto o modelo de negócio não mudar e a política da mineração priorizar o produto, em vez da vida humana, não haverá lugar seguro para ninguém.

PERSONAGENS*

ADRIANA DA SILVA PEREIRA, 38 anos, trabalhadora doméstica
ADRIANA DE ABREU, assessora do IML
ADRIANO CALDEIRA DO AMARAL, funcionário da Vale
ADRIANO RIBEIRO DA SILVA, 61 anos, engenheiro, pai de LUIZ e CAMILA TALIBERTI
ALAÉRCIO LUCIO FERREIRA, funcionário da Vale
ALANO REIS TEIXEIRA, gerente de mina da Vale
ALDERICO RODRIGUES DA SILVA, 60 anos, aposentado, pai de VAGUINHO
ALEFF DE SOUSA RESENDE, 20 anos, irmão de JOSIANA (JOJO), FABIANA e JULIANA
ALESSANDRA, 43 anos, copeira da pousada Nova Estância, irmã de THALYTA e mãe de LAÍS
ALEXIS ADRIANO DA SILVA, funcionário da Vale
ALEXANDRE DE PAULA CAMPANHA, gerente executivo da Vale
ALEXANDRE GOMES RODRIGUES, 44 anos, tenente-coronel, comandante do Batalhão de Operações Aéreas (BOA) do Corpo de Bombeiros Militar de Minas Gerais
ALÍCIA, 7 anos, filha do major COSENDEY, irmã gêmea de MANUELA
ALAN DA SILVA CAMPOS, 38 anos, sargento do Corpo de Bombeiros Militar de Minas Gerais

* Esta listagem contém a maioria dos nomes de pessoas mencionadas neste livro. As profissões, as funções ou os cargos assumidos por elas nas empresas, nas entidades ou nos órgãos citados, e as respectivas idades, são informações referentes a 2019, ano do rompimento da Barragem 1 da Mina do Córrego do Feijão. Em alguns casos, apesar dos esforços, não foi possível identificar nem o sobrenome da pessoa citada nem tampouco a idade.

ALYSSON ALEXANDRE TIAGO MALTA, major do Corpo de
    Bombeiros Militar de Minas Gerais
AMANDA PORTO GARRIDO HIGUCHI, 7 anos, estudante,
    filha de MIRELLE
AMBROSINA DE RESENDE, 53 anos, dona de casa, mãe
    de JULIANA
ANA TEREZA RIBEIRO SALLES GIACOMINI, 35 anos,
    promotora, curadora de Direitos Humanos
    de Brumadinho
ANDERSON PASSOS DE SOUZA, 45 anos, tenente-coronel,
    comandante do 8º Batalhão do Corpo de Bombeiros
    Militar de Minas Gerais (Uberaba)
ANDRÉ JUM YASSUDA, engenheiro, consultor técnico
    da Tüv Süd
ANDREA LEAL LOUREIRO DORNAS, engenheira civil,
    especialista na gerência de geotecnia operacional
    da Vale
ANDRESA COSENDEY, esposa do major COSENDEY,
    mãe das gêmeas MANUELA e ALÍCIA
ÂNGELA ROMANO, perita do IML
ANTONIO ANASTASIA, 57 anos, ex-governador de
    Minas Gerais
ANTÔNIO AUGUSTO, 10 meses de idade, filho de JULIANA
    e DENNIS e irmão gêmeo de GERALDO AUGUSTO
ANTÔNIO FRANÇA FILHO, 55 anos, ajudante-geral
    da Reframax
ANTÔNIO RIMARQUE, 59 anos, engenheiro, pai de
    MARCELLE
ANTÔNIO SÉRGIO TONET, procurador-geral de Justiça
ARLETE DE SOUZA SILVA, 56 anos, dona de casa,
    mãe de VAGUINHO
ARSÊNIO NEGRO JÚNIOR, consultor técnico da Tüv Süd
ARTUR BASTOS RIBEIRO, engenheiro civil e mestre em
    geotecnia. Funcionário da Vale
BETINHO, funcionário da Vale
BRUNA, irmã mais velha de DANIEL ABDALLA
BRUNO CÉSAR DE OLIVEIRA, 35 anos, segundo-sargento
    do 2º Batalhão do Corpo de Bombeiros Militar de
    Minas Gerais (Contagem)

CAMILA TALIBERTI, 33 anos, advogada, irmã de LUIZ
CARLOS ANTÔNIO DE OLIVEIRA (CARLINHOS), 51 anos, operador de equipamentos 2 da Vale, pai de DIEGO
CARLOS FERNANDO ABDALLA, 60 anos, odontologista, pai de DANIEL ABDALLA
CÉSAR AUGUSTO PAULINO GRANDCHAMP, geólogo da Vale
CHRIS-PETER MEIER, gerente da Tüv Süd no Brasil e gestor da Tüv Süd na Alemanha
CHRISTIAN GARRIDO HIGUCHI, 44 anos, juiz, padrasto de MARCELLE
CLAUDINEY COUTINHO, 49 anos, operador de máquina da Vale
CLÁUDIO LEANDRO RODRIGUES MARTINS, 37 anos, analista de planejamento da Reframax
CLÁUDIO JOSÉ DIAS REZENDE, funcionário da Vale
CLEOSANE COELHO MASCARENHAS, proprietária da pousada Nova Estância
CRISTIANE ANTUNES CAMPOS, 34 anos, supervisora da Vale
CRISTIANO ANTÔNIO SOARES, 38 anos, capitão do Corpo de Bombeiros Militar de Minas Gerais
CRISTIANO CAMPIDELLI, delegado da Polícia Federal
CRISTIANO JORGE DIAS, 42 anos, engenheiro preposto do contrato assinado entre a Reframax e a Vale
CRISTINA HELOÍZA DA SILVA MALHEIROS, engenheira da Vale
DAIANE DA SILVA, irmã de VAGUINHO
DANIEL GUIMARÃES ALMEIDA ABDALLA, 27 anos, assistente de engenharia da Reframax
DAURO OLIVEIRA, odontologista
DAVI, 6 anos, filho de ANTÔNIO FRANÇA FILHO
DAVYSON CHRISTHIAN NEVES, funcionário da Vale
DELFONSO GERALDO DA SILVA, funcionário da Vale
DENNIS AUGUSTO DA SILVA, 38 anos, funcionário do setor de engenharia da Vale, marido de JULIANA e pai dos gêmeos ANTÔNIO AUGUSTO e GERALDO AUGUSTO

DENNYSON PORTO, 53 anos, administrador de empresas, irmão de MIRELLE e tio de MARCELLE
DIEGO ANTÔNIO DE OLIVEIRA, 27 anos, engenheiro de planejamento da Vale
DIEGO MARINHO, 36 anos, técnico em manutenção
DONA LITA, 70 anos, mãe de ELIANE e JOSIANE
EDGARD ESTEVO DA SILVA, coronel, comandante-geral do Corpo de Bombeiros Militar de Minas Gerais
EDSON ALBANEZ, 65 anos, engenheiro geológico, marido de SIRLEI
EDSON MITSUHARU AIHARA, 60 anos, funcionário da mineradora Rio Tinto, pai de PEDRO AIHARA
EDUARDO ÂNGELO GOMES DA SILVA, 42 anos, tenente-coronel, comandante do Batalhão de Emergências Ambientais e Resposta a Desastres (Bemad) do Corpo de Bombeiros Militar de Minas Gerais
ELIANE DE OLIVEIRA MELO, 39 anos, engenheira, analista de planejamento da Reframax, grávida de MARIA ELISA
ELIAS NUNES, 44 anos, operador de saneamento ambiental da Vale
ELIS MARINA COSTA, 23 anos, técnica de segurança da Fugro
ELLEN GRACIE, ex-ministra do Supremo Tribunal Federal
ELTON PUPO NOGUEIRA, juiz da 2ª Vara da Fazenda Pública e Autarquia da Comarca de Belo Horizonte
EOMAR APARECIDO DE SOUZA, 52 anos, coveiro
ERLON DIAS DO NASCIMENTO BOTELHO, 45 anos, coronel, chefe do Estado-Maior do Corpo de Bombeiros Militar de Minas Gerais
ERNANDO, jardineiro
EVANDRO BORGES, coronel, chefe do Gabinete Militar do governador
FABIANA DE SOUSA RESENDE, 31 anos, gêmea de JOSIANA (JOJO)
FABIO DE ALMEIDA, 37 anos, funcionário da Ambev
FABIO SCHVARTSMAN, diretor-presidente da Vale

FELIPE FIGUEIREDO ROCHA, engenheiro da Vale
FELIPE SOARES BARROSO CÂMARA, 25 anos, sobrinho de IZABELA
FERNANDA DAMIAN DE ALMEIDA, 30 anos, esposa de LUIZ TALIBERTI e grávida de LORENZO
FERNANDA, estagiária da Vale
FERNANDO HENRIQUE BARBOSA COELHO, 35 anos, responsável pela manutenção do setor de beneficiamento e carregamento de minério na Vale, filho de OLAVO
FERNANDO PIMENTEL, ex-governador de Minas Gerais
FERNANDO, 13 anos, filho da sargento DAISY
FILIPE ROCHA, 28 anos, tenente do 2º Batalhão do Corpo de Bombeiros Militar de Minas Gerais (Contagem)
FRANCISCO, 5 anos, filho de ANA TEREZA
GEORGE CONCEIÇÃO DE OLIVEIRA, mecânico montador da Reframax
GERALDO AUGUSTO, 10 meses de idade, filho de JULIANA e DENNIS e irmão gêmeo de ANTÔNIO AUGUSTO
GERALDO BATISTA DE RESENDE, 63 anos, caminhoneiro, pai de JULIANA, JOJO, FABIANA e ALEFF
GERD PETER POPPINGA, diretor executivo da Vale
GIL VIEIRA, 48 anos, segundo-sargento do Corpo de Bombeiros Militar de Minas Gerais
GILBER KEILE DE OLIVEIRA, 47 anos, supervisor de mina da Vale
GLEISON WELBERT PEREIRA, 41 anos, técnico de mina da Vale
GUALBERTO DE FARIA, 46 anos, subtenente, operador aerotático do Corpo de Bombeiros Militar de Minas Gerais
GUSTAVO BARROSO CÂMARA, 34 anos, piloto executivo, irmão de IZABELA
HEITOR PRATES MÁXIMO DA CUNHA, 1 ano e 6 meses, filho de PALOMA
HELENA TALIBERTI, 61 anos, economista, mãe de LUIZ e CAMILA TALIBERTI
HELVÉCIO CÂMARA, 70 anos, empresário, pai de IZABELA

HONÓRIO, investigador da Polícia Civil
ISTÉLIO BARBOSA DE ARAÚJO, funcionário da Vale
IZABELA BARROSO CÂMARA PINTO (BELA), 30 anos, engenheira e supervisora do setor de produção da Vale
JAIR ALVES PINHEIRO, ex-comandante do 6º Batalhão da Polícia Militar
JAIR BOLSONARO, presidente do Brasil, 63 anos
JAQUELINE MORAIS PIANCHÃO, 59 anos, professora, mãe de PEDRO AIHARA
JEFFERSON, morador do Córrego do Feijão
JOÃO BATISTA RODRIGUES, médico-legista
JOAQUIM PEDRO DE TOLEDO, gerente executivo da Vale
JOEL DE ALMEIDA, 59 anos, bombeiro aposentado, pai de FERNANDA DAMIAN
JONATAS LIMA NASCIMENTO, funcionário da Vale
JOSÉ ALTINO MACHADO, empresário
JOSIANA DE SOUSA RESENDE (JOJO), 31 anos, técnica em enfermagem do trabalho da Vale
JOSIANE MELO, 38 anos, funcionária do setor de engenharia da Vale
JULIANA CREIZIMAR DE RESENDE SILVA, 33 anos, analista administrativa da Vale, casada com DENNIS e mãe dos gêmeos ANTÔNIO AUGUSTO e GERALDO AUGUSTO
JULIANO ALBANEZ, 25 anos, filho mais novo de EDSON ALBANEZ
JÚLIO CÉSAR ABREU ASSUNÇÃO, 34 anos, cabo do Corpo de Bombeiros Militar de Minas Gerais
KARLA LESSA ALVARENGA LEAL, 36 anos, major do Corpo de Bombeiros Militar de Minas Gerais e primeira comandante de helicóptero do Corpo de Bombeiros Militar do Brasil
LARISSA CANGUSSU, 36 anos, arquiteta, filha de MIRELLE e irmã de MARCELLE e AMANDA
LAYS GABRIELLE DE SOUZA SOARES, 13 anos, moradora do Córrego do Feijão, filha de ALESSANDRA e sobrinha de THALYTA

LÁZARO EUSTÁQUIO DE ANDRADE, 67 anos, fotógrafo, pai de NATÁLIA
LEANDRO BORGES CÂNDIDO, funcionário da Vale
LEANDRO DIAS, prestador de serviços da Vale
LEANDRO, 8 anos, morador de Sardoá (MG)
LECILDA DE OLIVEIRA, 49 anos, analista operacional da Vale e irmã de NATÁLIA OLIVEIRA
LEONARD FARAH, 35 anos, capitão do Corpo de Bombeiros Militar de Minas Gerais
LEONARDO, 3 anos, filho de ANA TEREZA
LEONARDO MESQUITA, perito criminal federal
LEUDER LEON ALVES DA PENHA, 33 anos, funcionário da Vale
LIEUZO LUIZ DOS SANTOS, 55 anos, técnico em sondagem e perfuração da Fugro
LUCAS ROCHA, pai do tenente FILIPE ROCHA
LUCIANA DE OLIVEIRA FROES, coronel chefe da 5ª Seção do Estado-Maior do Bombeiro Militar (BM5)
LUCIO FLAVO GALLON CAVALLI, diretor da Vale
LÚCIO RODRIGUES MENDANHA, funcionário da Vale
LUIS FELIPE ALVES, 30 anos, engenheiro de produção da Vale
LUÍS FERNANDO SILVESTRE, capitão da Polícia Militar de Minas Gerais
LUIZ FELIPE CHEIB, promotor de Justiça do Ministério Público do Estado de Minas Gerais
LUIZ HENRIQUE DOS SANTOS, 44 anos, major, comandante do 2º Batalhão do Corpo de Bombeiros Militar de Minas Gerais (Contagem)
LUIZ TALIBERTI, 31 anos, arquiteto, irmão de CAMILA
MAKOTO NAMBA, engenheiro e coordenador da Tüv Süd
MANUELA, 7 anos, filha do major COSENDEY, irmã gêmea de ALÍCIA
MARA MARTINS, 45 anos, sargento do Corpo de Bombeiros Militar de Minas Gerais e biomédica
MARCELLE PORTO CANGUSSU, 35 anos, médica do trabalho da Vale

MARCELO BARROSO CÂMARA, 44 anos, empresário, irmão de IZABELA
MÁRCIA BARROSO DE OLIVEIRA, tia de IZABELA
MARCÍLIO EUSTÁQUIO DOS SANTOS, desembargador relator do Tribunal de Justiça de Minas Gerais
MÁRCIO LOURENÇO SANTANA, 44 anos, primeiro-sargento do 2º Batalhão do Corpo de Bombeiros Militar de Minas Gerais (Contagem)
MÁRCIO, encarregado da Arteris, companhia do setor de concessões
MARCILEIA DA SILVA PRADO, auxiliar de serviços gerais de uma empresa terceirizada da Vale
MARCOS DE SERTÂNIA, escultor
MARCOS VINÍCIUS DA SILVA, 29 anos, eletricista montador da Reframax
MARIA APARECIDA FERREIRA ANDRADE, 53 anos, mãe de NATÁLIA FERNANDA
MARIA CELESTE PORTO, 78 anos, desembargadora aposentada, avó de MARCELLE
MARIA DE LURDES DA COSTA BUENO, 59 anos, corretora, esposa de ADRIANO, madrasta de LUIZ e CAMILA TALIBERTI
MARIA REGINA MORETTI, engenheira civil, funcionária da Potamos
MARILENE CHRISTINA OLIVEIRA LOPES DE ASSIS ARAÚJO, gerente da Vale
MARLÍSIO OLIVEIRA CECÍLIO JÚNIOR, especialista da Tüv Süd
MARTIN FERREIRA BUCEK, 45 anos, médico do Corpo de Bombeiros Militar de Minas Gerais
MATEUS MEDEIROS DE OLIVEIRA SANTOS, 32 anos, soldado do 2º Batalhão do Corpo de Bombeiros Militar de Minas Gerais (Contagem)
MATEUS SIMÕES DE ALMEIDA, 37 anos, coordenador da transição de governo, vereador, professor de Direito Civil e secretário de Governo
MÉRCIA JOVELINA BARROSO CÂMARA, 70 anos, empresária, mãe de IZABELA
MICHEL, morador do Córrego do Feijão

MIRACEIBEL ROSA, 38 anos, auxiliar de sondagem
da Fugro
MIRELLE PORTO GARRIDO HIGUCHI, 54 anos, delegada
da Polícia Civil aposentada, mãe de MARCELLE
MIRTES, 86 anos, mãe de EDSON ALBANEZ
NANCY FERRARI BARROSO, tia de IZABELA
NATÁLIA DAISY RIBEIRO, 31 anos, sargento do Corpo de
Bombeiros Militar de Minas Gerais
NATÁLIA FERNANDA DA SILVA ANDRADE, 32 anos,
analista de infraestrutura da Vale, esposa de SAULO
NATHÁLIA DE OLIVEIRA PORTO ARAÚJO, 25 anos,
estagiária administrativa da Vale
NOEL BORGES DE OLIVEIRA, 50 anos, encarregado de
obras da Fugro
OLAVO HENRIQUE COELHO, 63 anos, auxiliar técnico
operacional da Vale, pai de FERNANDO HENRIQUE
OLÍMPIO GOMES PINTO, 57 anos, auxiliar de sondagem
da Fugro
PABLO EUGÊNIO VIEIRA DE SOUSA, 32 anos, cabo do
Corpo de Bombeiros Militar de Minas Gerais
PALOMA PRATES MÁXIMO, 23 anos, funcionária de
restaurante no Córrego do Feijão, mãe de HEITOR
PÂMELA PRATES DA CUNHA, 13 anos, irmã de PALOMA
PAULO RICARDO ROCHA PINTO, 32 anos, engenheiro
de produção, marido de IZABELA
PAULO SÁVIO XAVIER FERREIRA, 29 anos, tenente
do Batalhão de Operações Aéreas (BOA) de
Belo Horizonte
PEDRO AIHARA, 25 anos, tenente, responsável pela
Adjuntoria de Imprensa do Corpo de Bombeiros
Militar de Minas Gerais
PEDRO ALBANEZ, 33 anos, filho mais velho de
EDSON ALBANEZ
PERLA SALIBA BRITO, juíza da comarca de Brumadinho
RAFAEL NEVES COSENDEY, 36 anos, major,
subcomandante do Batalhão de Emergências
Ambientais e Resposta a Desastres (Bemad) do Corpo
de Bombeiros Militar de Minas Gerais
RAPHAELA AIHARA, 31 anos, irmã de PEDRO AIHARA

RAQUEL GUIMARÃES ALMEIDA, 58 anos, proprietária de escola, mãe de DANIEL ABDALLA
RENATO VIEIRA RIBEIRO DE SOUZA, dono da Reframax
RENILDO APARECIDO NASCIMENTO, funcionário da Vale
RENZO ALBIERI GUIMARÃES CARVALHO, gerente da Vale
RICARDO BARROSO CÂMARA, 48 anos, empresário, irmão de IZABELA
RICARDO DE AQUINO SALLES, 43 anos, ministro do Meio Ambiente
RICARDO MOREIRA ARAÚJO, 42 anos, chefe da Tanatalogia Forense do Instituto Médico Legal
ROBSON MÁXIMO GONÇALVES, 26 anos, funcionário da pousada Nova Estância
RODRIGO MARQUES DE CASTRO, 43 anos, enfermeiro do Corpo de Bombeiros Militar de Minas Gerais
ROGÉRIO, amigo de JOSIANE
ROMERO OLIVEIRA XAVIER, 34 anos, gestor de produção da Reframax
ROMEU ZEMA, 49 anos, governador de Minas Gerais pelo Partido Novo
SAMUEL LUCAS SANTOS NEVES, 36 anos, soldado do Corpo de Bombeiros Militar de Minas Gerais
SANDRA MARIA DA COSTA, moradora do bairro Parque da Cachoeira
SAULO JÚNIOR RODRIGUES E SILVA, 32 anos, engenheiro elétrico
SEBASTIÃO GOMES, 53 anos, operador de saneamento ambiental da Vale
SELENE, sobrinha de JOSIANE
SÉRGIO FRANÇA LARA, médico do Corpo de Bombeiros Militar de Minas Gerais
SILMAR MAGALHÃES SILVA, diretor da Vale
SIRLEI DE BRITO RIBEIRO, 49 anos, secretária de Desenvolvimento Social de Brumadinho, esposa de EDSON ALBANEZ
TALES, 7 anos, sobrinho de JOSIANE
TÉRCIO COSTA, funcionário da gerência de Geotecnia Operacional da Vale

THALES BITTENCOURT DE BARCELOS, superintendente de Polícia Técnico-Científica
THALYTA CRISTINA DE OLIVEIRA SOUZA, 15 anos, moradora do Córrego do Feijão, irmã de ALESSANDRA e tia de LAYS
TIAGO TADEU MENDES SILVA, 34 anos, mecânico industrial da Vale
UBERLÂNDIO ANTÔNIO DA SILVA, 54 anos, mecânico de empilhadeira
VAGNER DINIZ, 60 anos, engenheiro, padrasto de LUIZ e CAMILA TALIBERTI
VAGNER NASCIMENTO DA SILVA (VAGUINHO), 39 anos, motorista de motoniveladora da Vale, filho de ALDERICO e ARLETE
VINÍCIUS EXPEDITO DE BRITO E SILVA, 37 anos, cabo do Corpo de Bombeiros Militar de Minas Gerais
VINÍCIUS WEDEKIN, funcionário da Tüv Süd
VIRGÍLIO GUIMARÃES, deputado estadual (PT-MG)
WASHINGTON PIRETE DA SILVA, engenheiro da Vale
WELERSON GONÇALVES FILGUEIROS, 37 anos, sargento, tripulante operacional do Corpo de Bombeiros Militar de Minas Gerais
WILLIAM GARCIA PINTO COELHO, 40 anos, promotor de Justiça do Ministério Público do Estado de Minas Gerais
WILLIAM LOPES MUNIZ, 8 anos, morador do Córrego do Feijão
WILLIAM PEREIRA, segundo-sargento do Corpo de Bombeiros Militar de Minas Gerais
YARA VIEIRA LEMOS, médica-legista do Instituto Médico Legal
ZILBER LAGE DE OLIVEIRA, funcionário da Vale

AGRADECIMENTOS

Ao meu marido, Marco, e meu filho, Diego, por serem brisa, amor e paz.

Ao jornalista Pedro Bial por ser uma referência para o meu trabalho desde os tempos da faculdade.

À jornalista Fabiana Moraes por ser uma voz de resistência e esperança nesse país.

Ao jornalista Chico Felitti por nos fazer enxergar aquilo que não somos capazes.

Ao jornalista Ivan Mizanzuk por conseguir mudar capítulos da história com seu trabalho.

À jornalista Denise Gonçalves, por estar a meu lado e ter me ajudado, mais uma vez, a chegar até aqui.

A Isabel Salomão de Campos, protagonista de *Os dois mundos de Isabel*, por ser caminho e porto seguro.

À minha mãe, Sônia, e ao meu padrasto, Francisco Domingues, por serem apoio incondicional.

Ao meu pai, José Arbex, por ser meu maior fã.

À minha cunhada Lívia Arbex, pela sua força e por todo o acolhimento durante o momento mais difícil de nossas vidas: o desencarne do Sandro por covid-19. Escrever este livro na Vagalume Filmes, a produtora que meu irmão criou, e poder estar perto de você e dos meus sobrinhos Estêvão, Gabrielle e Bernardo, ao longo de todos esses meses, foi fundamental no meu processo de cura. Mais do que cunhada, você é uma irmã.

Ao médico-legista Ricardo Moreira Araújo, por sua ética, seu apoio e sua confiança no meu trabalho.

Ao Corpo de Bombeiros Militar de Minas Gerais, por ter aberto para mim as portas da corporação.

À editora Intrínseca, pela parceria que se renova na potência da literatura e na defesa do jornalismo profissional e de qualidade.

Aos familiares das vítimas do rompimento da barragem da Mina do Córrego do Feijão e a todos os atingidos que compartilharam comigo suas memórias afetivas. Obrigada por me deixarem ser escuta.

CRÉDITOS DAS IMAGENS

Acervo pessoal de Ricardo Moreira Araújo
páginas 158, 229

Acervos pessoais das famílias
páginas 63, 97, 120, 122, 156, 180, 192, 221, 278, 282, 283

Arquivo do Ministério Público Estadual
página 249

Daniela Arbex
páginas 161, 285, 286, 287, 306

Divulgação
páginas 33, 166

Douglas Magno
páginas 74, 89, 112, 130, 190, 197, 219

Douglas Magno | AFP
páginas 2, 3, 44, 100, 104, 144, 175, 176, 179, 262, 271

Felipe Nadaes
páginas 16, 34, 49, 72, 265
(arte sobre gráficos de Marcelo Soares)

Isis Medeiros
páginas 6, 52, 59, 68, 137, 141, 163, 169, 187, 195, 224, 296, 299, 327

Mitchell Nazar
páginas 30, 51, 56, 60, 82, 91, 106, 133, 154, 172, 222, 238, 276, 290

IMAGENS DE ABERTURA DE CAPÍTULOS

Páginas 2 e 3 *Monitoramento da qualidade da água no rio Paraopeba, na altura da cidade de Juatuba, após os rejeitos de minério atingirem o rio*

Página 6 *Flagrante fotográfico da altura que a lama de rejeitos alcançou*

Capítulo 1 *Disposição da Mina do Córrego do Feijão antes do rompimento da B1*

Capítulo 2 *Barragem 1 após o colapso do reservatório*

Capítulo 3 *Após os rejeitos soterrarem toda a mina, prédios administrativos desapareceram*

Capítulo 4 *Pontilhão localizado na comunidade do Córrego do Feijão teve parte da sua estrutura destruída pela onda de lama*

Capítulo 5 *Prédio do ITM ficou parcialmente destruído após a ruptura da B1*

Capítulo 6 *Cenário de horror encontrado pelos bombeiros logo após a chegada na Mina do Córrego do Feijão*

Capítulo 7 *Terminal de Carga Ferroviário completamente destruído. No alto da imagem (à esquerda) está a caminhonete de Elias e Sebastião*

Capítulo 8 *Vigília feita pelos moradores de Brumadinho após a ocorrência do maior desastre humanitário do Brasil*

Capítulo 9 *Contêiner arrastado pelos destroços*

Capítulo 10 *Muitos animais que ficaram presos na lama tiveram que ser sacrificados*

Capítulo 11 *Equipe do Instituto Médico Legal de Belo Horizonte transferindo corpos resgatados na mancha de rejeitos para caminhões frigoríficos mantidos dentro do pátio da instituição*

Capítulo 12 *Corpos resgatados na mancha de rejeitos, em Feijão, eram levados para a tenda do IML montada em Brumadinho*

Capítulo 13 *Covas abertas nos cemitérios de Brumadinho para o enterro das vítimas da B1*

Capítulo 14 *Bombeiros de Minas Gerais saindo da lama*

Capítulo 15 *Pais de Vagner Nascimento, operador de motoniveladora da Vale*

Capítulo 16 *Bombeiros no "cemitério" de veículos da Vale retirados de dentro da mancha de lama*

Capítulo 17 *Capacete encontrado em um dos escritórios da Vale localizados dentro da Mina do Córrego do Feijão*

Capítulo 18 *Bandeira do Brasil encontrada pelos bombeiros no meio da lama*

Capítulo 19 *Abraço emocionante entre Geraldo Resende, pai de uma das vítimas desaparecidas no rompimento, e o tenente-coronel Anderson Passos*

A morte não soterra o amor.

Para Sandro Arbex, *in memoriam*

1ª EDIÇÃO Janeiro de 2022
REIMPRESSÃO Março de 2023
IMPRESSÃO Imprensa da Fé
PAPEL DE CAPA Cartão Supremo Alta Alvura 250g/m²
PAPEL DE MIOLO Pólen Natural 70g/m²
TIPOGRAFIA Noka & Silva